Das
Zwangsabtretungsgesetz

vom 17. November 1837

in der Fassung der Novelle vom 13. August 1910

und der

Abschnitt Zwangsenteignung

des Ausführungsgesetzes zur Reichszivilprozeß-ordnung in der Fassung der Bekanntmachung vom 26. Juni 1899

erläutert von

Dr. Wilhelm Laforet,

K. Bezirksamtsassessor im Bayer. Staatsministerium des Innern.

1910.

München und Berlin.

J. Schweitzer Verlag (Arthur Sellier).

Vorwort.

Die Bearbeitung hat sich an das Ziel gehalten, nach dem Stande der heutigen Gesetzgebung und Rechtsprechung für die Anforderungen der Praxis eine Textausgabe mit Anmerkungen zu erstellen. Wenn in vielen Fällen auf eine Streitfrage eingegangen wurde oder längere Erläuterungen gegeben wurden, so erfolgte dies nur insoweit, als die Bedürfnisse der Praxis dazu zwingende Veranlassung gaben. Auch erschien bei der einschneidenden Bedeutung der Auslegung einzelner Bestimmungen der Novelle vom 13. August 1910 die eingehende Wiedergabe der Auslegungsbehelfe hiezu notwendig.

Die Arbeit verwertet insbesondere die wissenschaftlichen Ergebnisse der Entscheidungen des Verwaltungsgerichtshofs, des Meisters des bayerischen Verwaltungsrechts Max von Seydel, den im Jahre 1879 erschienenen Kommentar von Bernhard Hartmann und die für Auslegung des bayerischen Zwangsabtretungsgesetzes seit ihrem Erscheinen im Jahre 1890 maßgebende Arbeit von Dr. Wilhelm von Henle. Die vor Abschluß des Druckes erschienene zweite Auflage dieses Werkes konnte jedoch nicht mehr berücksichtigt werden.

Beim Ineinandergreifen des Zwangsenteignungsgesetzes und des Wassergesetzes war das Eingehen auf die Enteignungsfälle des Wasserrechts unerläßlich; doch konnte im Rahmen des gesteckten Ziels oft nur eine Bezugnahme auf die Bearbeitungen des Wassergesetzes von Brenner, Eymann und Harster-Cassimir erfolgen. Endlich wurde versucht, die Schwierigkeiten, welche das (vom 1. Oktober 1910 an im ganzen Königreich maßgebende) Liegenschaftsrecht des Bürgerlichen Gesetzbuchs und seiner Nebengesetze für die Anwendung des nur unvollkommen übergeleiteten Zwangsenteignungsrechtes in der Praxis brachte, unter Verwertung der neueren Entscheidungen des Obersten Landesgerichts zu lösen.

München, im Oktober 1910.

Wilhelm Laforet.

Inhaltsverzeichnis

Abkürzungs- und Literaturverzeichnis.

Anm. = Anmerkung.
AG. = AG. ZPO. = Ausführungsgesetz zur Reichszivilprozeßordnung und Konkursordnung.
AG. BGB. = Ausführungsgesetz zum Bürgerlichen Gesetzbuch.
AG. GVG. = Ausführungsgesetz zum Gerichtsverfassungsgesetze.
AG. ZVG. = Ausführungsgesetz zum Zwangsversteigerungsgesetze und zur Grundbuchordnung.
Art. = Artikel.
Aussch. = Ausschuß.
Bek. = Bekanntmachung.
Bd. = Band.
BayZfR. = Zeitschrift für Rechtspflege in Bayern, herausgegeben von Th. von der Pfordten.
Beil. = Beilage, BeilBd. = Beilageband.
BGB. = Bürgerliches Gesetzbuch.
Begr. = Begründung; Begr. 1910 = Begründung zum Entwurfe 1910, eingereicht beim Präsidium der Kammer der Reichsräte am 11. 3. 1910, Verh. KRR. 5. Beil.-Bd. S. 448 ff.
BladmPr. = Blätter für administrative Praxis, Herausgeber: Brater, dann Luthardt, dann Seydel und Krazeisen, nun von Krazeisen.
BlfRA. = Seufferts Blätter für Rechtsanwendung, nun herausgegeben von Kober und Engelmann.
Bleyer = Das Bayerische Fischereigesetz, Handausgabe mit Erläuterungen, von Joseph Bleyer, München 1909.
Ber. = Bericht.
Ber. Ref. KRR. = Bericht des Referenten der Kammer der Reichsräte.

Beschl. = Beschluß.
Böhm-Klein = Das Bayerische Ausführungsgesetz zum Bürgerlichen Gesetzbuch, erläutert von Ferd. Böhm und Max Klein, München 1901.
Brenner = Das Wassergesetz für das Königreich Bayern, bearbeitet von Gustav Brenner, München 1908.
Chelius = Chelius Christian, Unterricht über die Amtsverrichtung der Ortsvorstände, 4 Bände, 4. Auflage, Kaiserslautern und Zweibrücken 1853.
DA. = Dienstanweisung für die Grundbuchämter in den Landesteilen rechts des Rheins vom 27. 2. 1905, JMBl. S. 63 ff.
Dyroff = A. Regers Handausgabe des Bayerischen Verwaltunggerichtsgesetzes, in 3. und 4. Auflage herausgegeben von Dr. Anton Dyroff, Ansbach 1908. (Angeführt sind die 3. und 4. Auflage.)
E. = Entscheidung, Erkenntnis.
EG. = Einführungsgesetz.
Entw. = Entwurf.
Eymann = Das Wassergesetz für das Königreich Bayern, erläutert von Otto Eymann, 2 Bände, Ansbach 1908 (angeführt Band und Seite).
FinMBl. = Finanzministerialblatt.
Fischer Lexikon = Lexikon des in Bayern geltenden Verwaltungs-, Staats-, Polizei- und Polizeistrafrechts von Dr. Karl H. Fischer, München 1910.
G. = Gesetz. GBl. = Gesetzblatt.
GBO. = Grundbuchordnung.
GebG. = Gebührengesetz.
GemO. = Gemeindeordnung für die Landesteile diesseits (rechts) des Rheins.
GemZ. = Bayerische Gemeindezeitung, herausgegeben von Dr. Georg Schmidt und Dr. Theodor Harster.
Geib = A. Geibs Handbuch für die Gemeindebehörden der Pfalz, in 3. Auflage, neu bearbeitet von Karl von Besnard, Kaiserslautern, 1. Band 1899, 2. Band 1901.
GVBl. = Gesetz- und Verordnungsblatt.
GewO. = Gewerbeordnung.

Harster = Kommentar zum Bayerischen Wassergesetze von Dr. Theodor Harster und Dr. Joseph Cassimir, München 1908.
Hartmann = Das Gesetz über Zwangsabtretung, erläutert von Bernhard Hartmann, Würzburg 1879.
Henle = Die Zwangsenteignung von Grundeigentum in Bayern, erläutert von Wilhelm Henle, München 1890. Die vor Abschluß des Drucks erschienene zweite Auflage dieses Buches konnte nicht mehr berücksichtigt werden. Sämtliche Verweisungen beziehen sich auf die erste Auflage.
Henle-Habel = Das Bayerische Ausführungsgesetz zur Zivilprozeßordnung und Konkursordnung von Wilhelm Henle, 2. Auflage von Emanuel Habel, München 1900.
Henle-Schneider = Die Bayerischen Ausführungsgesetze zum Bürgerlichen Gesetzbuch, von Dr. Wilhelm von Henle und Heinrich von Schneider, München, 1. Auflage 1900, 2. Auflage 1909. (Angeführt sind beide Auflagen.).
Henle-Schmitt = Das Grundbuchwesen in Bayern, von Dr. Wilhelm von Henle und Hermann Schmitt, München 1910.
Jaeger = Kommentar zur Konkursordnung von Dr. Ernst Jaeger, Berlin, 2. Auflage 1904, 3. und 4. Auflage 1. Lieferung 1907, 2. Lieferung 1908.
JMBl. = Justizministerialblatt.
KAbg. = Kammer der Abgeordneten.
Kahr = Bayerische Gemeindeordnung für die Landesteile diesseits des Rheins, erläutert von Gustav von Kahr, München Bd. I 1896 Band II 1898.
KAV. = Königliche Allerhöchste Verordnung.
KompKonfl. = Erkenntnis des Gerichtshofs für Kompetenz-Konflikte. Wenn mit Band und Seite angeführt = Sammlung der Entscheidungen des Bayerischen Gerichtshofs für Kompetenz-Konflikte 1. Band Erlangen 1907.
Krais = Handbuch der inneren Verwaltung von Wilhelm von Krais, 3 Bände 4. Auflage München 1897/98.
KRR. = Kammer der Reichsräte.

MABl. = **Amtsblatt des K. Staatsministeriums des Innern, von 1905 ab Amtsblatt der K. Staatsministerien des Königlichen Hauses und des Äußern und des Innern.**

Malsen-Hofer = Das Bayerische Fischereirecht, erläutert von Conrad Freiherrn von Malsen-Waldkirch und Dr. Bruno Hofer, München 1910.

MBek. = **Ministerialbekanntmachung.**

ME. = **Ministerialentschließung.**

Meikel. AG. = Georg Meikel, die Bayerischen Ausführungsgesetze zum Bürgerlichen Gesetzbuch, zur Zivilprozeßordnung und zum Gerichtsverfassungsgesetze, 2. Auflage, München 1902.

Meikel. GBO. = Grundbuchordnung für das Deutsche Reich, erläutert von Georg Meikel, München 1908.

Müller = Wilhelm Müller „zum Bayerischen Expropriationsgesetze vom 17. 11. 1837", Aufsatz in den Blättern für administrative Praxis 1896, Band 46 S. 209 ff.

NotG. = **Notariatsgesetz.**

Oertmann = Bayerisches Landesprivatrecht von Dr. Paul Oertmann, Halle a. S. 1903.

OLG. = Oberlandesgericht.

ObLG. aS. = Sammlung von Entscheidungen des Obersten Landesgerichts für Bayern in Gegenständen des Zivilrechts und Zivilprozesses (alte Sammlung) Bd. 1 bis 17, Erlangen 1871/99.

ObLG. nS. = Sammlung von Entscheidungen des Bayerischen Obersten Landesgerichts in Zivilsachen und von Entscheidungen des Notariatsdisziplinarhofs (neue Sammlung) Band 1 bis 10, München 1901/10.

Pechmann-Brettreich = von Pechmann, Wirkungskreis der Bayerischen Distriktsverwaltungsbehörden, neu bearbeitet von Friedr. Brettreich, Bamberg 1890/92.

PfGemO. = **Pfälzische Gemeindeordnung.**

von der Pfordten = Kommentar zu dem Gesetze über die Zwangsversteigerung und die Zwangsverwaltung von Theodor von der Pfordten, München 1905.

Piehler = Der Umfang der Entschädigungspflicht bei der Zwangsenteignung von Dr. Max Piehler, Erlanger Inaugural-Dissertation, Borna-Leipzig 1910.
Planck = Bürgerliches Gesetzbuch, erläutert von Dr. G. Planck, 3. Auflage, Berlin 1906.
Prot. = Protokoll.
PStGB. = Polizeistrafgesetzbuch.
R. = Rat.
RR. = Reichsrat.
Recht = Das Recht, Rundschau für den Deutschen Juristenstand, herausgegeben von Dr. Hs. Th. Soergel.
Ref. = Referent.
RegBl. = Regierungsblatt.
Reger = Entscheidungen der Gerichte und Verwaltungsbehörden, herausgegeben von A. Reger, Nördlingen, nun München.
RG. = Reichsgesetz, auch = Reichsgericht.
RGBl. = Reichsgesetzblatt.
RegVertr. = Regierungsvertreter.
SchBG. = Schulbedarfgesetz.
Schierlinger = Dr. F. Schierlinger, Die bayerischen Landesgesetze und Verordnungen zur Ausführung und Ergänzung der Zivilprozeßordnung und des Zwangsversteigerungsgesetzes, 3. Auflage, Tübingen und Leipzig 1902.
Seiler = Schulbedarfgesetz, herausgegeben von Gustav Seiler, München 1903.
Seydel = Bayerisches Staatsrecht von Max von Seydel, 2. Auflage, 3 Bände und Registerband, Freiburg i. B. und Leipzig 1896 (angeführt Band und Seite).
Soergel Jahrbuch = Jahrbuch der Rechtsprechung zum Verwaltungsrecht, herausgegeben von Dr. Hs. Th. Soergel, 1. u. 2. Jahrgang, Stuttgart 1909 u. 1910. Beim 2. Jahrgang ist die Ausgabe 4 gemeint.
Staudinger = J. von Staudingers Kommentar zum Bürgerlichen Gesetzbuch, 1. Band Allgemeiner Teil, und 2. Band Recht der Schuldverhältnisse, 3/4. Auflage, München 1907 und 1908; 3. Band Sachenrecht, 5/6. Auflage, München 1910, angeführt Staudinger-Kober.

Steiner = Gesetz über die Zwangsversteigerung und Zwangsverwaltung, von Anton Steiner, 2. Auflage, München 1909.
StMdJ. = Staatsministerium des Innern.
TelWG. = Telegraphenwegegesetz.
V. = Verordnung.
Verh. KAbg. = Verhandlungen der Kammer der Abgeordneten.
Verh. KRR. = Verhandlungen der Kammer der Reichsräte.
VGH. = Verwaltungsgerichtshof, mit Zahlen z. B. VGH. 31, 69 = Sammlung von Entscheidungen des K. Bayerischen Verwaltungsgerichtshofes, Band und Seite.
VGHG. = Gesetz über die Errichtung eines Verwaltungsgerichtshofes und das Verfahren in Verwaltungsrechtssachen.
VMBl. = Verkehrsministerialblatt.
VV. = Vollzugsvorschriften.
Wand, Wege = Die Rechtsverhältnisse der öffentlichen Wege in der Pfalz, 2. Auflage, Kirchheimbolanden 1887.
Weber = Neue Gesetz- und Verordnungensammlung, von Karl Weber, Nördlingen, dann München (angeführt Band und Seite).
WG. = Wassergesetz.
ZE. = Zwangsenteignung; auch in Zusammensetzungen wie ZEunternehmen = Zwangsenteignungsunternehmen, ZEbefugnis = Zwangsenteignungsbefugnis usw.
ZEG. = Zwangsenteignungsgesetz (Gesetz, die Zwangsabtretung von Grundeigentum für öffentliche Zwecke betr.).
ZVG. = Zwangsversteigerungsgesetz.

I.

Zwangsabtretungsgesetz

vom 17. November 1837 / 13. August 1910 *)

(GBl. 1837 S. 109 ff.; GVBl. 1910 S. 621 ff.).

I. Titel.

Allgemeine Bestimmungen.

Art. I.

Eigentümer können angehalten werden, unbewegliches Eigentum für öffentliche, notwendige und gemeinnützige Zwecke abzutreten, oder mit einer Dienstbarkeit beschweren zu lassen. Diese Abtretung kann übrigens nur eintreten

A. zu folgenden Unternehmungen:

1. Erbauung von Festungen oder sonstigen Vorkehrungen zu Landesdefensions- und Fortifikationszwecken, insbesondere auch Militäretablissements;
2. Erbauung oder Erweiterung von Kirchen, öffentlichen Schulhäusern, Spitälern, Kranken- und Irrenhäusern;
3. Herstellung neuer oder Erweiterung schon bestehender Gottesäcker;
4. Regelung des Laufes und Schiffbarmachung von Strömen und Flüssen;

---

*) Fortlaufender Gesetzestext unter Einfügung der Bestimmungen des AG. ZPO. und KO. in geltender Fassung.

5. Anlegung neuer und Änderung bestehender Staatsstraßen und Distriktsstraßen;
6. Herstellung öffentlicher Wasserleitungen;
7. Austrocknung schädlicher Sümpfe in der Nähe von Ortschaften;
8. Beschützung einer Gegend vor Überschwemmungen;
9. Erbauung von öffentlichen Kanälen, Schleusen und Brücken;
10. Herstellung oder Änderung öffentlicher Häfen, Umschlag- und Ländeplätze sowie der dazu gehörenden Nebenanlagen; Erwerbung des zur vollen wirtschaftlichen Ausnützung der Hafenanlage erforderlichen Geländes für Industrie und Handel durch den Staat;
11. Errichtung von Eisenbahnen zur Beförderung des innern oder äußern Handels und Verkehrs;
12. Herstellung staatlicher Telegraphen- und Telephonanlagen;
13. Vorkehrung zu wesentlich notwendigen, sanitäts- oder sicherheitspolizeilichen Zwecken, insbesondere
14. Schirmung der Kunstschätze und wissenschaftlichen Sammlungen des Staates vor Feuers- oder anderer Gefahr;
15. Herstellung der zur Ausnützung staatlicher Heilquellen erforderlichen Anlagen:
16. Errichtung und Änderung öffentlicher Elektrizitätswerke und sonstiger Anlagen zur Erzeugung von Licht, Kraft oder Wärme mit Einschluß der dazu gehörenden Nebenanlagen, Reserveanlagen und Leitungen; Fortleitung der gewonnenen Kraft aus den unter Art. 153 des Wassergesetzes fallenden Anlagen; allein auch in allen diesen Fällen immer nur:
   a) nach vorgängiger rechtskräftiger administrativrichterlicher Entscheidung der betreffenden Kreisregierung, Kammer des Innern, in erster, und des versammelten Staatsrates — im Falle der

Berufung, in zweiter und letzter Instanz, wenn von den beteiligten Eigentümern oder einem derselben bestritten wird, entweder, daß das Unternehmen zu den unter Ziff. 1—16 aufgeführten gehöre, und vom gemeinen Nutzen erfordert werde, oder daß die Abtretung oder Belastung des angesprochenen Eigentumes zur zweckmäßigsten Verwirklichung desselben notwendig sei und

b) gegen vorgängige volle Entschädigung;

B. in Fällen öffentlichen Notstandes, nämlich bei Feuers- und Wassergefahr, Erdbeben und Erdfällen, sowie in Kriegs- und anderer dringender Not, ohne vorgängiges förmliches Verfahren und ohne Aufhalt, jedoch gegen nachträgliche volle Entschädigung.

Die Lehens-, Fideikommiß- oder Stammgutseigenschaft steht der Zwangsabtretung nicht entgegen.

Art. II.

In Beziehung auf unkörperliche Rechte findet eine Zwangsentäußerung nur insoferne statt, als diese Rechte dem für das Unternehmen zu verwendenden Grundeigentume ankleben, und es muß in solchem Falle der Entwehrungsberechtigte

1. nutzbare Rechte auf anderen unbeweglichen Sachen, welche aktiv mit dem Entwehrungsgegenstande verbunden sind, auf Verlangen des Eigentümers gegen volle Entschädigung des letzteren übernehmen;
2. nutzbare Rechte, welche passiv auf dem Entwehrungsgegenstande ruhen, durch volle Entschädigung ihrer Besitzer ablösen, wenn diese darauf dringen, oder die Ausübung jener Rechte mit der neuen Bestimmung des Gegenstandes nicht mehr vereinbarlich ist.

Art. III.

Bei Gegenständen, deren Teilung nachteilig auf die Benützbarkeit des Gesamtgegenstandes zurückwirkt, kann nicht wider Willen des Eigentümers auf teilweise Abtretung erkannt werden. Insbesondere darf die Teilung eines Gebäudekomplexes oder die gänzliche Abtrennung der zu dem Umfange desselben gehörigen Gärten und Hofreiten von dem Gesamtkomplexe nur mit Einwilligung des Eigentümers stattfinden.

Art. III a.

Der Eigentümer eines Grundstücks kann dessen Belastung mit einer Dienstbarkeit ablehnen und verlangen, daß der Unternehmer an Stelle der Dienstbarkeit das Eigentum am Grundstück erwerbe, wenn die Belastung zur Folge hätte, daß das Grundstück nicht mehr nach seiner bisherigen Bestimmung zweckmäßig benützt werden kann. Tritt diese Folge nur für einen Teil des Grundstücks ein, so kann vorbehaltlich des Art. III nur die Erwerbung dieses Teiles verlangt werden.

Art. IV.

Die Entwehrung kann unter den Voraussetzungen des Art. I in Anspruch genommen werden:

1. von öffentlichen Stellen und Behörden,
2. von Gemeinden und von denjenigen Gesellschaften und Privaten, denen von der Regierung unter Bedingungen, welche die Erreichung des Zweckes und seiner Gemeinnützigkeit sichern, die Ausführung einzelner im Art. I aufgezählten Unternehmungen eingeräumt wird.

II. Titel.

Von der Entschädigung und dem Maßstabe derselben.

Art. V.

Die Entschädigung für jede zwangsweise Abtretung von Grundeigentum muß enthalten:

1. den gemeinen Wert des abzutretenden Gegenstandes;
2. Vergütung für die dem Eigentümer durch die Abtretung zugehenden sonstigen Nachteile, namentlich:
   a) Ersatz des Mehrwertes, den der abzutretende Gegenstand durch seinen Zusammenhang mit anderen Eigentumsteilen, oder durch seine bisherige Benützungsweise für den Eigentümer behauptet;
   b) Ersatz der Wertsminderung, welche durch die Abtretung dem übrigen Grundbesitze desselben Eigentümers zugeht;
   c) Ersatz des unvermeidlichen Verlustes, welcher dem Eigentümer durch die Abtretung vorübergehend, oder bleibend in seinem Erwerbe erwächst; jedoch darf die hiedurch sich ergebende Mehrung der Entschädigung 30 Prozent des Schätzungswertes nicht übersteigen;
   d) Ersatz für die Früchte, deren Ernte durch die Zwangsabtretung gehindert wird;
3. den Betrag derjenigen Entschädigung, welche dem Pächter oder sonstigen Nutzungsberechtigten nach Gesetz oder Vertrag zu leisten ist.

Art. VI.

Für die mit dem Entwehrungsgegenstande verbundenen im Art. II bezeichneten Rechte ist die Entschädigung nach folgenden Normen zu leisten:

1. Gewähren diese Rechte ständige Renten, so hat die Entschädigung in dem 30fachen Betrage des jährlichen Reinertrages zu bestehen;
2. bei unständigen Renten ist der jährliche Reinertrag nach einer Durchschnittsberechnung aus der jüngst verflossenen, durch gütliche Übereinkunft oder richterliches Ermessen mit Rücksicht auf die Natur des Reichnisses zu bestimmenden Periode festzusetzen und mit dem 25fachen Betrage zu Kapital zu erheben.

3. Sonstige standes-, guts- und gerichtsherrliche, dann alle Nutzungs- und Servitutsrechte unterliegen besonderer Schätzung, wenn sich die Parteien nicht über die dafür zu leistende Entschädigung verständigen.

Die Entschädigung muß besonders für den Eigentümer, und besonders für den Inhaber solcher Rechte ermittelt und ebenso jedem besonders verabreicht werden.

Zu dem Zwecke sind den Taxatoren, bevor sie zur Schätzung des Eigentums schreiten, die sämtlichen auf demselben lastenden nutzbaren Rechte anzuzeigen. Bei der Schätzung des Eigentums ist dann zunächst der Ertrag, welcher nach Abzug der Lasten noch übrig bleibt, in Anschlag zu bringen, außerdem aber auch alle die im Art. V Nr. 2 bezeichneten, dem Eigentümer zugehenden Nachteile.

Art. VII.

Nach vorstehenden Normen ist die Entschädigung auch in den Art. I lit. B bezeichneten Notfällen nachträglich, jedoch möglichst bald zu ermitteln und zu leisten.

Art. VIII.

Bei zwangsweiser Beschwerung des Grundeigentums mit einer Dienstbarkeit für öffentliche Zwecke ist die Entschädigung nach der Natur und dem Umfange der Dienstbarkeit durch gütliche Übereinkunft der Beteiligten, oder durch richterliches Ermessen zu bestimmen.

Art. IX.

Wertserhöhungen, welche dem ganz oder teilweise abzutretenden Gegenstande erst infolge des die Abtretung veranlassenden Unternehmens zuwachsen oder zuwachsen könnten, kommen bei der Entschädigungsermittlung nicht in Anschlag.

Art. X.

In Fällen, wo dem Empfänger der Entschädigungssumme das Recht der freien Verfügung darüber entweder gar nicht oder nicht allein zusteht, ist nach den bestehenden Gesetzen zu verfahren.

Art. XI.

Die auf dem Abtretungsgegenstande ruhenden Hypotheken und die in Beziehung auf denselben im Hypothekenbuche etwa eingetragenen Verfügungsbeschränkungen erlöschen durch dessen Entwehrung; die Forderungen, für welche sie bestellt waren, gehen jedoch auf die Entschädigungssumme über, und es muß diese Summe, welche, soweit sie reicht, und wenn sie die hypothezierten Forderungen übersteigt, bis zum Betrage jener Hypotheken und deren Zinsen bei Gericht zu hinterlegen ist, an den Gläubiger ausbezahlt, oder nach gesetzlicher Ordnung, oder nach Übereinkunft der Beteiligten, an diese verteilt werden.

Handelt es sich nur von Beschwerung mit einer Dienstbarkeit, so tritt Gleiches in Bezug auf den Übergang der hypothekarischen Forderung und eingetragenen Verfügungsbeschränkungen auf die Entwehrungssumme und auf die Verwendung derselben ein, jedoch bestehen die hypothekarischen Forderungen und Verfügungsbeschränkungen, insoweit sie aus der Entschädigungssumme nicht befriedigt oder beseitigt werden könnten, auf dem nunmehr mit der Dienstbarkeit beschwerten Grundeigentume fort.

Art. XII.

Nach rechtsförmlich vollzogener Zustellung der Ladung (Art. XV) darf der Eigentümer des zur Entwehrung angesprochenen Gegenstandes nur noch unverschiebliche Ausbesserungen, sowie alle, die regelmäßige Bewirtschaftung bedingenden Handlungen und Unternehmungen, jedoch keine einseitige Veränderung in der Wesenheit desselben mehr vornehmen.

Aus solchen einseitig vorgenommenen Veränderungen können nicht nur keine Entschädigungen abgeleitet werden, sondern dieselben begründen auch bei erfolgender Abtretung außer dem auf Verlangen auszusprechenden Nichtbestande der Rechtshandlung auch die Verbindlichkeit zur Wiederherstellung des Gegenstandes in den vorigen Stand, soferne die getroffene Veränderung erweislich nachteilig für den neuen Erwerber ist, oder zur Vergütung des durch die Veränderung bewirkten Minderwertes desselben.

Sollte die Eigentumsabtretung aus irgend einem Grunde nicht zustande kommen, so ist der Entwehrungsberechtigte verpflichtet, allen Schaden und jeden Nachteil zu ersetzen, welche aus dieser Dispositionsbeschränkung dem Eigentümer erweislich zugegangen sind.

Sollte aber nach erfolgter Abtretung das Unternehmen selbst rückgängig werden, so ist der entwehrte Eigentümer befugt, gegen Rückgabe des empfangenen Preises sein Eigentum zurückzuverlangen.

III. Titel.

Von dem Verfahren bei der Zwangsabtretung.

Art. XIII.

Die Verhandlungen über Zwangsentäußerungen in den Art. I lit. A bezeichneten Fällen sind protokollarisch mündlich unter Zulassung von Anwälten und mit Ausschluß jedes Schriftwechsels zu führen; für die Kosten der ersten Verhandlung hat der anrufende Teil angemessenen Vorschuß zu leisten. Die Stellen und Behörden sind zur möglichsten Beschleunigung des Verfahrens verpflichtet.

Art. XIV.

Jeder Antrag auf Zwangsabtretung ist mit sämtlichen auf das Unternehmen bezüglichen Urkunden, Rissen und Kostenvoranschlägen von den Antrag stellenden Behörden, Gemeinden, Gesellschaften oder Privaten der betreffenden Kreisregierung vorzulegen, welche alsdann nach Einvernahme der einschlägigen Distriktspolizeibehörden, wo solche noch erforderlich, ohne Verzug die Weisung des Staatsministeriums des Innern zur wirklichen Einleitung des Zwangsentäußerungsverfahrens erholt.

Art. XV.

Im Falle bejahender Weisung hat die einschlägige Distriktspolizeibehörde sämtliche Beteiligte im Benehmen mit den betreffenden Rent- und Hypothekenämtern sorgfältig zu ermitteln. Sie bestimmt sofort eine Tagsfahrt zur Verhandlung der Sache, erläßt die Ladung hiezu unter genauer Bezeichnung der Zeit und des Ortes der Tagsfahrt, und bringt dieselbe 14 Tage vor dem anberaumten Termine durch Veröffentlichung in dem ihr zu amtlichen Kundmachungen dienenden Blatte und durch Anheftung in den beteiligten Gemeinden, dann durch schriftliche Mitteilung an jeden einzelnen Beteiligten und an die Antragsteller oder deren Vertreter mit dem Bemerken zur allgemeinen Kenntnis, daß die Pläne bei Amte zur Einsicht bereit liegen. Die in dem Ladungsdekrete gleichfalls ausdrücklich zu erwähnende rechtliche Folge des Nichterscheinens ist:

1. für die Anrufenden Wiederaufnahme der Tagsfahrt auf ihre Kosten und Schadloshaltung der erschienenen Beteiligten in bezug auf Auslagen und Versäumnisse mit Androhung des Rechtsnachteiles, daß bei abermaligem Ausbleiben die Verzichtleistung auf die angesprochene Zwangsabtretung werde angenommen werden;
2. für die Abtretungspflichtigen, in der Voraussetzung des Erschienenseins der Anrufenden, Wiederaufnahme der Tagsfahrt auf ihre Kosten und Schadloshaltung

der erschienenen Anrufenden mit Androhung des Rechtsnachteiles, daß bei wiederholtem Ausbleiben derselben die Einwilligung in die angesprochene Abtretung würde angenommen werden;

3. für die übrigen Beteiligten, in der Voraussetzung des Erschienenseins der Anrufenden, Ausschließung mit den etwaigen Einwendungen gegen die angesprochene Abtretung.

Die schriftliche Mitteilung an die Beteiligten und die Antragsteller oder deren Vertreter ist durch die Gemeindebehörde oder durch die Post gegen Nachweis zuzustellen. Die Zustellung unterbleibt, wenn der Wohnort der zu ladenden Person nicht bekannt ist.

Soweit die im Art. XI bezeichneten Beteiligten nicht im Grundbuch eingetragen sind, werden sie nur berücksichtigt, wenn sie Erben eines eingetragenen Berechtigten sind oder wenn ihre Rechte angemeldet und auf Verlangen der Distriktspolizeibehörde glaubhaft gemacht sind. Die Rechtswirksamkeit der Ladung ist bei den im Art. XI bezeichneten Beteiligten von der Zustellung der schriftlichen Mitteilung nur abhängig, wenn der Beteiligte sich zur Teilnahme an dem Verfahren gemeldet und erforderlichenfalles sein Recht glaubhaft gemacht hat.

Art. XVI.

Die Distriktspolizeibehörde hat, sobald die Ladung erfolgt ist, bezüglich der in Anspruch genommenen Gegenstände die Vormerkung der durch Art. XII ausgesprochenen Dispositionsbeschränkung im Hypothekenbuche zu veranlassen.

Art. XVII.

Bei der Tagsfahrt hat die Distriktspolizeibehörde vor allem eine gütliche Vereinigung der Beteiligten über die Abtretungsfrage und über die zu leistende Entschädigung zu versuchen, und im Falle Gelingens für den alsbaldigen rechtsförmlichen Abschluß des Vergleiches zu sorgen.

Kommt eine Übereinkunft nicht zustande, so wird unter allseitigen Beteiligten nach Art. XIII protokollarisch verhandelt, und es werden sodann nach allenfallsiger Einvernahme der betreffenden Gemeinde und vollzogenem Augenscheine die geschlossenen Akten mit Bericht der zuständigen Kreisregierung, Kammer des Innern, vorgelegt.

Art. XVIII.

Die Kreisregierung, Kammer des Innern, entscheidet über die Abtretungsfrage gemäß Art. I, II und III in erster und der versammelte Staatsrat in zweiter und letzter Instanz. Hinsichtlich des Verfahrens bleibt es bei den bestehenden Bestimmungen über das Verfahren in administrativ-kontentiösen Sachen, jedoch ist jedes Erkenntnis mit Entscheidungsgründen zu versehen und auf eine Berufungssumme keine Rücksicht zu nehmen.

An die Stelle der Art. XIX mit XXI, XXII Ziff. 1 bis 6 ist der Abschnitt

Zwangsenteignung

(Art. 17 mit 26) des AG. ZPO. KO. i. d. F. d. Bek. v. 26. Juni 1899, GVBl. S. 406 ff. getreten:

Art. 17 (46).*)

Wird die Abtretung des angesprochenen Grundeigentums nicht verweigert oder ist über die Verpflichtung zur Abtretung von der zuständigen Administrativjustizstelle ein rechtskräftiges Erkenntnis erlassen, so hat auf Antrag des Abtretungsberechtigten die Feststellung der Entschädigung im Wege der Schätzung durch die zuständige Distriktsverwaltungsbehörde zu erfolgen. Der Antrag hat die genaue Bezeichnung des abzutretenden Grundstücks sowie die Angabe des Abtretungspflichtigen und der sonstigen Beteiligten zu enthalten. Der Antrag soll,

*) Die in Klammern beigefügten Nummern sind die des AG. ZPO. und KO. vom 23. Februar 1879.

soweit tunlich, für die in demselben Verwaltungsbezirke belegenen Grundstücke gleichzeitig gestellt werden.

Wird die Einleitung des Schätzungsverfahrens bezüglich eines zur Abtretung angesprochenen Gegenstandes nicht binnen sechs Monaten von der freiwilligen Anerkennung der Abtretungspflicht oder dem hierüber ergangenen rechtskräftigen Erkenntnis an von Seite des Abtretungsberechtigten beantragt, so ist der Abtretungspflichtige zur Stellung des Antrags befugt.

Art. 18 (47).

Die Distriktsverwaltungsbehörde bestimmt sofort einen Termin zur Abschätzung der in dem Antrage bezeichneten Gegenstände. Nach Lage der Sache können zur Abschätzung einzelner Gegenstände oder bestimmter Gruppen derselben gesonderte Termine bestimmt werden.

Zu dem Termine sind die Beteiligten zu laden sowie drei Sachverständige als Schätzleute entweder für alle zur Abschätzung bestimmten Gegenstände oder für einzelne Gegenstände oder einzelne Arten derselben beizuziehen. Auf die Ladung finden die Vorschriften des Art. XV Abs. 1 Satz 2, Abs. 2, 3 des Gesetzes vom 17. November 1837 entsprechende Anwendung; schriftliche Mitteilung erfolgt nur an den Abtretungsberechtigten, die Abtretungspflichtigen und die sonstigen Beteiligten, die sich zur Teilnahme an dem Schätzungsverfahren bei der Distriktsverwaltungsbehörde gemeldet haben. Die Schätzleute sind, sofern sich nicht die Beteiligten über deren Wahl geeinigt und spätestens eine Woche vor dem Termine hievon Anzeige gemacht haben, von der Distriktsverwaltungsbehörde zu ernennen. Personen, welche als Entschädigungsberechtigte von der Enteignung betroffen sind oder welche an der Feststellung der Entschädigungssumme sonst ein rechtliches Interesse haben, können nicht als Schätzleute bestimmt werden.

Art. 19 (48).

In dem Abschätzungstermine hat zunächst mit Zuziehung der Schätzleute Einnahme des Augenscheins und Vernehmung der Beteiligten über etwaige besondere auf die Wertsbestimmung Einfluß äußernde Verhältnisse sowie über die von den Abtretungspflichtigen beanspruchten und von dem Abtretungsberechtigten angebotenen Summen zu Protokoll zu erfolgen und ist unter den Beteiligten eine gütliche Einigung zu versuchen. Im Falle des Nichtzustandekommens derselben wird sodann nach Beeidigung und entsprechender Belehrung der Schätzleute zur protokollarischen Aufnahme der Schätzungen geschritten. Für die Schätzung sind die in Tit. II des Gesetzes vom 17. November 1837 aufgestellten Grundsätze maßgebend.

Den Schätzleuten kann nach Lage der Sache auch eine kurze Frist zur schriftlichen Abgabe der Schätzung eröffnet werden. In diesem Falle sind die zu beantwortenden Fragen zum Protokolle festzustellen und den Schätzleuten in Abschrift zu übergeben.

Art. 20 (49).

Auf Grund der von den Schätzleuten abgegebenen Erklärungen hat die Distriktsverwaltungsbehörde die Entschädigungssummen für die einzelnen Abtretungsgegenstände auszusprechen. Hiebei ist dieselbe, falls die Wertsbestimmungen der Schätzleute übereinstimmen, an den hienach sich ergebenden Betrag gebunden. Besteht Meinungsverschiedenheit unter den Schätzleuten, so ist die Entschädigungssumme unter Würdigung der Begründung der verschiedenen Wertsangaben, jedoch innerhalb der Grenze derselben, festzustellen.

Art. 21 (50).

Gegen die Feststellung der Entschädigungssumme durch die Distriktsverwaltungsbehörde steht sowohl den Abtretungspflichtigen als auch dem Abtretungsberechtigten innerhalb einer von Bekanntgabe der festgestellten Beträge an laufenden Ausschlußfrist von einem Monate die Betretung des Rechtsweges behufs richterlicher Entscheidung über den Betrag der zu leistenden Entschädigung offen.

Für die Klage ist das Gericht ausschließlich zuständig, in dessen Bezirke das abzutretende Grundstück liegt.

Auf Verlangen einer Partei ist eine neue Schätzung vorzunehmen. Die Schätzleute, welche den Abtretungsgegenstand im Verfahren vor der Distriktsverwaltungsbehörde geschätzt haben, dürfen ohne Zustimmung der Parteien nicht als Sachverständige ernannt werden.

Art. 22 (51).

Nach Feststellung der Entschädigungssumme durch die Distriktsverwaltungsbehörde ist der Abtretungsberechtigte ohne Rücksicht darauf, ob die Frist zur Betretung des Rechtswegs noch läuft oder derselbe betreten wurde, befugt, gegen Erlage der festgestellten Entschädigungssumme und des Betrags der dem Abtretungspflichtigen erwachsenen Kosten die Einweisung in den Besitz der Abtretungsgegenstände durch die Distriktsverwaltungsbehörde zu erwirken und sodann über dieselben nach Maßgabe der Zweckbestimmung frei zu verfügen, insoweit dies nicht auf Antrag des Abtretungspflichtigen nach Anordnung des angerufenen Gerichts von vorheriger Sicherheitsleistung für den Fall der Erhöhung der Entschädigungssumme durch richterliches Urteil abhängig gemacht wird. Ist der Abtretungsberechtigte der Staat, so kann an Stelle der Einweisung in den Besitz die sofortige Zwangsabtretung erwirkt werden; zu einer Sicherheitsleistung ist der Staat nicht verpflichtet.

Art. 23 (52).

Die Kosten des nach Art. XIII bis XVII des Gesetzes vom 17. November 1837 und nach vorstehenden Art. 16 bis 22 stattfindenden Administrativverfahrens sowie die

Vergütung der den Beteiligten hiedurch verursachten notwendigen Auslagen fallen dem Abtretungsberechtigten zur Last. Das Administrativverfahren ist gebührenfrei.

Über Tragung der durch die anhängig gemachten Prozesse erwachsenden Kosten haben die Gerichte nach Maßgabe der Bestimmungen der Zivilprozeßordnung zu entscheiden.

Art. 24 (53).

An der Entschädigungssumme stehen den Beteiligten, deren Rechte nach Art. XI des Gesetzes vom 17. November 1837 auf die Entschädigungssumme übergegangen sind, dieselben Rechte zu, die sie im Falle des Erlöschens ihrer Rechte durch Zwangsversteigerung an dem Erlöse haben würden. Der bisherige Eigentümer und jeder Berechtigte kann die Eröffnung eines Verteilungsverfahrens nach den für die Verteilung des Erlöses im Falle der Zwangsversteigerung geltenden Vorschriften beantragen.

Das Gericht hat bei der Eröffnung des Verfahrens von Amts wegen das Grundbuchamt um die im § 19 Abs. 2 des Gesetzes über die Zwangsversteigerung und die Zwangsverwaltung bezeichneten Mitteilungen zu ersuchen.

Als Beteiligte im Sinne des § 9 Nr. 1 des Gesetzes über die Zwangsversteigerung und die Zwangsverwaltung gelten diejenigen, für welche zur Zeit der Erteilung der beglaubigten Abschrift des Grundbuchblattes ein Recht im Grundbuch eingetragen oder durch Eintragung gesichert ist; die infolge der Zwangsabtretung erfolgten Rechtsänderungen bleiben außer Betracht. Als Beschlagnahme im Sinne des § 13 des angeführten Gesetzes ist die Zwangsabtretung, im Falle der Einweisung des Abtretungsberechtigten in den Besitz die Einweisung anzusehen.

Art. 25 (54).

Vorstehende Bestimmungen finden entsprechende Anwendung, wenn es sich um zwangsweise Beschwerung des Grundeigentums mit einer Dienstbarkeit für öffentliche Zwecke oder um Rechte handelt, welche mit dem zu entwehrenden Grundeigentume verbunden sind. (Art. II des Gesetzes vom 17. November 1837.)

Art. 26 (55).

Eine gütliche Einigung der Beteiligten über die Abtretung oder über die zu leistende Entschädigung wird mit der Protokollierung durch die Distriktsverwaltungsbehörde rechtswirksam. Vor dieser kann auch die Auflassung erklärt werden.

IV. Titel.

Schlußbestimmungen.

Art. XXII.

Gegenwärtiges Gesetz, welches als ein Grundgesetz des Reiches betrachtet werden, und eben dieselbe Wirkung haben soll, als wären die Bestimmungen desselben in der Verfassungsurkunde enthalten, tritt mit dem Tage der Bekanntmachung für die sieben Kreise diesseits des Rheins in Wirksamkeit; desgleichen auch für den Rheinkreis unter Aufhebung des Gesetzes vom 8. März 1810.

Art. XXIII.

Übrigens bleiben alle bei Erscheinen des gegenwärtigen Gesetzes in den Gebietsteilen sowohl diesseits als jenseits des Rheins geltenden Gesetze, Verordnungen, Lokalstatuten und Lokalobservanzen über Eigentumsbeschränkungen in dem Rayon bestehender oder im Bau begriffener Festungen und festen Plätzen ihrem vollen Umfange nach aufrecht erhalten. —

Unsere Staatsministerien der Justiz und des Innern sind mit der Bekanntmachung und dem Vollzuge des gegenwärtigen Gesetzes beauftragt.

II.

Erläuterungen

zum Gesetze vom $\frac{\text{17. November 1837}}{\text{13. August 1910}}$, die Zwangsabtretung von Grundeigentum für öffentliche Zwecke betreffend.

[Gesetzbl. 1837 S. 109 ff., GBBl. 1910 S. 621 ff.]

Wir haben nach Vernehmung unseres Staatsrates mit Beirat und Zustimmung Unserer Lieben und Getreuen der Stände des Reiches in Abänderung des vierten Absatzes des § 8 im Tit. IV der Verfassungs-Urkunde und mit Beobachtung der in dem Tit. X § 7 derselben Urkunde vorgeschriebenen Formen beschlossen, und verordnen, was folgt:

Vorbemerkungen.

1. Der Satz des Tit. IV § 8 Abs. 1 der Verfassungsurkunde vom 26. Mai 1818: „Der Staat gewährt jedem Einwohner Sicherheit . . . seines Eigentums und seiner Rechte" hat für das öffentliche Recht keine ausnahmslose Geltung. Das Privatrecht, welches den Schutz des Staates unbedingt genießt, wenn nur Privatinteresse gegen Privatinteresse steht, muß den Anforderungen des öffentlichen Interesses weichen. (Seydel II 348). Die Staatsgewalt kann, eben weil sie Staatsgewalt ist, aus Gründen des öffentlichen Interesses nicht nur den Grundstückseigentümer zu gewissen öffentlichrechtlichen Duldungen zwingen,*) sondern auch Privatrechte völlig entziehen oder einer vom Staat ermächtigten juristischen oder natürlichen Person die Entziehungsbefugnis zuweisen.

Ausscheiden muß bei diesen Erläuterungen das Recht der Enteignung beweglicher Sachen, von Grundstücken und Rechten, das einzelne Reichs- und Landesgesetze den Verwaltungsbehörden zuweisen.**) Diese Enteignungsrechte können bei dem Zwecke dieser Arbeit nur insofern eine Behandlung finden, als sie mit dem Gegenstand des ZEG., der Enteignung von Eigentum und dinglichen Rechten an Grund und Boden gegen Entschädigung, in unmittelbarem Zusammenhang stehen.***)

---

*) Über die gesetzlichen Duldungspflichten des Wasserrechts (z. B. Art. 5 Uferbegehungsrecht, Art. 7 Abs. I Leinpfad, Art. 76 Bauten im Überschwemmungsgebiet) siehe Brenner 354 Anm. I a, Eymann II 399 ff., Harster 651; über die Zwangsrechte der Verwaltungsbehörde im Ausgleichverfahren nach Art. 70 WG. siehe Brenner 216, Eymann I 553, Harster 402. Bleyer 12; über die gesetzlichen Duldungspflichten des Fischereirechts (Art. 70, 71 des Fischereigesetzes vom 15. 8. 1908) siehe Malsen-Hofer 828 ff., Bleyer 126 ff.

**) Vgl. Seydel II 350, RG. v. 21. 12. 1871 betr. die Beschränkungen des Grundeigentums in der Umgebung von Festungen RGBl. S. 459 ff. (vgl. hier S. 86); Gesetz über die Kriegsleistungen vom 13. 6. 1873, RGBl. S. 129 insbes. § 6; §§ 11 ff., 16 des Gesetzes über die Naturalleistungen für die bewaffnete Macht im Frieden i. F. des Gesetzes vom 24. 5. 1898 (9. 6. 1906), RGBl. 1898 S. 361 ff., 1906 S. 735; Telegraphenwegegesetz vom 18. 12. 1899 RGBl. S. 705 ff. (vgl. hier S. 67); §§ 19, 29 mit 34 des RG. betr. die Bekämpfung gemeingefährlicher Krankheiten vom 30. 6. 1900 RGBl. S. 306 ff.; RG. vom 6. 7. 1904 betr. die Bekämpfung der Reblaus RGBl. S. 261, hiezu das AusfG. vom 20. 5. 1906 GVBl. S. 193, KAB. vom 7. 5. 1905, den Vollzug dieses Gesetzes betr. GVBl. S. 465 und die MBek. vom 27. 5. 1906 GVBl. S. 198. Dann §§ 20, 24 mit 26, 66 mit 73 des Reichsviehseuchengesetzes vom 26. 6. 1909 RGBl. S. 519 ff. in Verbindung mit dem AusfG. zum Viehseuchengesetz vom 13. 8. 1910 GVBl. S. 615; Art. 4, 34 des Flurbereinigungsgesetzes vom 30. 7. 1899 GVBl. S. 507 ff.; Art. 8 Abs. 2, Art. 17, 22, dann bez. der Fischwege Art. 75 des Fischereigesetzes vom 15. 8. 1908 GVBl. S. 527 ff. (Art. 75 Abs. 6 gibt einen selbständigen Enteignungszweck). Art. 178 mit 202 des Berggesetzes i. d. F. d. Bek. vom 1. 9. 1910 GVBl. S. 813 ff. insbesondere S. 589 ff., endlich die im Anhang aufgeführten weiteren landesgesetzlichen Eigentumsbeschränkungen aus der Zeit vor Erlassung des ZEG.

***) Geschichtliche Entwicklung des Zwangsenteignungsrechts in Bayern siehe Seydel II 350 f.

2. a) „**Enteignungsrecht** ist das Recht, von jemand die Übertragung des Eigentums oder eines dinglichen Rechtes an fremder Sache für einen notwendigen oder gemeinnützigen öffentlichen Zweck zu verlangen" (Seydel II 353, 354). **Der Enteignungsanspruch ist ein öffentlichrechtlicher Anspruch.** Er geht auf Entwehrung des Eigentümers im öffentlichen Interesse kraft des Gesetzes. Die Gewährung einer Entschädigung ist nicht begrifflich notwendig. Sie ist „Frage der Gesetzgebungspolitik und keine Schranke für den Gesetzgeber" (Seydel II 349, Oertmann 143), allerdings in Bayern, wenigstens was das ZEG. betrifft, grundsätzlich dem Enteignungsberechtigten auferlegt, und zwar für die regelmäßigen Enteigungsfälle als vorgängige, bei den Fällen der Notenteignung als nachgängige Leistung.

b) Der Enteignungspflichtige hat sich der gesetzlichen Notwendigkeit der Enteignung zu unterwerfen, entweder wider seinen Willen, dadurch daß er nach den Bestimmungen des ZEG. gegen vorgängige Entschädigung seines Rechtes entkleidet wird, oder freiwillig, indem er über die Übereignung des beanspruchten Gegenstands und die Entschädigung hiefür mit dem Enteigner innerhalb des ZEverfahrens eine gütliche Vereinbarung trifft. Im ersteren Falle vollzieht sich der Eigentumsübergang kraft des Gesetzes, nicht etwa durch einen Vertrag. Von einem **Zwangskauf** kann deshalb keine Rede sein (Seydel II 354 Anm. 54, Henle 54, Oertmann 142). Es gibt darum auch keine Haftung für Mängel des Zwangsenteignungsgegenstandes.

c) Die Entschädigung ist die vom Gesetze bestimmte Gegenleistung für die Vermögensverminderung, welche der Abtretungspflichtige durch die Entwehrung erleidet. Nach einem Erkenntnisse des Gerichtshofs für Kompetenzkonflikte v. 30. 11. 1882 (GVBl 1883 Beil. II, KompKonfl. 1, 58) gehören Ansprüche auf Ersatz eines Schadens wegen Eigentumsbeschränkungen schlechthin dem Privatrecht an. So kommen auch Henle 122 Anm. 7 zu Art. 46 und Ehmann II 427 (dieser mit einer Begründung, der ich mich durchaus nicht anschließen kann) zum Ergebnis, daß der Entschädigungsanspruch ein rein zivilrechtlicher sei. Seydel II 354 Anm. 8 führt dagegen mit Recht aus, daß der Anspruch des Abtretungspflichtigen auf Entschädigung die öffentlichrechtliche Natur des gesamten Rechtsverhältnisses teilen muß. Es ist auch nicht einzusehen, warum die Gegenleistung — und das ist die Entschädigung — eine andere rechtliche Natur besitzen soll, wie die Leistung, und es erscheint nicht angängig, Leistung und Gegenleistung in zwei verschiedene Rechtsgebiete auseinander zu reißen (siehe Seydel II 185 Anm. 14). Wie sich (wie jetzt auch Komp.-Konfl. v. 31. 5. 1910 Beil. III z. GVBl. 1910 S. 21, 23 anerkannt ist) die rechtliche Natur des Ersatzanspruchs nach der rechtlichen Natur des Hauptanspruchs richtet, aus dessen Befriedigung das Recht auf Ersatzleistung abgeleitet wird, so muß auch die Gegenleistung dieselbe rechtliche Natur haben wie die Leistung. Eine prozessuale Ausnahmebestimmung, insbesondere die Zuweisung eines Anspruchs an die Gerichte, kann keinen Einfluß auf die innere Natur des Rechtsverhältnisses selbst äußern (Seydel I 586, Krais in BladmPr. 33, 39) und der Entschädigungsanspruch wird nicht dadurch zu einem Schuldverhältnis des bürgerlichen Rechts, das seine endgültige Festsetzung durch Art. 21 AG. den Gerichten zugewiesen ist, sowenig als an der öffentlichrechtlichen Natur des Dienstverhältnisses des Beamten und aller daraus sich ergebenden Ansprüche des Beamten dadurch etwas geändert wird, daß die Entscheidung über diese Ansprüche in bestimmten Fällen (vgl. § 29 der 9. Verfassungsbeilage, Art. 176 des Beamtengesetzes) den Gerichten zugewiesen ist. Als Anspruch des öffentlichen Rechts ist der Entschädigungsanspruch auch nicht nach den Grundsätzen des bürgerlichen Rechts, sondern nach den Grundsätzen des öffentlichen Rechts, dem ZEG., zu beurteilen (Seydel I 586). Dem obenangeführten Satze (KompKonfl. 1, 58), daß Eigentumsbeschränkungen aus öffentlichrechtlichen Gründen einen privatrechtlichen Entschädigungsanspruch nach sich ziehen, wird man nach heutiger Rechtsauffassung nicht mehr zustimmen können, wie es ja auch jetzt außer Zweifel steht, daß Rechtstitel, welche (wie die Geschäftsführung ohne Auftrag, die ungerechtfertigte Bereicherung) im bürgerlichen Rechte gesetzlich geregelt sind, sehr wohl auch im Gebiete des öffentlichen Rechts vorkommen und wirksam sein können (KompKonfl. 1, 347 ff. und dort angeführte Erkenntnisse, auch angef. Erkenntnis v. 31. 5. 1910, Beil. III z. GVBl. 1910 S. 20).

d) Das schließt jedoch nicht aus, daß der Enteigner und der Enteignungspflichtige in Anerkennung der öffentlichrechtlichen Ansprüche zum Vollzug derselben Verträge zivilrechtlicher Natur schließen. So kann nach Art. 26 AG. für den Fall der bedingungslosen Anerkennung der Abtretungspflicht durch den Enteignungspflichtigen der dingliche Übergangsvertrag, die Auflassung, innerhalb des ZEverfahrens abgeschlossen werden. Das Kausalgeschäft, die Anerkennung der Abtretungspflicht, ist öffentlichrechtlicher Natur, der dingliche Übereignungsvertrag dagegen rein privatrechtlicher Art.

Ebenso können die Beteiligten über den öffentlichrechtlichen Anspruch auf Entschädigung Vereinbarungen privatrechtlicher Art treffen, insofern sie zur Vermeidung des öffentlichrechtlichen Schätzungsverfahrens vertraglich den Umfang und die Art der Entschädigung festlegen (das Nähere in Ziff. III, 2 zu Art. 26). Hier wird aber nicht der Preis einer Kaufsache festgesetzt, sondern ein bürgerlichrechtliches Schuldverhältnis begründet im Vollzug einen öffentlichrechtlichen Anspruch. Es liegt auch hier kein Kauf- oder Tauschvertrag nach §§ 433 ff., 515 BGB. vor. Die Bestimmungen über Gewährleistung wegen Mängel der Sache (§§ 459 ff. BGB.) können deshalb auch hier keine Anwendung finden. (Vgl. Seydel II 354 Anm. 54, Oertmann 142).

3. Das ZEG. stellt gegenüber der in der Verfassungsurkunde (Tit. IV § 8) gewährleisteten Freiheit des Eigentums ein Ausnahmegesetz dar. Der Fall der Enteignungsmöglichkeit muß deshalb ausdrücklich in einer gesetzlichen Bestimmung gegeben sein und da das bay. ZEG. die Enteignungszwecke ausschließend aufführt, ist es ausgeschlossen, die Enteignungsberechtigung auf andere Unternehmen als die ganz besonders im Gesetze bezeichneten auszudehnen. (VGH. 12, 32; 30, 6.)

4. Das ZErecht ist nur gegeben, wenn es sich um einen notwendigen oder gemeinnützigen öffentlichen Zweck handelt. Auch wenn der Staat als Enteignungsberechtigter selbst auftritt, ist ihm ein Enteignungsrecht nur gewährt, wenn diese Voraussetzungen erfüllt sind, die verwaltungsrichterlicher Nachprüfung unterliegen. Rein fiskalischen Unternehmungen des Staates ist ohne diese Voraussetzungen kein Enteignungsrecht gegeben (vgl. Otto Mayer, Deutsches Verwaltungsrecht II, 10, auch ObLG. aS. 5, 391), wenn gleichwohl auch gesetzliche Bestimmungen zunächst die Sicherung und Verwertung staatlichen Finanzvermögens bezwecken können (vgl. Begr. 1910 S. 5 zu Art. I Ziff. 5 Verh. KRR. 1909/10, Beil. Bd. V S. 451; KRR. Ref. RR. Haas AusschProt. 1910 S. 10, Beil. Bd. V S. 680, Verh. 1910 Bd. 2 S. 277, 278; Verh. KAbg. 1910 Ref. Schöndorf Bd. 12 S. 26).

5. Der Enteignungsanspruch ist kein dinglicher, sondern ein persönlicher Anspruch gegen denjenigen gerichtet, der als Eigentümer auftritt (vgl. Seydel II 354 Anm. 6, 358 Anm. 45).

Die Folge ist, daß die Enteignung für den Enteignungsberechtigten den Erwerb des dinglichen Rechts nur bewirken kann, wenn der Enteignete das Recht wirklich besaß (Seydel II 358 Anm. 45 und dort angeführtes Staatsratsgutachten, Henle 142 Anm. 2 zu Art. 51). War der Enteignete nicht Eigentümer, so kann die ZE. dem Enteigner nicht das Eigentum verschaffen, auch dann nicht, wenn der Enteignete im Grundbuch als Eigentümer eingetragen war. Denn der öffentliche Glaube des Grundbuchs nach § 892 BGB. gilt nur für den Erwerb durch Rechtsgeschäft, nicht durch Zwangsenteignung (Staudinger III, 173 unter B 1 b, vgl. ObLG. nS. 9, 499, Recht 1908 S. 398 Nr. 2335, auch ObLG. nS. 8, 557). Der Klage des wahren Eigentümers gegen den Besitzer (den Enteigner) nach § 985 BGB. kann also § 892 nicht entgegengehalten werden.

6. Das Ges. vom 17. 11. 1837 ist an die Stelle der in Tit. IV § 8 angeführten VO. vom 14. 8. 1815 getreten. Es ist nach Art. XXII ZEG. ein Grundgesetz des Reiches und soll „dieselben Wirkungen haben, als wären die Bestimmungen desselben in der Verfassungsurkunde enthalten" (Art. XXII). Es konnte sonach nur unter Beobachtung des Tit. X § 7 VU. geändert werden (vgl. GVBl. 1910, 621).

Die wesentlichen Änderungen, soweit sie noch heute von Bedeutung sind, sind erfolgt:

1. durch das Ges. über die Errichtung eines Verwaltungsgerichtshofs und das Verfahren in Verwaltungsrechtssachen vom 8. 8. 1878, GVBl. 369 (Art. 8 Ziff. 10, Art. 47);
2. durch Art. 45 AG. ZPO. KO. vom 23. 2. 1879, GVBl. 63, wonach an Stelle der Art. XIX, XX, XXI u. XXII Ziff. 5 u. 6 die Bestimmungen der Art. 46 mit 55 des AG. ZPO. KO. traten;
3. durch Art. 139 AG. BGB. vom 9. 6. 1899, Beil. zu Nr. 28 GVBl. 1899 (geändert die Art. XV, XVI, aufgehoben Art. XXII Ziff. 1—4). Ferner wurden durch Art. 166 AG. BGB. Ziff. VI mit XI die Bestimmungen der Art. 45 mit 55 AG. ZPO. geändert. Maßgebend sind nunmehr Art. 16 mit 26 AG. ZPO. i. F. d. Bek. v. 26. 6. 1899, GVBl. 401 (dadurch sind die Art. XIX, XX, XXI, XXII Ziff. 1 bis 6 ersetzt);
4. durch das Gesetz v. 15. 6. 1898, das Unschädlichkeitszeugnis betr., GVBl. S. 301 ff. (Art. 18, siehe hier Anm. 7 zu Art. XI ZEG.);
5. durch das Wassergesetz v. 23. 3. 1907, GVBl. 157 ff.;
6. endlich durch das Ges. vom 13. 8. 1910 über die Abänderung des Zwangsabtretungsgesetzes v. 17. 11. 1837, GVBl. 621.

7. Die Novelle vom 13. 8. 1910 ist mit ihrer Verkündigung (25. 8. 1910) in Kraft getreten (Seydel II 313, 314). Daraus ergibt sich, daß von diesem Zeitpunkt an für diejenigen Zwecke ein Enteignungsrecht besteht, für welche (z. B. Ziff. 15 u. 16 des Art. I) es vorher nicht

bestanden hat. Aber auch die **Voraussetzungen der Abtretungspflicht** insbesondere die Rechtsgrundsätze der Art. III und IIIa **bemessen sich vom** 25. 8. 1910 **ab** gleichfalls **nach neuem Recht**, vorausgesetzt, daß nicht eine rechtskräftige verwaltungsrichterliche Entscheidung über die Abtretungspflicht nach altem Recht bereits vor dem 25. 8. 1910 ergangen ist oder die Abtretungspflicht in rechtsgültiger gütlicher Einigung nach Art. 26 (siehe hiezu Ziff. IIIa zu Art. 26), vor diesem Zeitpunkt anerkannt worden ist.

Die Frage ist allerdings nicht zweifelsfrei für diejenigen Fälle, bei welchen die Gesetzesänderung in die Zeit zwischen dem Regierungssenatsbescheid und der Entscheidung des VGH. fällt. Der VGH. hat in Bd. 1 S. 354 im Anschluß an die überwiegende Rechtslehre des gemeinen Rechts den Satz gebilligt, daß in sachlicher Beziehung auch in der höheren Instanz das zur Zeit der Erlassung des vorinstanziellen Bescheids geltende Recht zugrunde zu legen ist. Der VGH. hat aber die entgegengesetzte Meinung (vgl. Luthardt in BladmPr. 31, 181 ff. und die Entscheidungen des Preußischen Oberverwaltungsgerichts vom 5. 6. 1880, Reger 1, 10 u. 15 und vom 21. 10. 1889, Reger 10, 378) in Bd. 18 S. 243 dann anerkannt, wenn der Anspruch, wenn auch nach altem Recht abgewiesen, sofort nach neuem Recht wieder erhoben werden kann mit dem Ergebnis, daß er dann nach neuem Recht zuzusprechen ist. Es besteht nun für den Enteignungsberechtigten kein Hindernis, bis zur durchgeführten Entwehrung, also bis zum Eigentumsübergang an ihn oder bis zur Besitzeinweisung nach Art. 22 AG. den Zwangsenteignungsantrag zurückzunehmen (siehe Anm. 7 zu Art. XII ZEG. u. Anm. 6 zu Art. 17 AG.). Es würde sonach auch in gegenwärtigem Fall den Enteignungsberechtigten nichts hindern, nach der Entscheidung des Regierungssenats, welcher unter Zugrundelegung der bisherigen Fassung der Art. III u. IIIa erging, den ZEantrag zurückzunehmen und nach dem 25. 8. 1910 erneut um die Ermächtigung zur Einleitung des ZEunternehmens einzukommen, mit der Folge, daß das neue Recht der Frage und den Umständen der Abtretungspflicht zugrunde zu legen ist. Mit den Gründen der VGHE. Bd. 18 S. 143 wird deshalb anzunehmen sein, daß die Entscheidung nach dem Gesetze zu erfolgen hat, welches zur Zeit der Entscheidung besteht, daß also nach dem 25. 8. 1910 der VGH. unter allen Umständen die nunmehrige Gesetzesfassung der Art. I, III, III a seiner Entscheidung zugrunde zu legen hat. Eine Bestimmung, wie sie in Art. 209 WG. erlassen ist, um die Einheitlichkeit der Rechtsprechung für den gesamten Instanzenzug zu sichern (vgl. VGH. 30, 21), ist hier nicht gegeben. Es ist danach insbesondere die Entscheidung der Frage, ob eine zulässige Teilabtretung nach Art. III vorliegt, ob der Enteignungspflichtige berechtigt ist, statt der Belastung mit einer Dienstbarkeit Abtretung zu verlangen, auch für die anhängigen Zwangsenteignungsunternehmungen vom 25. 8. 1910 ab unter der gegebenen Beschränkung nach neuem Recht zu beurteilen. Für das Schätzungsverfahren ist das Ges. vom 30. 8. 1910 ohne Einfluß.

I. Titel.

Allgemeine Bestimmungen.

Art. I.*)

Eigentümer können angehalten werden, unbewegliches Eigentum für öffentliche, notwendige und gemeinnützige Zwecke abzutreten, oder mit einer Dienstbarkeit beschweren zu lassen. Diese Abtretung kann übrigens nur eintreten:

A. zu folgenden Unternehmungen:

1. Erbauung von Festungen oder sonstigen Vorkehrungen zu Landesdefensions- und Fortifikationszwecken, insbesondere auch Militäretablissements;
2. Erbauung oder Erweiterung von Kirchen, öffentlichen Schulhäusern, Spitälern, Kranken- und Irrenhäusern;
3. Herstellung neuer oder Erweiterung schon bestehender Gottesäcker;
4. Regelung des Laufes und Schiffbarmachung von Strömen und Flüssen;
5. Anlegung neuer und Änderung bestehender Staatsstraßen und Distriktsstraßen;
6. Herstellung öffentlicher Wasserleitungen;

---

*) Fassung nach Art. 1 d. Ges. v. 13. 8. 1910. Das Ges. v. 17. 11. 1837 (Gesetzbl. S. 109 ff.) hat keine Überschriften der einzelnen Artikel; nur Art. III a durch die besondere Vorschrift in Art. 3 des Ges. v. 13. 8. 1910, GVBl. S. 622.

7. Austrocknung schädlicher Sümpfe in der Nähe von Ortschaften;
8. Beschützung einer Gegend vor Überschwemmungen;
9. Erbauung von öffentlichen Kanälen, Schleusen und Brücken;
10. Herstellung oder Änderung öffentlicher Häfen, Umschlag- und Ländeplätze sowie der dazu gehörenden Nebenanlagen; Erwerbung des zur vollen wirtschaftlichen Ausnützung der Hafenanlage erforderlichen Geländes für Industrie und Handel durch den Staat;
11. Errichtung von Eisenbahnen zur Beförderung des innern oder äußern Handels und Verkehrs.
12. Herstellung staatlicher Telegraphen und Telephonanlagen;
13. Vorkehrung zu wesentlich notwendigen, sanitäts- oder sicherheitspolizeilichen Zwecken, insbesondere
14. Schirmung der Kunstschätze und wissenschaftlichen Sammlungen des Staates vor Feuers- oder anderer Gefahr;
15. Herstellung der zur Ausnützung staatlicher Heilquellen erforderlichen Anlagen;
16. Errichtung und Änderung öffentlicher Elektrizitätswerke und sonstiger Anlagen zur Erzeugung von Licht, Kraft oder Wärme mit Einschluß der dazu gehörenden Nebenanlagen, Reserveanlagen und Leitungen; Fortleitung der gewonnenen Kraft aus den unter Art. 153 des Wassergesetzes fallenden Anlagen; allein auch in allen diesen Fällen immer nur:

a) nach vorgängiger rechtskräftiger administrativ-richterlicher Entscheidung der betreffenden Kreisregierung, Kammer des Innern, in erster, und des versammelten Staatsrates — im Falle der Berufung, in zweiter und letzter Instanz, wenn von den beteiligten Eigentümern oder einem derselben bestritten wird, entweder, daß das Unternehmen zu den unter Ziff. 1—16 aufgeführten gehöre, oder vom gemeinen Nutzen erfordert werde, oder daß die Abtretung oder Belastung des angesprochenen Eigentumes zur zweckmäßigsten Verwirklichung desselben notwendig sei und

b) gegen vorgängige volle Entschädigung;

B. in Fällen öffentlichen Notstandes, nämlich bei Feuers- und Wassergefahr, Erdbeben und Erdfällen, sowie in Kriegs- und anderer dringender Not, ohne vorgängiges förmliches Verfahren und ohne Aufenthalt, jedoch gegen nachträgliche volle Entschädigung.

Die Lehens-, Fideikommiß- oder Stammguts-Eigenschaft steht der Zwangs-Abtretung nicht entgegen.

Abs. I. Eigentümer [1] [2] können angehalten [3] werden, unbewegliches Eigentum [4] für öffentliche, [5] notwendige [6] und [7] gemeinnützige [8] Zwecke abzutreten, [9] oder [10] mit einer Dienstbarkeit [11] beschweren zu lassen. [12]

1. Eigentümer.

a) Feststehen muß, daß es sich um fremdes Eigentum handelt. Nimmt der Enteigner selbst das Eigentum an der zu entwehrenden Sache in Anspruch, so kann er nicht zu gleicher Zeit einen Enteignungsanspruch hinsichtlich dieses Eigentums erheben (vgl. VGH. 12 S. 306, 308). Es kann nicht die Staatsregierung, vertreten durch das Kriegsministerium oder durch eine Eisenbahndirektion, einen Enteignungsanspruch gegen staatlichen Grund und Boden erheben, welcher der Obhut der Allgemeinen-, Finanz- oder Forstverwaltung untersteht, vgl. VGH. 3, 671.

b) Ob das Eigentum im Grundbuch eingetragen ist oder nach § 90 GBO. u. der VO. v. 1. 7. 1898, GVBl. S. 377, vom Buchungszwang befreit ist, ist belanglos. Auch das Eigentum der Kreis-, Distrikts- und politischen Gemeinden oder Ortschaften, der Kirchengemeinden, der öffentlichen Stiftungen, der Klöster und der Versicherungsanstalten für Invaliditäts- und Altersversicherung und anderer juristischer Personen unterliegt der ZE. Es ist bedeutungslos, ob es sich um Grundstücke handelt, die wie die öffentlichen Wege und Plätze zur öffentlichen Benützung bestimmt sind (VGH. 17, 328) oder um Grundstücke, die einem Verwaltungs- oder Erwerbszwecke eines öffentlichen Verbandes dienen.

c) Auch Staatseigentum selbst ist enteignungsfähig (Seydel II 355). Es ist kein Grund ersichtlich, warum nicht der Staat, wenn er auch Gesamtträger der öffentlichen Interessen ist, nicht ein Zwangsrecht gegen sich selbst geben soll unter Voraussetzungen, die er erst durch den Verwaltungsrichter nachgeprüft wissen will, zumal ja nicht nur Staatseigentum in Frage steht, das unmittelbar als Verwaltungsvermögen staatlichen Zwecken dient, sondern auch Eigentum des Staates als Unternehmers eines wirtschaftlichen Betriebs. Es hat dies eine besondere Bedeutung deshalb, weil auch den Gemeinden und Privaten unter gewissen Voraussetzungen das Enteignungsrecht zusteht und diese (z. B. zur Führung einer Starkstromleitung durch einen Staatswald) das Enteignungsrecht möglicherweise gegen den Staat in Anspruch nehmen können. Der Ermächtigung des Staatsministeriums des Innern nach Art. XIV zu einem solchen ZEunternehmen steht rechtlich auch dann kein Hindernis entgegen, wenn die für die Verwaltung des Staatseigentums zuständige Behörde dagegen Einspruch erhoben haben sollte. Die Entscheidung liegt dann beim Verwaltungsrichter, Art. XVIII ZEG.

d) Auch ein **Privatfluß**, der nach Art. 21 WG. Bestandteil der Grundstücke ist, zwischen denen er hindurchfließt, ist der Enteignung fähig (VGH. 13, 75), und zwar wird er, da er nicht wesentlicher, nicht untrennbarer Bestandteil ist (Brenner WG. Anm. 4 zu Art. 21), Gegenstand eines selbständigen Enteignungsrechtes sein können. Allerdings wird mit der Erwerbung der privatrechtlichen Möglichkeit, über das Bachbett zu bestimmen, noch nicht die freie Verfügung über das Wasser erlangt (vgl. VGH. 13, 75 ff.); hier geben Art. 44 u. 45 WG. die Grenzen, und Art. 45 Abs. 2, 65 WG. den etwa weiter zu beschreitenden Weg.

2. Weder Belastungen noch **Veräußerungsverbote oder Verfügungsbeschränkungen** irgend welcher Art, öffentlichrechtlicher oder privatrechtlicher Natur stehen der ZE. im Wege (Seydel III 355 Anm. 24, Henle 54). Daß die Eigenschaft als Lehens-, Fideikommiß- oder Stammgut die ZE. nicht hindert, ist in Art. I Abs. 2 ZEG. ausdrücklich ausgesprochen. Bezüglich des Zwangsversteigerungsverfahrens siehe Anm. 1 zu Art. X, bezüglich des Konkursverfahrens dort Anm. 3.

3. Angehalten werden.

Der **erfolglose Versuch**, das Grundstück auf dem Wege des **freiwilligen Ankaufs** zu erwerben oder die Dienstbarkeit durch freiwilligen privatrechtlichen Vertrag zu bestellen, ist **keine Voraussetzung der ZE.** Die Einrede des Abtretungspflichtigen, daß der Enteigner den Weg freiwilligen Ankaufs, den der Enteigner bei anderen Beteiligten wählte, bei ihm nicht versucht habe, ist deshalb völlig unberechtigt (VGH. 18. 1. 1907 Nr. 149 I/06, vgl. hier Anm. 6c vor B des Art. I S. 85).

Über die rechtliche Natur des Enteignungsanspruchs siehe Vorbemerkungen vor Art. I Anm. 2, über die persönliche Natur dieses Anspruchs dort Anm. 5, über das Klagerecht des Enteigneten wegen Besitzstörung vor der Enteignung oder Besitzeinweisung siehe Anm. 9 zu Art. 22

AG., wegen anderweiter Störung des Eigentums siehe Anm. 7 u. 11a zu Art. V ZEG.

Antragberechtigung siehe Art. IV ZEG. und die Erläuterungen hierzu.

4. Unbewegliches Eigentum.

Der Ausdruck umfaßt Grund- und Gebäudeeigentum VGH. 28, 109. Der Ausdruck will einen weiteren Begriff bedeuten als Grundeigentum. Mit dieser Begründung wurde er bei den Gesetzgebungsverhandlungen gewählt, um auch gegenüber „Gebäuden, dann Akzidenzien davon, wie Vor- und Überbau usw., wenn sie ein für den Verkehr oder Transport lästiges Hemmnis bilden" der ZE. zu unterwerfen (K. Abg. Verh. 1837 Beil. Bd. 11 S. 11, 12 u. S. 122, 123; VGH. 28, 109; Seydel II 355 Anm. 22; Henle 55 Anm. 4; Hartmann 24 Anm. 2). Es macht keinen Unterschied, ob es sich um einen wesentlichen Bestandteil nach § 94 BGB. oder nur um solche Sachen handelt, die nur zu einem vorübergehenden Zweck mit dem Grund und Boden verbunden sind, oder um ein Gebäude oder anderes Werk, das in Ausübung eines Rechts an einem fremden Grundstück von dem Berechtigten mit dem Grundstück verbunden worden ist § 95 Abs. 1 BGB., siehe jedoch bezüglich der Möglichkeit selbständiger Enteignung der Rechte Anm. 2 zu Art. II ZEG.

5. Öffentliche Zwecke.

Das Unternehmen muß dazu bestimmt sein, öffentlichen Interessen und Bedürfnissen zu dienen und diese Zweckbestimmung muß organisch gesichert sein. Die Zweckbestimmung muß entweder aus der Widmung öffentlichrechtlicher Zweckverbände, denen die Gesetze die Erfüllung der in Frage stehenden Aufgabe zuweisen, sich ergeben oder sie „muß durch die zuständigen Organe eines öffentlichen Verbands, also des Staats, einer Gemeinde, eines Distriktes oder Kreises gewährleistet sein", so daß das Unternehmen „gewissermaßen als eine der Erfüllung öffentlicher Aufgaben dienende Einrichtung dem Gesamtorganismus des öffentlichen Verbands eingegliedert ist" (Staatsminister von Brettreich KAbg. Verh. 1910 Bd. 12

S. 19). Die organische Sicherung der öffentlichen Zweckbestimmung eines Unternehmens kann dadurch erfolgen, daß der öffentlichrechtliche Zweckverband das Unternehmen selbst ausführt oder als Mitunternehmer sich an dem Unternehmen beteiligt. Sie kann aber auch dadurch geschehen, daß ein öffentlicher Verband durch einen förmlichen Vertrag das von Privaten hergestellte Werk für einen öffentlichen Zweck bestimmt. Ob ein öffentlicher Zweck vorliegt und das Unternehmen für einen solchen bestimmt ist, ist Tatfrage (Staatsminister von Brettreich a. a. O., vgl. hiezu die Erläuterungen zu Art. I A Ziff. 16 S. 73 ff.).

6. Notwendige.

Die Worte „öffentliche notwendige" gehören zusammen (vgl. Seydel II 355 vor Anm. 19). Ein öffentlichrechtlicher Zweckverband: Staat, Kreis, Distrikt, Gemeinde oder auch bezüglich der letzteren die Staatsaufsichtsbehörde, müssen die Durchführung des Unternehmens als notwendig erachtet haben. Dagegen kommt weder dem Einzelnen ein Recht zu, die Notwendigkeit des Unternehmens zu prüfen, noch hat der Verwaltungsrichter im Rahmen des Art. XVIII zu würdigen, ob das Unternehmen selbst notwendig ist. So ist z. B. nicht nachzuprüfen, ob die Anlage einer Staatsstraße selbst notwendig ist (VGH. 2. 10. 1908 Nr. 77/1908) und es ist rein Sache des schulaufsichtlichen Ermessens, ob der Neubau einer Volksschule notwendig ist oder ein Aufbau genügt (VGH. 27. 7. 1910 Nr. 23 II/10).

7. Und.

Gemeint ist nach den Gesetzgebungsverhandlungen „oder" Seydel II 355 Anm. 19, Henle S. 55 Anm. 5 und die ständige Rechtsprechung des VGH., z. B. VGH. 4, 190; 9 S. 393, 405; 12, 32.

8. Gemeinnützige Zwecke.

Wenn nicht ein öffentlichrechtlicher Zweckverband das Unternehmen ausführt und damit die öffentliche Notwendigkeit sich von selbst ergibt, muß das Unternehmen wenigstens dem gemeinen Nutzen dienen. Das Nähere siehe Anm. 5 vor B des Art. I S. 82 ff.

9. Abzutreten.

Siehe Art. III.

10. Siehe Art. III a.

11. Dienstbarkeit.

a) Für den Begriff der Dienstbarkeit sind gemäß Art. 4 EG. BGB. die Bestimmungen des BGB. maßgebend (VGH. 24, 419). Umfaßt werden sonach alle im fünften Abschnitt des dritten Buches des BGB. unter dem Begriffe „Dienstbarkeiten" aufgeführten dinglichen Rechte, also die Grunddienstbarkeiten §§ 1018 mit 1029, der Nießbrauch §§ 1030 ff., soweit seine Begründung mit dem Zweck der Enteignung vereinbar ist, und endlich die beschränkten persönlichen Dienstbarkeiten nach §§ 1090 mit 1093 BGB.

b) In der Hauptsache stehen hier die Grunddienstbarkeiten der §§ 1018 ff. in Frage:

> **§ 1018.** Ein Grundstück kann zugunsten des jeweiligen Eigentümers eines anderen Grundstücks in der Weise belastet werden, daß dieser das Grundstück in einzelnen Beziehungen benutzen darf oder daß auf dem Grundstücke gewisse Handlungen nicht vorgenommen werden dürfen oder daß die Ausübung eines Rechtes ausgeschlossen ist, das sich aus dem Eigentum an dem belasteten Grundstücke dem anderen Grundstücke gegenüber ergibt. (Grunddienstbarkeit).
>
> **§ 1019.** Abs. I. Eine Grunddienstbarkeit kann nur in einer Belastung bestehen, die für die Benutzung des Grundstücks des Berechtigten Vorteil bietet. Über das sich hieraus ergebende Maß hinaus kann der Inhalt der Dienstbarkeit nicht erstreckt werden.

c) Bei der beschränkten persönlichen Dienstbarkeit macht die zugewandte Befugnis an sich den Inhalt einer Grunddienstbarkeit aus, jedoch steht sie nicht einem herrschenden Grundstücke, sondern einem bestimmten Rechtssubjekte zu. Dieses kann sowohl eine natürliche wie eine juristische Person sein (vgl. Staudinger III, 587 Anm. I 2 b zu § 1090, Planck III, 475 Anm. 2 zu § 1090).

§ 1090. Abs. I. Ein Grundstück kann in der Weise belastet werden, daß derjenige, zu dessen Gunsten die Belastung erfolgt, berechtigt ist, das Grundstück in einzelnen Beziehungen zu benutzen, oder daß ihm eine sonstige Befugnis zusteht, die den Inhalt einer Grunddienstbarkeit bilden kann (beschränkte persönliche Dienstbarkeit).

d) Nicht unter den Begriff der Dienstbarkeit fällt die Reallast §§ 1105 ff. BGB.

§ 1105. Ein Grundstück kann in der Weise belastet werden, daß an denjenigen, zu dessen Gunsten die Belastung erfolgt, wiederkehrende Leistungen aus dem Grundstücke zu entrichten sind (Reallast).

Die Reallast kann auch zugunsten des jeweiligen Eigentümers eines anderen Grundstücks bestellt werden.

Die Reallast gewährt dem Berechtigten kein unmittelbares Gebrauchsrecht sondern das Recht, eine wiederkehrende Leistung aus dem Grundstück zu fordern. Leistungen können nicht Gegenstand einer Dienstbarkeit, nur einer Reallast sein. Da eine Zwangsbelastung mit einer Reallast ausgeschlossen ist, kann durch ZE. nicht erzwungen werden, wiederkehrende Leistungen aus einem Grundstücke zu entrichten. Aus diesem Grunde kann z. B. eine Gemeinde im Wege der ZE. nicht verpflichtet werden, zur Herstellung einer Wasserleitung für eine andere Gemeinde den Rohrstrang ihrer Wasserleitung anzapfen zu lassen (BGH. 24, 418).

e) Die Grundsätze über Entschädigung bei Zwangsbelastung mit einer Dienstbarkeit gibt Art. VIII ZEG.

12. Die Worte „letzteres jedoch nur in soferne, als der Eigentümer nicht vorzieht, auf Abtretung des zum Zwecke der Dienstbarkeit in Anspruch genommenen Teiles seines

Grundeigentumes zu bestehen" wurden durch das Gesetz vom 13. 8. 1910 gestrichen. Damit wurde das Wahlrecht des Enteignungspflichtigen, statt der Belastung mit einer Dienstbarkeit Teilabtretung verlangen zu können, wesentlich eingeschränkt. (Siehe die Erläuterungen zu Art. III a.)

Diese Abtretung [13] kann übrigens nur eintreten

13. Abgesehen von dem Falle des Art. XII Abs. 4 ZEG. gibt es nur einen **vorbehaltlosen endgültigen Übergang des Eigentums** oder vorbehaltlosen endgültigen Erwerb der Dienstbarkeit. Eine Verpflichtung auf Zeit oder unter einer Bedingung oder Befristung gibt es nicht (VGH. 24, 424).

A. zu folgenden Unternehmungen: [14 15]

14. Eine Zwangsenteignungsmöglichkeit für erst **künftig notwendig werdende Bedürfnisse** ist nicht gegeben. Es ist nicht möglich, über den gegenwärtigen Bedarf hinaus, um einer voraussichtlich eintretenden Steigerung des Bodenwertes zuvorzukommen, eine ZE. für künftige, wenn auch dann mit aller Sicherheit enteignungsberechtigte Zwecke vorzunehmen. Dagegen handelt es sich selbstverständlich nicht um eine ZE. auf Vorrat, wenn für ein großes Unternehmen, dessen völlige Durchführung sich Jahre hinziehen wird (z. B. Verlegung eines großen Bahnhofs, einer bedeutenden Rangieranlage) der ZEantrag sofort das ganze Gelände umfaßt, das im Laufe der durchzuführenden Bauvornahmen nach und nach den Zwecken des Unternehmens dienstbar gemacht werden soll.

Andererseits kommt das ZErecht, wenn die gesetzlichen Voraussetzungen erfüllt sind, auch einem bereits fertiggestellten Unternehmen zu, z. B. nach Fertigstellung einer Eisenbahn, einer Wasserleitung ergibt sich durch die Vermessung, daß zum Unternehmen herangezogene Grundflächen, von denen angenommen war, daß sie im Eigentum des Enteignungsberechtigten selbst stünden, fremdes Eigentum sind; gegen die nachträgliche

Entwehrung dieses Eigentums besteht kein rechtliches Bedenken.

15. Im Gegensatz zur Aufstellung eines allgemeinen Grundsatzes, daß das Grundeigentum aus Gründen des öffentlichen Interesses enteignet werden darf (Preußen, Württemberg) sind im bayerischen ZEG. die einzelnen Enteignungszwecke im Gesetze selbst ausschließend aufgezählt. Eine analoge Anwendung ist deshalb ausgeschlossen, siehe Anm. 3 der Vorbemerkungen vor Art. I S. 21.

1. Erbauung von Festungen [1] oder sonstigen Vorkehrungen zu Landesdefensions- und Fortifikationszwecken, insbesondere auch Militäretablissements; [2] [3]

1. Vergl. Art. XXIII ZEG., dann das RG. v. 21. 12. 1871 betr. die Beschränkung des Grundeigentums in der Umgebung von Festungen, RGBl. S. 459. Nach Art. 41 Abs. 5 dieses RG. (RGBl. S. 469) richtet sich das Enteignungsverfahren nach den Landesgesetzen. Über die rechtliche Natur des Anspruchs siehe KompKonfl. 1, 52 ff., vgl. jedoch hier Anm. 2c der Vorbemerkungen S. 19. Allerdings ist durch die Sonderbestimmung des Art. 21 AG. auch in diesem Falle die Entscheidung über die Entschädigung den Gerichten zugewiesen. Die Rechtsprechung zum Reichsrayongesetz siehe bei Fischer Lexikon I 90.

2. Der Ausdruck Militäretablissements soll nach den Gesetzgebungsverhandlungen (hierüber VGH. 12 S. 56, 57) alle zur Erreichung der verfassungsmäßigen Zwecke des Heeres im weiteren Sinne notwendigen Unternehmungen umfassen. Das ZErecht besteht für alle Militärgebäude, Kasernen einschließlich der Stallungen und Schuppen, Truppenübungsplätze mit allen dort notwendigen Einrichtungen, Lazarette usw., auch Verheirateten-Wohngebäude, wohl auch militärische Bildungsanstalten (Henle 59 Anm. 14), militärische Fabriken, ob auch Arbeiterwohnungen bei diesen erscheint zweifelhaft, wird jedoch zu bejahen sein. Das ZErecht ist auch für die notwendigen Anschlußwege eines Exerzierplatzes an eine öffentliche Straße oder für die notwendige Zufahrt oder den notwendigen Zugangsweg von einer Kaserne zum Exerzierplatz gegeben (VGH. 5. 3. 1894 Nr. 172 II/93).

3. Hinsichtlich der Würdigung der Frage des gemeinen Nutzens und der zur zweckmäßigen Verwirklichung des Unternehmens notwendigen Abtretung für Zwecke der Landesverteidigung siehe Art. 47 VGHG. und hier Anm. 6 zu Art. XVIII ZEG.

2. Erbauung oder Erweiterung von Kirchen, öffentlichen Schulhäusern, Spitälern, Kranken- und Irrenhäusern;

a) **Kirchen:**

Nur die gottesdienstlichen Gebäude der öffentlichen Glaubensgesellschaften (Seydel III S. 491, 493 Anm. 39). Den privaten Glaubensgesellschaften (der griechischen und anglikanischen Kirche, den Mennoniten, israelitischen Kultusgemeinden usw.) kommt kein ZErecht zu. Ebenso besteht keine ZEmöglichkeit für andere Gebäude der Kirchengemeinden und Kirchenstiftungen der öffentlichen Glaubensgesellschaften z. B. für Pfarrhäuser, Feldkapellen, Mesnerwohnungen usw.

Das für Kirchen bestehende ZErecht erstreckt sich auch auf die Beschaffung des für die Erbauung und Benützung erforderlichen Weganschlusses, ME. v. 20. 10. 1900 Nr. 22730, vgl. VGH. 30, 5.

b) Öffentliche Schulhäuser.

Nur für Zwecke der öffentlichen Volksschulen nach Art. 1 SchBG., KABO. v. 26. 8. 1883, GVBl. 407, einschließlich der gewerblichen und landwirtschaftlichen Fortbildungsschulen nach den KABO. v. 4. 6. 1903, GVBl. 359; 20. 6. 1907, GVBl. 499. Für alle andern öffentlichen Schulen: Universitäten, Lyzeen und alle Mittelschulen besteht kein ZErecht, ausgenommen sind nach Ziff. 1 nur die militärischen Bildungsanstalten.

Das ZErecht erstreckt sich auch auf die Beschaffung der etwa für die Christenlehre notwendigen Räumlichkeiten, denn der Religionsunterricht in der Christenlehre ist Bestandteil der Sonntagsschule (näheres Seiler SchBG. S. 78 Anm. b aa, Englmann-Stingl, Handbuch des Bayer. Volksschulrechtes 5. Aufl. S. 567, 667). Für Schulgärten wird das ZErecht davon abhängen, ob nach der jeweils maßgebenden Schul- und Lehrordnung die Notwendigkeit sich ergibt, vgl. Seiler SchBG. S. 79 Anm. dd. Unter allen Umständen wird hier genau zu prüfen sein, ob der ins Auge gefaßte Zweck am besten und sachgemäßesten gerade durch Verwendung des in Anspruch genommenen Grundstücks erreicht wird oder nicht auf bessere Weise durch Wahl eines, wenn auch entfernter liegenden Grundstücks erreicht werden kann.

Ein Unterschied, ob es sich um Räume für Lehrzwecke im engeren Sinne oder für die Lehrerwohnung nach Art. 8 SchBG. handelt, kann nicht gemacht werden. Das ZErecht besteht deshalb auch zur Beschaffung der nach Art. 8 Abs. 1 SchBG. erforderlichen Wirtschaftsräume der Lehrerwohnung (hierüber Seiler, SchBG. S. 241 Anm. 8 zu Art. 8, Grußmann, SchBG. S. 83 Anm. 3 zu Art. 8).

Das ZErecht kommt den Gemeinden auch für die Nebengebäude der Schulhäuser (Holzlegen, Schüleraborte, vgl. VGH. 25, 345, Schulbrunnen, vgl. VGH. 25, 300 usw.) zu.

Das ZErecht erstreckt sich auch hier auf die Beschaffung des zur Erbauung und Benützung des Schulhauses erforderlichen Weganschlusses VGH. 30, 5ff.

Bei Sprengelschulen sind zur ZE. berechtigt die zum Schulsprengel vereinigten Gemeinden (siehe die Ausführungen des RR. von Kahr bei Seiler S. 93). Es kann auch der Aufsichtsbehörde die Enteignungsermächtigung erteilt werden, wenn die Verpflichtung der Gemeinde oder der zum Schulsprengel vereinigten Gemeinden rechtskräftig festgestellt ist (über den Zeitpunkt der rechtskräftigen Feststellung der Verpflichtung siehe VGH. 28. 4. 1910 im Recht 1910, 391).

c) Für andere als die in Ziff. 2, 11, 14, 15 und 16 fallenden öffentlichen Gebäude, insbesondere für die Gebäude zu Zwecken der allgemeinen Verwaltung, für Justiz-, Finanz-, Forstzwecke besteht kein ZErecht.

3. Herstellung neuer oder Erweiterung schon bestehender Gottesäcker;

Enteignungsberechtigt wird regelmäßig im Hinblick auf Art. 38 Abs. I GemO., Art. 29 PfGemO. (vgl. VGH. 24, 150) die Gemeinde sein. Doch kann das ZErecht bei besonders vorliegenden Fällen auch Kirchengemeinden, Kirchenstiftungen, Sepulturverbänden (Krick, Handbuch der Verwaltung des katholischen Pfarramts S. 356) zukommen.

Vorbemerkungen zu Ziff. 4, 6 mit 10, 13, dann 15 und 16.

1. Das Wassergesetz hat diese Enteignungsfälle erweitert und ergänzt.

Art. 153. Außer in den Fällen des Art. I A Ziff. 4, 6 bis 10 und 13, des Art. I B des Gesetzes, betreffend die Zwangsabtretung von Grundeigentum für öffentliche Zwecke, vom 17. November 1837 und der Art. 4, 18, des Art. 31 Abs. 2, Art. 43 Abs. 3, Art. 60 Abs. 2, Art. 81 Abs. 2 dieses Gesetzes kann Zwangsenteignung gefordert werden:

1. zur Ausführung von Instandhaltungsmaßnahmen (Art. 74) in den Fällen der Art. 91 bis 94, 98, 100 dieses Gesetzes;
2. zur Herstellung von Vorrichtungen und baulichen Anlagen an Privatflüssen und Bächen, die in öffentliche oder Privatflüsse einmünden, sofern solche Anlagen zur Herstellung oder Erhaltung des normalen Zustandes des Hauptflusses erforderlich sind;
3. für Unternehmungen des Staates zur Benützung von Gewässern, insbesondere zur Herstellung und zur Unterhaltung von Sammelbecken, Stau- und Triebwerksanlagen;
4. für genossenschaftliche Unternehmungen zur Benützung von Gewässern, insbesondere zur Her-

stellung und zur Unterhaltung von Bewässerungs- und Entwässerungsanlagen, Stau- und Triebwerksanlagen, Sammelbecken:

5. für Herstellung und Unterhaltung genossenschaftlicher Trink- und Nutzwasserleitungen:
6. zur Inanspruchnahme von Grund- und Quellwasser, das für öffentliche Zwecke, insbesondere zur Befriedigung eines unabweisbaren wirtschaftlichen Bedürfnisses einer Gemeinde oder einer Ortschaft notwendig ist.

Art. 154. Auf die Zwangsenteignung finden die Vorschriften des Gesetzes, betreffend die Zwangsabtretung von Grundeigentum für öffentliche Zwecke, vom 17. November 1837 und die Vorschriften der Art. 16 bis 26 des I. Abschnittes des Gesetzes vom 23. Februar 1879 zur Ausführung der Reichszivilprozeßordnung und Konkursordnung in der Fassung der Bekanntmachung vom 26. Juni 1899 entsprechende Anwendung, soweit nicht in den Art. 155, 156 ein anderes bestimmt ist.

Art. 155. Der zur Enteignung Verpflichtete kann auf der Abtretung seines Eigentums an Stelle der in Anspruch genommenen Belastung mit einer Dienstbarkeit nur dann bestehen, wenn die Belastung zur Folge hätte, daß sein Eigentum nicht mehr zweckmäßig benützt werden kann.

Art. 156. In den Fällen, in denen Zwangsenteignung zulässig ist, muß auf Anordnung der Verwaltungsbehörde jeder Besitzer auf seinem Grund und Boden alle Handlungen, die zur Vorbereitung des Unternehmens erforderlich sind, gegen Entschädigung vornehmen lassen.

Abs. 2. Auf Verlangen des Besitzers hat die Verwaltungsbehörde dem Unternehmer, sofern dieser nicht der Staat ist, die vorgängige Leistung einer entsprechenden Sicherheit aufzuerlegen.

2. Das WG. zählt in Art. 153 alle Fälle auf, für die im Gebiete des Wasserrechts ZE. verlangt werden kann und führt in den Eingangsworten die Ziff. 4, 6 mit 10,

13 ZEG. im besondern auf (vgl. § 260 Abs. 3 der VB., Brenner Anm. 2 zu Art. 153 S. 257). „Auf die Zwangsenteignung", das heißt **auf die** in Art. 153 zusammengefaßten **Enteignungsfälle des Wasserrechts** (Brenner Anm. 1 zu Art. 154 S. 364), zu denen auch die Ziff. 4, 6 mit 10 und 13 ZEG. gehören, **finden die Bestimmungen des ZEG. und des AG. ZPO. nur insofern Anwendung, als nicht in Art. 155, 156 WG. Anderes bestimmt ist.** Hier geht also das WG. als lex specialis dem ZEG. vor und die Bestimmungen des ZEG. gelten nur insofern, als nicht das WG. besondere Vorschriften enthält (Brenner Anm. 1 zu Art. 154, vgl. Eymann II 421 ff., Harster 663). Für die Fälle der Ziff. 4, 6 mit 10 und 13 ZEG. brachte das WG. eine Änderung und Erweiterung, insofern nunmehr auch für diese Fälle die Rechte und Pflichten des Enteigners und Enteignungspflichtigen nach den besonderen Bestimmungen der Art. 155, 156 WG. sich richten. Sehr viele Unternehmen werden ohnehin sowohl unter eine der Ziff. 4, 6 mit 10 und 13 des Art. I A des ZEG. wie unter eine der Ziffern des Art. 153 WG. fallen. Ein wesentlicher Unterschied der allgemeinen ZEfälle und der besonderen Enteignungsfälle des Wasserrechts ist zwar durch die Änderung des Art. I und die Einführung des Art. III a des ZEG. durch das Gesetz vom 13. 8. 1910 weggefallen. Die Bedeutung ist jedoch für die Auslegung der Ziff. 4, 6 mit 10 und 13 ZEG. nicht gering, insbesondere im Hinblick auf die Pflicht des Enteignungspflichtigen nach Art. 156 WG., wonach jeder Besitzer in den Fällen, in welchen die ZE. zulässig ist, auf Anordnung der Verwaltungsbehörde alle Handlungen, die zur Vorbereitung des Unternehmens erforderlich sind, schon vor Beginn des ZEverfahrens gegen Entschädigung auf seinem Grundstücke vornehmen lassen muß (im Gegensatze zu den reinen ZEunternehmen des ZEG. siehe hierüber Anm. 9 zu Art. 22 AG.), vgl. von Braun BladmPr. 60, 297.

3. Auch die Unternehmungen der Ziff. 15 und 16 ZEG. können zugleich einen Enteignungsfall des Wasserrechts darstellen. Nur unter diesen Voraussetzungen und nur insoweit jedoch sind für diese Fälle die besonderen Bestimmungen des WG. insbesondere Art. 156 WG. anwendbar (vgl. Ber. RR. Haas vom 2. 4. 1910 S. 5, Verh. KRK. 1909/10 BeilBd. V S. 606).

4. Über die Notwendigkeit der Ermächtigung durch das Staatsministerium des Innern nach Art. XIV ZEG. auch in den ZEfällen des Wasserrechts siehe Anm. 7d zu Art. XIV.

5. Soweit Unternehmungen der wassergesetzlichen Enteignungsfälle von **Genossenschaften des Wasserrechts** vorgenommen werden, gelten die Sonderbestimmungen des Art. 191 WG.

Art. 191. In Ansehung des Zwangsenteignungsverfahrens treten an die Stelle der Bestimmungen der Art. XIII bis XV, XVII und XVIII des Gesetzes, betreffend die Zwangsabtretung von Grundeigentum für öffentliche Zwecke, vom 17. November 1837 die Bestimmungen der Art. 179 bis 194 dieses Gesetzes.

Verfahren bei Bildung von Genossenschaften.

Art. 179. Der Antrag auf Bildung einer Genossenschaft ist bei der Distriktsverwaltungsbehörde, in deren Bezirke das beabsichtigte Unternehmen gelegen ist, mit den erforderlichen Belegen mündlich oder schriftlich anzubringen.

Abs. 2. Die Behörde hat, soweit notwendig, die Ergänzung der Anträge und Vorlagen zu veranlassen.

Art. 180. Ergibt die Prüfung des Antrags dessen Unzulässigkeit, so ist der Antrag ohne weitere Verhandlung zurückzuweisen.

Vorbereitung zur Verhandlungstagfahrt.

Art. 181. Andernfalls ist in der Sache mündlich zu verhandeln. Zu diesem Zwecke hat die Verwaltungsbehörde an der Hand der Anträge und Vorlagen unter Mitwirkung der Messungsbehörden,

Rentämter, Hypothekenämter und Grundbuchämter die Beteiligten festzustellen und die Pläne mit einer Beschreibung des Unternehmens bei Amt oder an einem anderen geeigneten Orte bis zur Verhandlungstagfahrt aufzulegen.

Abs. 2. Hierzu sind die ermittelten Beteiligten schriftlich, etwa sonstige Beteiligte durch Ausschreiben im Amtsblatt mit dem Beifügen zu laden:

1. daß und wo die Pläne und Beschreibungen bis zur Tagfahrt zur Einsichtnahme aufliegen,
2. daß Widersprüche gegen den Beitritt und Einsprüche gegen das Unternehmen spätestens in der Verhandlungstagfahrt geltend zu machen sind,
3. daß die Antragsteller im Falle des Nichterscheinens oder der mangelnden Vertretung durch einen Bevollmächtigten die Erschienenen in bezug auf Auslagen und Versäumnisse schadlos zu halten sowie die Kosten der vereitelten Tagfahrt zu tragen haben,
4. daß die übrigen Geladenen, die in der Tagfahrt weder in Person erscheinen noch durch einen Bevollmächtigten vertreten sind oder nicht abstimmen, unter Ausschluß ihrer Widersprüche und Einsprüche, selbst wenn sie diese schon früher geltend gemacht haben, als dem beantragten Unternehmen in der durch die Mehrheit beschlossenen Gestalt zustimmend erachtet werden.

Abs. 3. Zwischen der Tagfahrt und der Ausgabe des die Ladung enthaltenden Amtsblatts muß mindestens eine Frist von drei Wochen liegen.

Abs. 4. Ist eine Zwangsabtretung beantragt, so findet die Vorschrift in Art. XVI des Gesetzes, betreffend die Zwangsabtretung von Grundeigentum für öffentliche Zwecke, vom 17. November 1837 Anwendung.

Tagfahrt.

Art. 182. Bei der Tagfahrt, die erforderlichen Falles mit einer Ortsbesichtigung zu verbinden ist, hat die Behörde das gesamte Unternehmen zu erörtern, über erhobene Widersprüche gegen den Beitritt zur Genossenschaft sowie über die gegen das Unternehmen geltend gemachten Einsprüche, insbesondere auch über eine beantragte Zwangsenteignung zu verhandeln.

Abs. 2. Neben den von der Behörde aufgestellten Sachverständigen können solche auch von den Beteiligten zur Tagfahrt mitgebracht werden. Letztere sind, soweit es die Klarstellung des Sachverhalts erfordert, ebenfalls einzuvernehmen.

Abs. 3. Sodann sind die gesetzlichen Voraussetzungen für die Genossenschaftsbildung auf Grund des Verhandlungsergebnisses zu prüfen und hiernach die erforderlichen Abstimmungen zu veranlassen.

Abs. 4. Die Verhandlungen und Erklärungen sind zu Protokoll zu nehmen. Zustimmende Erklärungen können nicht mehr zurückgenommen werden und sind auch für den Besitznachfolger bindend.

Art. 183. Den Beteiligten, die bei der Tagfahrt weder erschienen noch vertreten waren, ist von dem Eintritte der in Art. 181 Abs. 2 Ziff. 3, 4 ausgesprochenen Folgen Eröffnung zu machen.

Abs. 2. Binnen vierzehn Tagen nach der Eröffnung können sie bei der Verwaltungsbehörde Wiedereinsetzung verlangen, wenn sie nachweisen, daß sie ohne ihr Verschulden von der Tagfahrt keine Kenntnis erhielten oder am Erscheinen bei der Tagfahrt durch ein Naturereignis oder andere unabwendbare Zufälle gehindert waren.

Art. 184. Wird gegen den Beitritt zur Genossenschaft von keiner Seite ein Widerspruch erhoben, so sind die erschienenen Zustimmenden sofort zur Bildung der Genossenschaft und zur Beschlußfassung über die Satzung zu veranlassen. Bei der Feststellung der Satzung entscheidet die einfache Mehrheit der Abstimmenden. Hierauf ist die Wahl des Genossenschaftsvorstandes vorzunehmen und dieser auch über die vorliegenden Einsprüche dritter gegen das Unternehmen zu hören.

Art. 185. Wird bei der Abstimmung gegen den Beitritt zur Genossenschaft ein Widerspruch erhoben und sind die Voraussetzungen für einen Mehrheitsbeschluß im Sinne der Art. 140, 149 und 151 gegeben, so ist gleichfalls nach Art. 184 zu verfahren.

Abs. 2. Der von den erschienenen Zustimmenden gewählte Genossenschaftsvorstand ist sodann zur Erklärung sowohl über etwaige Einsprüche, als auch über die gegen den Beitritt zur Genossenschaft eingelegten Widersprüche, insbesondere zur Antragstellung hinsichtlich der zwangsweisen Beiziehung der Minderheit zu veranlassen.

Abs. 3. Erweist sich die sofortige Bildung einer Genossenschaft als untunlich, so haben die Zustimmenden die Wahl eines oder mehrerer Bevollmächtigten vorzunehmen. Letzteren obliegt die Erklärungsabgabe und Antragstellung im Sinne des Abs. 2 sowie die fernere Vertretung der Zustimmenden im Streitverfahren bis zur Genossenschaftsbildung.

Ergänzung der Verhandlung.

Art. 186. Wird infolge des Vorbringens der Beteiligten eine Ergänzung der Verhandlung (Einvernahme von Sachverständigen 2c.) notwendig, so hat die Behörde die veranlaßten Anordnungen zu treffen und nötigenfalls mit den einschlägigen Beteiligten eine neuerliche Tagfahrt abzuhalten.

Abs. 2. Diese Bestimmung findet auch Anwendung, wenn ein Beteiligter Wiedereinsetzung gegen die Folgen der Versäumung der Tagfahrt (Art. 183) erhalten hat.

Zwangsgenossenschaft.

Art. 187. Ergibt sich im Anschluß an die Tagfahrt, daß die Voraussetzungen für einen Mehrheitsbeschluß nicht gegeben sind, dagegen die Voraussetzungen für Bildung einer Zwangsgenossenschaft (Art. 103, 112 Abs. 3) vorliegen, so hat die

Behörde die Bildung einer solchen sofort einzuleiten und mit den Beteiligten hierüber sowie über etwaige neuerliche Einsprüche zu verhandeln.

Art. 188. Erweist sich außerdem die Bildung einer Zwangsgenossenschaft als notwendig, so hat die Behörde die Aufstellung eines Projektes zu veranlassen.

Abs. 2. Hinsichtlich der Auflage der Pläne und Beschreibung des Unternehmens, der Anberaumung einer Tagfahrt und der Ladung der Beteiligten findet der Art. 181, der Art. 182 Abs. 1, 2, 4 und die Art. 183, 186 entsprechende Anwendung, Art. 181 mit der Maßgabe, daß in der Ladung als Rechtsnachteil für die Ungehorsamen lediglich der Ausschluß mit den erhobenen Widersprüchen oder Einsprüchen angedroht wird.

Entscheidung der Kreisregierung.

Art. 189. Nach Bildung der Genossenschaften (Art. 184) oder nach Abschluß der Verhandlungen (Art. 185 bis 188) sind die Verhandlungen der Kreisregierung, Kammer des Innern, vorzulegen.

Abs. 2. Letztere hat über die erhobenen Einsprüche und Widersprüche, insbesondere über die zwangsweise Beiziehung der Minderheit, über eine etwaige Zwangsenteignung, über beanspruchte Zwangsrechte (Art. 157 bis 164) sowie über die Zulässigkeit der Bildung einer Zwangsgenossenschaft Entscheidung zu treffen.

Abs. 3. Gleichzeitig hat die Kreisregierung auch hinsichtlich der Zulässigkeit der für das Unternehmen erforderlichen Wasserbenützungs- und Instandhaltungsanlagen Bescheid zu erteilen. In dem Bescheid ist eine Frist zu bestimmen, binnen deren das Unternehmen ausgeführt werden muß. Wird die Frist nicht eingehalten, so kann die Kreisregierung die Genossenschaft als aufgelöst erklären. Bei Unternehmungen, die mit Stauanlagen verbunden sind, findet Art. 61 Anwendung.

Abs. 4. Die Entscheidung erfolgt im verwaltungsrechtlichen Verfahren nach den Bestimmungen des Abschnitts II des Gesetzes über den Verwaltungsgerichtshof vom 8. August 1878. Gegen die Entscheidung ist Beschwerde an den Verwaltungsgerichtshof zulässig.

Prüfung und Genehmigung der Satzung.

Art. 190. Die Prüfung und Genehmigung der Satzung (Art. 118) hat, soweit möglich, unabhängig von der Entscheidung nach Art. 189 unverzüglich zu erfolgen.

Abs. 2. Ergeben sich bei der Prüfung der Satzung Beanstandungen, so sind sie der Genossenschaft zur Beseitigung der erhobenen Anstände mitzuteilen. Erfolgt diese nicht innerhalb einer bestimmten Frist, so setzt die Kreisregierung, Kammer des Innern, die Satzung fest.

Art. 191. In Ansehung des Zwangsenteignungsverfahrens treten an die Stelle der Bestimmungen der Art. XIII bis XV, XVII und XVIII des Gesetzes, betreffend die Zwangsabtretung von Grundeigentum für öffentliche Zwecke, vom 17. November 1837 die Bestimmungen der Art. 179 bis 194 dieses Gesetzes.

Konkurrierende Unternehmungen.

Art. 192. Der Fortbestand bestehender Genossenschaftsanlagen darf durch ein späteres Genossenschaftsunternehmen nicht wesentlich beeinträchtigt werden.

Abs. 2. Ist eine solche Beeinträchtigung durch das beabsichtigte Unternehmen erwiesen und deren Beseitigung im Ausgleichsverfahren (Art. 65 bis 72) oder auf andere Weise nicht zu ermöglichen, so ist der Antrag auf Bildung der neuen Genossenschaft ohne weitere Verhandlung zurückzuweisen.

Abs. 3. Kann dagegen hiernach das neue Unternehmen ohne Beeinträchtigung der bestehenden Genossenschaft ausgeführt werden, so ist nach Art. 179 bis 194 zu verfahren.

Art. 193. Bei dem Vorliegen mehrerer nicht gleichzeitig durchführbarer Anträge auf Bildung von Genossenschaften hat die Verwaltungsbehörde vom Standpunkte des Gemeinwohls die Auswahl unter diesen Anträgen zu treffen.

Abs. 2. In dem weiteren Verfahren sind die nichtberücksichtigten Antragsteller als Beteiligte zu behandeln.

Kosten.

Art. 194. Das gesamte Verfahren (Art. 179 ff.) ist in erster Instanz einschließlich des Verfahrens vor der Distriktsverwaltungsbehörde gebührenfrei.

Abs. 2. Die Kosten, die auf Abordnung von Kommissionen zu Ortsbesichtigungen und Tagfahrten erwachsen, werden von der Staatskasse übernommen. Die Übernahme tritt nicht ein, wenn die Ortsbesichtigung oder die Tagfahrt durch das Ausbleiben des Antragstellers (Art. 181 Abs. 2 Ziff. 3) vereitelt worden ist.

Abs. 3. Alle sonstigen Kosten sind von der Genossenschaft und, sofern letztere noch nicht gebildet ist, von den Antragstellern zu tragen.

In solchen Fällen ist die Ermächtigung des Staatsministeriums des Innern nach Art. XIV ZEG. nicht erforderlich (§ 260 Abs. 5 VB.). Es vollzieht sich die Gründung der Genossenschaft, ihre Ausstattung mit Zwangsrechten, wie die Zwangsabtretung in einheitlichem Verfahren nach vorstehenden Artikeln. Art. XVI ZEG. ist durch Art. 181 Abs. 4 für anwendbar erklärt. Die weiteren Bestimmungen über die Feststellung der Entschädigung im Wege der Schätzung (Art. 17 mit 21 AG. ZPO.) sind auch hier anwendbar (Brenner 428 Anm. zu Art. 191).

4. Regelung des Laufes und Schiffbarmachung von Strömen und Flüssen.

a) Für die Regelung des Laufs, die „Ausführung und Instandhaltung von Flußregulierungen" hat nunmehr Art. 153 Ziff. 1 WG. die entscheidende Bedeutung. Danach kann ZE. gefordert werden zur Ausführung von Instandhaltungsmaßnahmen in den Fällen der Art. 91 bis 94, 98, 100 WG.

Diese Bestimmungen lauten:

a) Öffentliche Gewässer.

Reinigung, Räumung, Freihaltung der Ufer.

Art. 91. Die Reinigung und Räumung des Flußschlauchs sowie die Freihaltung der Ufer, letztere vorbehaltlich der Bestimmung in Art. 85 Abs. 1, erfolgt auf Kosten des Staates.

Uferschutz.

Art. 92. Der Schutz und die Unterhaltung der Ufer ist vorbehaltlich des Art. 84 Kreislast.

Flußregulierungen.

Art. 93. Die Herstellung und Unterhaltung von Flußregulierungen erfolgt auf Kosten des Staates. Dienen sie zugleich dem Uferschutze, so sind die Kreisgemeinden nicht verpflichtet, hierzu Beiträge zu leisten. Anderseits leistet auch der Staat keine Beiträge für Uferschutzanlagen, die zugleich dem Zwecke der Flußregulierung dienen.

Hochwasserdammbauten.

Art. 94. Die Herstellung und Unterhaltung von Hochwasserdämmen erfolgt durch den Staat. Dieser ist jedoch berechtigt, die Beteiligten (Art. 88 lit. a) zu den Kosten mit höchstens fünfzig Prozent des Gesamtaufwandes heranzuziehen.

Abs. 2. Sofern zur Herstellung und zur Unterhaltung bestehender Hochwasserdämme bisher Gemeinden, Ortschaften, Genossenschaften oder Private verpflichtet waren, hat es hierbei sein Verbleiben. Die Gewährung freiwilliger Zuschüsse aus Staats- und Kreismitteln bleibt jedoch auch in diesem Falle vorbehalten.

Abs. 3. Durch vorstehende Bestimmungen werden die hinsichtlich der Rheindammbauten bestehenden Verhältnisse nicht berührt.

Vollzug.

Art. 95. Die Ausführung und Überwachung der zur Instandhaltung erforderlichen Maßnahmen obliegt den Behörden der Staatsbauverwaltung.

Staatliche Kanäle.

Art. 96. Die Instandhaltung der staatlichen Kanäle (Art. 1 Abs. 1) erfolgt durch den Staat.

b) Privatflüsse und Bäche mit erheblicher Hochwassergefahr.

Feststellung.

Art. 97. Die Staatsregierung hat diejenigen Privatflüsse und Bäche festzustellen, bei welchen eine erhebliche Hochwassergefahr besteht. Die Landräte sind vor der Feststellung zu hören.

Verpflichtungen.

Art. 98. Die Instandhaltung dieser Flüsse und Bäche (Art. 74) ist vorbehaltlich der Vorschriften des Art. 84 und des Art. 85 Abs. 1 Kreislast.

Abs. 2. Zu dem für die Instandhaltung dieser Flüsse erwachsenden Aufwande wird der Staat an die Kreisgemeinde nach Maßgabe der jeweiligen budgetmäßigen Mittel freiwillige Zuschüsse leisten.

Abs. 3. Die Kreisgemeinde ist befugt, die Beteiligten (Art. 88) zu den Kosten mit höchstens fünfundzwanzig Prozent des Gesamtaufwandes heranzuziehen.

Aufsicht.

Art. 99. Die Beaufsichtigung dieser Privatflüsse und Bäche obliegt den Staatsbaubehörden; durch diese werden die erforderlichen baulichen Maßnahmen vorbereitet und zur Ausführung gebracht.

c) Sonstige Privatflüsse und Bäche.

Verpflichtungen.

Art. 100. Zur Instandhaltung (Art. 74) sind die Beteiligten (Art. 88) vorbehaltlich der Bestimmungen des Art. 84 und des Art. 85 Abs. 1 verpflichtet.

Die Bestimmung der Ziff. 4 ZEG. ist jedoch nicht gegenstandslos. Eymann sagt (II S. 410, 413) mit Recht, daß Ziff. 4 ZEG. auch vom gesetzlich nicht Verpflichteten in Anspruch genommen werden kann. Dasselbe hat zu gelten für den Fall, daß eine Verpflichtung als Auflage einer wassergesetzlichen Erlaubnis geschaffen wurde. Es muß jedoch betont werden, daß Bauvornahmen an einem Flusse, die erst dadurch notwendig werden, daß der Beschluß der Genehmigung zur Herstellung einer am Flusse errichteten Anlage sie als Auflage vorschreibt, keine Regelung des Laufs und keine Flußregulierung im Sinne des Art. 74 Abs. 1 WG. sind. Wenn danach eine solche Maßnahme an einem öffentlichen Flusse nicht vom Staate oder einer Genossenschaft (Ziff. 4 des Art. 153 WG.) sondern von einem Privaten oder einer Gemeinde im Vollzug der Auflage eines wassergesetzlichen Genehmigungsbeschlusses vorgenommen werden will, kann aus Ziff. 1 des Art. 153 WG. und auch aus Ziff. 4 ZEG. für das Unternehmen kein ZErecht abgeleitet werden.

b) Hinsichtlich der **Schiffbarmachung**, **der Einrichtung zur Schiff- und Floßfahrt**, entscheiden nunmehr die nachfolgenden Art. 4 und 31 WG.

Art. 4. Jeder Fluß und jeder Teil eines solchen kann, wenn er vom Staate oder von einem dritten zur Schiff- oder Floßfahrt eingerichtet wird, von der Staatsregierung zum öffentlichen Flusse erklärt werden. Die Eigenschaft als öffentlicher Fluß beginnt mit dem von der Staatsregierung bezeichneten Zeitpunkte.

Abs. 2. Ist zur Durchführung der Umwandlung die Abtretung eines Grundstücks oder die Belastung eines Grundstücks mit einer Dienstbarkeit erforderlich), so finden die Bestimmungen in den Artikeln 154 bis 156 Anwendung.

Abs. 3. Für die Entziehung des Flußbetts kann eine Entschädigung nicht verlangt werden. Wird infolge der Umwandlung eines Flusses oder eines Flußteils in einen öffentlichen Fluß die bisherige Benützung des Wassers oder des Flußbetts oder eines Teiles desselben zum Nachteil eines Berechtigten aufgehoben oder beeinträchtigt, so kann dieser Entschädigung verlangen.

Trift.

Art. 31. Triftgewässer sind diejenigen Flüsse und Bäche, welche der Flößerei mit unverbundenem Holze (Trift) dienen.

Abs. 2. Zur Trift können diejenigen Gewässer benützt werden, welche entweder bisher schon als Triftgewässer dienten oder von der Staatsregierung künftig als solche erklärt werden. In letzterer Beziehung finden die Bestimmungen des Art. 4 Abs. 2, 3 entsprechende Anwendung.

Diese Bestimmungen sind weiter als Ziff. 4 ZEG., insofern die Floßbarmachung und die Anlage als Triftgewässer von Ziff. 4 ZEG. nicht umfaßt werden. Ist dagegen das Gewässer bereits öffentlicher Fluß (siehe Anlage I zu den VB. WG. v. 3. 12. 1907, GVBl. S. 1005 ff.; Brenner 610 ff.; Eymann II 770 ff.; Harster 869 ff.), und es soll nur die Floßfahrt verbessert werden (Flußdurchstich, sonstige Flußregulierung), so ist das ZErecht für diese Unternehmungen nicht aus Art. 4 WG. abzuleiten, der nur die Umwandlung eines nicht öffentlichen Flusses in einen öffentlichen zu Zwecken der Floßfahrt trifft. Das ZErecht ergibt sich vielmehr für diese Unternehmen aus Art. 153 Ziff. 1 und Art. 93 WG. (Flußregulierung, vgl. Brenner 230 Anm. 12 zu Art. 75). Danach besteht das ZErecht (siehe vorstehende Anm. a) auch, wenn nicht der wassergesetzlich verpflichtete Staat, sondern andere

Personen, z. B. der Kreis, Gemeinden als Unternehmer auftreten. Ist der Staat selbst Unternehmer der Verbesserung der Floßfahrt, so ergibt sich das ZErecht auch aus Art. 153 Ziff. 3 WG. Denn auch hier steht „eine Unternehmung zur Benützung von Gewässern" in Frage, da die „Benützung von Gewässern" in Art. 153 Ziff. 3 WG. alle Maßnahmen nach Abteilung II des WG. umfaßt (Brenner 360 Anm. 16).

5. Anlegung neuer und Änderung bestehender Staatsstraßen und Distriktsstraßen.

a) Vor der Novelle vom 13. 8. 1910 hatte Ziff. 5 folgende Fassung: „Anlegung neuer und Erweiterung, Abkürzung oder Ebenung schon bestehender Staats-, Kreis-, und Bezirks-Straßen."

Der Entwurf zur Abänderung des ZEG., eingereicht beim Präsidium der KRR. am 11. 3. 1910, 5. Beil.-Bd. Beilage 174 S. 448 hatte folgenden Wortlaut vorgesehen: „Anlegung neuer und Änderung bestehender Staatsstraßen, Distriktsstraßen, Gemeindewege und Ortsstraßen."

Das Enteignungsrecht zugunsten der **Gemeindewege und Ortsstraßen** wurde jedoch in den beiden Kammern abgelehnt (vgl. Ber. RR. Haas v. 2. 4. 1910 S. 2 ff., 5. Beil.-Bd. S. 606, Prot. des vereinigten I. u. III. Aussch. KRR. v. 22. 4. 1910 S. 4 ff., 5. Beil.-Bd. S. 674 ff., KRR. Verh. Bd. 2 S. 273 ff., KAbg. Verh. Bd. 12 S. 21 ff.). Das Enteignungsrecht zugunsten von Gemeindewegen war bereits 1837, dann wieder 1874 abgelehnt worden (vgl. über die letzteren Verhandlungen KAbg. 1873/74 Bd. 2 S. 57 ff. und Beil.-Bd. 2 S. 334, KRR. 1873/74 Bd. 1 S. 439 ff., Beil.-Bd. 1 S. 326 ff.).

b) Die im Vollzuge der Bauordnungen (Münchener Bauordnung vom 29. 7. 1895, Allgemeine Bauordnung vom 17. 2. 1901 mit den Abänderungen durch KVO. v. 3. 8. 1910, GVBl. S. 403) sich ergebende Abtretung von Grund und Boden fällt nicht unter die Bestimmungen des ZEG. Hierüber siehe Englert, Allg.

BO. S. 98 ff., Englert, Münchener BO. S. 12 ff., Borscht, Münchener BO. S. 46, 55 ff., 257; bezüglich der Pfalz siehe hier Anhang B 2a, Wand, Wege 102—150, Geib II 410.

Für die Anlegung, Erweiterung, Verlegung, Ebenung von Ortsstraßen und Gemeindewegen ist danach im rechtsrheinischen Bayern ein ZErecht nur gegeben, wenn die Voraussetzungen der Ziff. 13 des Art. I A ZEG. vorliegen (siehe die Erläuterungen hiezu), oder wenn das für andere Unternehmen bestehende ZErecht auch die Anlegung, Erweiterung, Verlegung und Ebenung von Ortsstraßen und Gemeindewegen zur zweckentsprechenden Durchführung dieser ZEunternehmen mitumfaßt. (Beispiele: Zufahrts- und Zugangswege zu einem Truppenübungsplatz oder Exerzierplatz, siehe hier Anm. 2 zu Art. I Ziff. 1; Weganschluß für Kirchen und Schulhäuser, siehe hier Anm. a und b zu Art. I Ziff. 2; Ersatzwege beim Bau von Staats- und Distriktsstraßen, siehe folgende Anm. c; Zufahrtswege zu öffentlichen Häfen, Umschlag- und Ländeplätzen, siehe hier Anm. c zu Art. I Ziff. 10; Ersatzwege beim Bau von Eisenbahnen, siehe hier Anm. b und d zu Art. I Ziff. 11; Weganschluß eines Elektrizitätswerks oder sonstigen Werkes nach Art. I Ziff. 16, siehe dort Anm. d.) In der Pfalz besteht für Vizinalwege ein besonderes durch das ZEG. nicht aufgehobenes ZErecht nach dem Gesetze vom 9. 19 Ventôse XIII, siehe hierüber Anhang B 2 b.

c) **Staatsstraßen.**

Siehe Seydel III S. 301, 303, 305; Pechmann-Brettreich II 504 ff., Krais III S. 151, 163, auch Bd. II S. 217. Für Staatsstraßen ist außerdem die Enteignung von Grundstücken zur Gewinnung von Kies und Steinen (nicht zur Gewinnung von Dammerde VGH. 8 S. 316, 321) möglich nach der VO. v. 3. 7. 1812 (siehe im Anhang A 1). Diese VO. ist durch das ZEG. in ihrem Rechtsbestand nicht berührt worden, VGH. 8 316, 319, Seydel III 306 Anm. 79, hier Anhang vor A. Die VO. gilt jedoch nur in jenen Gebietsteilen, welche bei ihrer Erlassung zu Bayern gehörten, Seydel III 306 Anm. 76. Die Entscheidung erfolgt, wenn die Abtretungspflicht bestritten wird, auch hier im verwaltungsrechtlichen Verfahren nach Art. 8 Ziff. 10 VGHG. Ein Verfahren nach Art. XIV ZEG. findet natürlich nicht statt VGH. 8, 319.

Über die weiteren landesgesetzlichen Eigentumsbeschränkungen zugunsten von Staatsstraßen siehe Anhang A 2 (Erhaltung der Staatsstraßen) und 3 (Auslichten). Für die Pfalz siehe Anhang B unter 2 b, c, d und e.

d) Distriktsstraßen.

Siehe Art. 28 des Distriktsratsgesetzes, Lermann, Die Bayerische Distriktsgemeindeordnung S. 126 ff., Kahr, GemO. I 349 ff., Pechmann-Brettreich II 506 ff., Krais III 142 ff. Die unter c angeführte VO. vom 3. 7. 1812 gilt nicht für Distriktsstraßen, Seydel III 305 Anm. 75, Krais III 153. Ebenso gelten für Distriktsstraßen nicht die im Anhang unter A 2 und 3 abgedruckten Eigentumsbeschränkungen über das Auslichten (ME. vom 19. 5. 1876, MABl. S. 237, Weber XI 542, siehe Note 13 des Anhangs). Bezüglich der Pfalz siehe Anhang B 2 b, c, d und e.

e) Die Änderung umfaßt sowohl die Erweiterung als die Abkürzung und Ebenung (Begr. 1910 S. 5, KRR. Beil.-Bd. 5 S. 450). Falls etwa Wege anderer Art, auch Ortsstraßen, Gemeindewege und Fußwege, bei der Änderung einer Staats- oder Distriktsstraße verlegt werden müssen, ist auch für diese Verlegung das ZErecht gegeben (vgl. VGH. 30, 6 und 7). Dasselbe hat für Ersatzzufahrten von Privatgrundstücken zu gelten. Selbstverständlich besteht das ZErecht für die ganze Straßenanlage einschließlich der Böschungen und Gräben, auch wenn diese erst nach Fertigstellung der Fahrbahn gesondert geschaffen werden sollten oder wenn sich bei Vermessung der Straße herausstellt, daß der Grund und Boden der Böschungen und Gräben im Privateigentum der Angrenzer steht und für den Staat oder Distrikt erworben werden soll. Das ZErecht ist auch für die notwendigen Wasserabzugsgräben zur Trockenhaltung der Straßen, dann für alle notwendigen Durchlässe und die dadurch bedingten Baumaßnahmen gegeben.

f) Auch eine Fähre kann Bestandteil einer Distriktsstraße und deshalb zur Herstellung einer solchen Fähranlage das ZErecht gegeben sein, ME. vom 8. 3. 1904 Nr. 3576; a. M. Eymann II 410.

g) **Benachteiligung durch Veränderungen an öffentlichen Wegen.**

Öffentliche Wege sind Einrichtungen, welche der Staat oder Gemeindeverband dem öffentlichen Verkehr darbietet. Es besteht kein Recht des Einzelnen auf den Bestand öffentlicher Wege, auf eine bestimmte Einrichtung oder einen bestimmten Zustand dieser Wege. Der Einzelne muß sich damit begnügen, was und wie und solange es geboten wird (VGH. 3, 38; 17, 339; 19, 189; vgl. Seydel III 298, Kahr, GemO. I S. 350, 352). Der Einzelne hat keinerlei Recht, unter Bezug auf die Änderung, welche ein Unternehmen an öffentlichen Wegen herbeiführen kann, eine Einrede gegen das Unternehmen geltend zu machen. Für die der Zwangsabtretung verfallenen öffentlichen Wege anderweiten Ersatz herbeizuführen und über die Art und Weise dieses Ersatzes zu befinden, ist Aufgabe der Behörden der aktiven Verwaltung. Die Möglichkeit verwaltungsrichterlicher Nachprüfung besteht nicht VGH. 17, 328. Den Gemeinden steht unter dem Vorbehalt der gesetzlichen Befugnisse der Staatsaufsicht das Recht zu, nach eigenem Ermessen über die Schaffung, Veränderung oder den Fortbestand eines Gemeindeweges zu beschließen VGH. 14, 379; 19 S. 4, 189. Am wenigsten hat der Einzelne ein Recht auf Entschädigung durch die Beeinträchtigung, welche er durch die Wegänderung oder -abschneidung erleidet. Schon aus diesem Grunde kann der Anerkennung der Abtretungspflicht zu einem ZEunternehmen nicht die Bedingung des Ersatzes eines öffentlichen Weges beigefügt werden VGH. 17, 328.

6. Herstellung öffentlicher Wasserleitungen.

Ergänzend und erweiternd treten hiezu die Ziff. 5 und 6 des Art. 153 WG.:

5. für Herstellung und Unterhaltung genossenschaftlicher Trink- und Nutzwasserleitungen;
6. zur Inanspruchnahme von Grund- und Quellwasser, das für öffentliche Zwecke, insbesondere zur Befriedigung eines unabweisbaren wirtschaftlichen Bedürfnisses einer Gemeinde oder einer Ortschaft notwendig ist.

a) Gegenstand der ZE. ist zunächst das **Grund- und Quellwasser** als Bestandteil des Eigentums am Grundstücke (Ziff. 6 ZEG. und Ziff. 6 WG.). Die Inanspruchnahme des Wassers kann entweder durch Erwerb des Eigentums am Grundstück, auf dem das Wasser sich befindet, erfolgen oder durch Belastung dieses Grundstücks mit einer Dienstbarkeit nach Maßgabe des Art. IIIa ZEG. oder 155 WG. Auch das Quell- und Grundwasser allein kann Gegenstand der Enteignung sein. In der Regel wird allerdings das Grundstück, dem das Quell- oder Grundwasser entnommen werden soll, zur Schaffung der Quellfassung mit enteignet werden müssen (vgl. Eymann II 420). Über die für die Zutageförderung und Ableitung notwendige Erlaubnis der Verwaltungsbehörde siehe Art. 19 WG.; über die Frage der rückwirkenden Kraft des Art. 19 siehe BayGemZ. 1910 S. 290ff. und insbesondere die Fußnote S. 293; VGH. 22. 6. 1910, BayGemZ. 1910 S. 411.

b) Die **Weiterleitung** des Wassers in Röhren usw. durch fremden Grund und Boden wird, abgesehen von den genossenschaftlichen Wasserleitungen, für die Ziff. 5 WG. eine Grundlage gibt, nur von Ziff. 6 ZEG. umfaßt und der Zweck erreicht durch Bestellung einer Dienstbarkeit nach Art. IIIa ZEG., Art. 154, 155 WG. (Brenner S. 362 Anm. 21). Die Anlage von Schutzbezirken im Quellgebiet wird sowohl von Ziff. 6 ZEG. wie gegebenenfalls von Ziff. 5 WG. getroffen.

c) Ziff. 6 ZEG. umfaßt sowohl Trink- wie Nutzwasserleitungen, wohl auch die Überführung von Solen und Mineralquellen, die, wenn staatlich, auch unter

Ziff. 15 ZEG. fallen. Wasserleitungen für Zwecke der Eisenbahnen fallen auch unter Ziff. 11, die Versorgung eines Truppenübungsplatzes mit Wasser auch unter Ziff. 1, eine Wasserleitung zur Versorgung eines öffentlichen Schulhauses oder Krankenhauses auch unter Ziff. 2 ZEG.

d) Ziff. 6 WG. erlaubt die Inanspruchnahme von Grund- und Quellwasser auch über den Rahmen der Ziff. 6 ZEG. hinaus, z. B. zur Anlage einer öffentlichen Fischzuchtanstalt, zu Bewässerungszwecken, zur Anlage von Feuerweihern (Eymann II 421).

e) Der Begriff der „Herstellung öffentlicher Wasserleitungen" umfaßt auch die Erweiterung einer bereits bestehenden und die Anlage einer zweiten Wasserleitung (VGH. 4, 190). Aus den Gründen der VGHE. 4, 193 muß auch angenommen werden, daß die Unterhaltung der öffentlichen Wasserleitungen von Ziff. 6 ZEG. mitumfaßt wird. Wenn nach VGH. 12, 32; 30, 7 aus den Worten „Errichtung von Eisenbahnen" in Ziff. 11 ZEG. mit Recht das ZErecht für alle nicht nur mit der Erbauung, sondern auch dem Betriebe der Eisenbahnen zusammenhängenden Anlagen abgeleitet wird, so wird man auch hier aus dem Begriff „Herstellung öffentlicher Wasserleitungen" das ZErecht für alle aus dem Betrieb der Wasserleitung sich ergebenden Arbeiten (und zu ihnen gehören auch die notwendigen Instandsetzungsmaßnahmen) ableiten können. Es wird sich zudem häufig praktisch kaum ein Unterschied finden lassen, ob bestimmte Arbeiten eine Erweiterung der Wasserleitung oder eine Teilerstellung einer zweiten Wasserleitung darstellen oder die Instandsetzung der ersten Wasserleitung. Man käme sonst zu dem unbefriedigenden Ergebnis, daß nach Art. 156 Ziff. 5 WG. zur Herstellung und Unterhaltung genossenschaftlicher Trink- und Nutzwasserleitungen das ZErecht gegeben ist, nicht dagegen für die Unterhaltung öffentlicher Wasserleitungen (a. M. Eymann II 414).

f) Anzapfung einer öffentlichen Wasserleitung siehe Anm. 12d zu Art. I S. 34.

7. Austrocknung schädlicher Sümpfe in der Nähe von Ortschaften.

8. Beschützung einer Gegend vor Überschwemmungen.

Ergänzend kommen hier weiter hinzu die Ziff. 1 u. 4 des Art. 153 WG. und es kann Zwangsenteignung gefordert werden:

1. zur Ausführung von Instandhaltungsmaßnahmen (Art. 74) in den Fällen der Art. 91 bis 94, 98, 100 dieses Gesetzes; [abgedruckt hier S. 49ff.].

4. für genossenschaftliche Unternehmungen zur Benützung von Gewässern, insbesondere zur Herstellung und zur Unterhaltung von Bewässerungs- und Entwässerungsanlagen, Stau- und Triebwerksanlagen, Sammelbecken.

a) über den Begriff Sumpf siehe Eymann I 446 Anm. 12 zu Art. 45, Meisner, Nachbarrecht S. 236.

b) Soweit Maßnahmen nach Ziff. 7 und 8 durch genossenschaftliche Unternehmen getroffen werden, gilt die Sonderbestimmung des Art. 191 WG. Siehe Anm. 5 der Vorbemerkungen vor Ziff. 4 S. 42.

c) Ziff. 8 wird ergänzt durch die S. 49 angeführte Ziff. 1 des Art. 153 WG. und Ziff. 13 ZEG. Auch Uferschutz-, Regulierungs- und Dammbauten, die nach Ziff. 1 WG. kein ZErecht besitzen, können unter Ziff. 7 ZEG. fallen. Unter Dammbauten sind jedoch nur ausgedehnte Anschüttungen und Aufbauten zum Schutze des Hinterlandes gegen Überflutung zu verstehen (ObLG. 9. 4. 1910, RevReg. 80/10, Recht 1910 S. 455, BlfRA. 75, 578.

d) Der Schutz einzelner Grundstücke fällt nicht unter Ziff. 8 ZEG. Es muß eine Grundfläche von bedeutenderer Ausdehnung sein, Eymann II 414; über den Begriff Überschwemmungen siehe Eymann I 446.

9. Erbauung von öffentlichen Kanälen, Schleusen und Brücken.

a) Nach der Erklärung der Staatsregierung in den Gesetzgebungsverhandlungen zum WG. (Ber. Korr. KRR. von Thelemann S. 107) sind unter **öffentlichen Kanälen** im Sinne der Ziff. 9 nur solche zu verstehen, die zu Schiffahrtszwecken benützt werden. Dies gehe schon daraus hervor, daß im Zusammenhang damit Schleusen und Brücken genannt seien. Die Kanäle zum Zwecke der unterirdischen Abführung von Wasser fielen unter Ziff. 13 ZEG. (angef. Ber. S. 107, vgl. Brenner 358 Anm. 3 a. E. zu Art. 153, Eymann II 415. Gemeint ist hier natürlich nicht die Ableitung von Quellwasser, hierüber Anm. b zu Ziff. 6 S. 57, sondern die Ableitung bei Anlage einer Kanalisation).

b) Nach dieser Erklärung der Staatsregierung kann es sich bei den **Schleusen** auch nur um die zu Zwecken der Schiffahrt geschaffenen Kanalschleusen handeln, nicht um gewöhnliche Stauwerksschleusen (Eymann II 415).

c) **Alle öffentlichen Brücken** [die Brücken als Teile öffentlicher Wege] besitzen das ZErecht (vgl. Äußerung des Staatsministers von Brettreich vom 22. 4. 1910, Prot. des vereinigten I. und III. Aussch. KRR. S. 5 v. unten, 5. Beil.-Bd. S. 675, „so sei es doch eine Inkonsequenz, wenn man die rechtliche Möglichkeit habe, zum Zweck der Erbauung einer Brücke, die doch nur ein Bestandteil eines Weges sei, Grund und Boden zu enteignen, dagegen zur Anlegung des Weges selbst nicht", siehe auch Verh. KAbg. 1873/74 Bd. 2 S. 60).

Warum bloße Fußgängersteige, wenn sie Teile eines öffentlichen Wegs darstellen, kein ZErecht besitzen sollen, ist nicht einzusehen (a. M. Eymann II 415).

d) Ob für die Anlagen für Eisenbahnbrücken Ziff. 9 oder 11 herangezogen wird, ist bedeutungslos.

e) Über die Frage der Gemeinnützigkeit einer Brücke vgl. VGH. 9, 395.

10. Herstellung oder Änderung öffentlicher Häfen, Umschlag- und Ländeplätze sowie der dazu ge-

hörenden Nebenanlagen; Erwerbung des zur vollen wirtschaftlichen Ausnützung der Hafenanlage erforderlichen Geländes für Industrie und Handel durch den Staat.

a) Vor der Novelle vom 13. 8. 1910 hatte die Ziff. 10 folgenden Wortlaut: „Erbauung öffentlicher Häfen oder Vergrößerung schon vorhandener." Außerdem kam für die Instandsetzung, Verbesserung und Vergrößerung bereits bestehender Häfen, die als Nebenarme öffentlicher Flüsse anzusehen sind, auch noch die Möglichkeit der Enteignung nach Art. 153 Ziff. 1 des Wassergesetzes in Betracht.

Die Begr. S. 6 KRR. 5. Beil.=Bd. S. 451 forderte eine Gesetzesänderung aus folgenden Erwägungen: „Soll eine Hafenanlage den Anforderungen des modernen Verkehrs und unseres hochentwickelten Wirtschaftslebens gerecht werden und zur Förderung von Industrie und Handel in möglichst hohem Grade beitragen, so darf man sich nicht auf die Herstellung der eigentlichen Hafenanlage und der dazu gehörigen öffentlichen Anlagen zur Einladung, Ausladung und vorübergehenden Lagerung der Güter beschränken. Man muß vielmehr auch die weiteren Bedürfnisse des Wirtschaftslebens ins Auge fassen und dafür sorgen, daß für Industrie und Handel auch das in der Nähe des Hafens erforderliche Gelände zur Entfaltung ihrer privaten Betriebstätigkeit zur Verfügung steht und ein teuerer Zwischentransport zwischen Hafen und Betriebsstätte möglichst vermieden wird, da nur auf diese Weise die Vorteile der Wasserstraße voll zur Geltung gebracht und den Beteiligten zugeführt werden können. Wollte man bei der Schaffung von Hafenanlagen die Erwerbung des für Industrie und Handel erforderlichen Geländes der privaten Vereinbarung überlassen, so würde sich sofort, wenn das Projekt einigermaßen greifbare Gestalt gewonnen hat, die Spekulation des in Betracht kommenden Landes bemächtigen und die Grundstückspreise derart in die Höhe treiben, daß die Vorteile der Hafenanlage für Industrie und Handel zum großen

Teil wieder verloren gingen. Auch würde eine plan- und zweckmäßige Einteilung des Geländes ganz außerordentlichen, mitunter sogar unüberwindlichen Schwierigkeiten begegnen. Will man daher für die großen Geldopfer, die eine Hafenanlage erfordert, auch einen entsprechenden Gewinn für die Allgemeinheit sichern, so muß man von vornherein großzügig zu Werke gehen und auch die durch die Hafenanlage erst entstehenden Bedürfnisse von Industrie und Handel entsprechend berücksichtigen, insbesondere dafür sorgen, daß auch das zur vollen wirtschaftlichen Ausnützung der Hafenanlage erforderliche Lagerplatz- und Industriegelände in ausreichender Größe, in zweckmäßiger Lage und Einteilung und zu angemessenem Preise zur Verfügung steht." Vgl. Ber. RR. Haas S. 4, Verh. KRR. 1909/10 5. Beil. Bd. S. 607; KRR. Aussch.-Prot. S. 9, 5. Beil.-Bd. S. 679; Verh. KRR. Bd. 2 S. 277; Verh. KAbg. Bd. 12 S. 25.

b) Für die Auslegung gibt die Begr. S. 6 u. 7, KRR. 5. Beil.-Bd. S. 451 folgende Behelfe:

„Die Beschaffung von Industriegelände wird nur bei großen Hafenanlagen in Frage kommen, wie sie, wenigstens zurzeit, wohl nur der Staat zur Ausführung bringt. Es wurde daher auch die Möglichkeit der Enteignung für diesen Zweck nur zugunsten des Staates vorgesehen.

Die Zuteilung des Geländes ist in der Weise gedacht, daß der Staat das Eigentum behält und das gewonnene Industriegelände im Wege länger dauernder Pacht oder durch Verleihung eines zeitlich begrenzten Erbbaurechtes wieder an Interessenten abgibt; hiebei wird er jene Unternehmungen besonders berücksichtigen, deren Heranziehung für den Verkehr im Hafen und für die Hebung des wirtschaftlichen Wohlstandes der betreffenden Gegend besonders wertvoll ist.

Es handelt sich demnach bei der Erwerbung des Industriegeländes um eine sogenannte **Zonenenteignung**, bei der das an den Hafen angrenzende, für die wirtschaftliche Ausnützung des Hafens nach Lage und Beschaffenheit besonders geeignete Gebiet — eine bestimmte Zone — in das staatliche Unternehmen und in die Enteignung einbezogen wird. Die Grenze dieser Zone wird schon in dem betreffenden staatlichen Projekte dem bestehenden Bedürfnisse angepaßt und in einwandfreier Weise bestimmt werden. Da jedes derartige staatliche Projekt wegen der erforderlichen Mittel der Prüfung und Genehmigung des Landtags unterliegt, ist auch volle Gewähr dafür gegeben, daß eine über die Absichten der gesetzgebenden Faktoren hinausgehende Enteignung nicht stattfindet.

Die Enteignung muß sich nötigenfalls auch auf Gelände erstrecken können, das bereits für industrielle Zwecke verwendet wird oder für solche bestimmt ist, da sonst der Staat in der planmäßigen und zweckentsprechenden Einteilung und Aufteilung des Geländes behindert wäre. Durch die Ausdehnung der Enteignung auf die ganze in Betracht kommende Zone kann auch erreicht werden, daß die Vorteile aus den Aufwendungen des Staates, insbesondere die außerordentlichen Wertsteigerungen, welche die an den Hafen angrenzenden Grundstücke infolge der Hafenanlage erfahren, dem Staate selbst wieder teilweise zufließen und nicht ganz unbeteiligten Dritten als unverdienter Wertzuwachs in den Schoß fallen."

c) Außer den Häfen sind im Gesetze auch die **Umschlag- und Ländeplätze** besonders aufgeführt, da „diese an verkehrsreicheren Orten ohne Häfen für die Schiff- und Floßfahrt gleichfalls unentbehrlich sind und oft nur an bestimmten Stellen des Ufers in zweckmäßiger Weise angelegt werden können." Begr. S. 7, KdK. Beil.-Bd. 5 S. 451.

d) Der Ausdruck „**Änderung**" umfaßt alle im öffentlichen Interesse gelegenen Änderungen an bestehenden Anlagen, sowohl einfache Verlegungen und Änderungen der Form wie auch Vergrößerungen. Begr. S. 7. KdK. Beil.-Bd. 5 S. 451.

e) Als „**Nebenanlagen**" kommen alle öffentlichen Anlagen in Betracht, die einen notwendigen oder nützlichen Bestandteil der Hafenanlage selbst bilden, z. B. öffentliche Lagerplätze, Lagerhäuser und Güterschuppen, Kranen, Elevatoren, Eisenbahngleise, Dienstgebäude für das Hafenpersonal u. dgl. Begr. S. 7, KRR. 5. Beil.-Bd. S. 451, Verh. KAbg. 1910 Bd. 12, 25 (Ref. Abg. Schöndorf). Das ZErecht besteht insbesondere auch (siehe Begr. a. a. O. und Ref. KAbg. a. a. O.) für alle öffentlichen Wege, welche den Zweck verfolgen, den Hafen, Umschlag- oder Ländeplatz an den Landverkehr anzuschließen, also für **alle notwendigen Zufahrtswege**, einerlei welcher Gattung der öffentlichen Wege diese angehören. Denn auch die Zufahrtswege sind Bestandteile der Anlage, die zu ihrem zweckentsprechenden Betriebe notwendig sind (vgl. VGH. 30, 5, Weganschluß eines Schulhauses und die in Anm. 2 zu Art. I Ziff. 1 angeführte VGHE. v. 5. 3. 1894, Weganschluß eines Exerzierplatzes).

f) Geländeenteignung.

Siehe hier vorstehende Anm. b. Das Recht der Gelände-(Zonen-)enteignung ist **nur dem Staate** gewährt. Dagegen steht das ZErecht zur Herstellung und Änderung öffentlicher Häfen, Umschlag- und Ländeplätze einschließlich der Nebenanlagen jedem öffentlichen Zweckverband, auch den Kreisen, Distrikten, Gemeinden zu.

11. Errichtung von Eisenbahnen zur Beförderung des innern oder äußern Handels und Verkehrs.

a) Vgl. Art. 41 Abs. I der Verfassung des Deutschen Reichs vom 16. 4. 1871:

„Eisenbahnen, welche im Interesse der Verteidigung Deutschlands oder im Interesse des gemeinsamen Verkehrs für notwendig erachtet werden, können kraft eines Reichsgesetzes auch gegen den Widerspruch der Bundesglieder, deren Gebiet die Eisenbahnen durchschneiden, unbeschadet der Landeshoheitsrechte, für Rechnung des Reichs angelegt oder an Privatunternehmer zur Ausführung konzessioniert und mit dem Expropriationsrechte ausgestattet werden."

Dazu Seydel, Kommentar zur Verfassungsurkunde für das Deutsche Reich 2. Aufl. S. 270ff.

b) Das ZErecht erstreckt sich auf alle mit der Erbauung und dem Betrieb der Eisenbahnen zusammenhängenden Anlagen, es besteht nicht nur zur ersten Herstellung sondern ebenso für die Erweiterung und Instandsetzung der Anlagen (VGH. 12, 32; 30 S. 6, 7). Darunter fällt insbesondere auch der Erwerb des nötigen Geländes zu Unter- und Überführungen, die Schaffung von Ersatzwegen und Ersatzzufahrten (VGH. 24. 2. 1905 Nr. 62 I/04, dann 24. 5. 1907 Nr. 15 I/07), die Anlage von Wasserabzugsgräben, Längswegen usw. Auch für die Gewinnung von Auffüll- und Bettungsmaterial aus Kiesgruben wurde das ZErecht mehrfach (ME. vom 3. 2. 1901 Nr. 2379 und vom 24. 11. 1903 Nr. 26223) bejaht.

c) Das ZErecht besteht auch zugunsten der nur mittelbar dem Eisenbahnzwecke dienenden Einrichtungen, z. B. zur Schaffung eines Lagerplatzes, zu maschinentechnischen Anlagen, Erbauung einer Betriebswerkstätte, eines Übernachtungsgebäudes, zum Bau einer Wasserleitung für Eisenbahnzwecke, zur Errichtung einer Säge mit Lagerplatz und einer Imprägnieranstalt für Herstellung von Eisenbahnschwellen (selbstverständlich nur, wenn die Eisenbahnverwaltung selbst diese Unternehmungen im Eigenbetrieb hat).

d) Falls etwa **Wege** (auch Gemeindewege, Ortsstraßen, öffentliche Fußwege) aus Rücksichten des Betriebs durch Über- oder Unterführungen ersetzt oder verlegt werden müssen, besteht für alle diese Maßnahmen das ZErecht (VGH. 30, 7, welche auf frühere E. v. 24. 2. 1905 und 24. 5. 1907 Bezug nimmt). Dasselbe hat für Ersatzzufahrten zu privaten Grundstücken zu gelten. Bezüglich der Ansprüche wegen Benachteiligung durch Veränderung an öffentlichen Wegen siehe Anm. g zu Ziff. 5 S. 56. Ein Anspruch auf Beibehaltung oder Ersatzherstellung eines öffentlichen Weges kann vom einzelnen auch nicht aus der Auflage der Konzession einer Privatbahn abgeleitet werden. Denn durch die Erteilung der staatlichen Konzession zum Bau und Betrieb einer Eisenbahn auf Grund der KVO. v. 20. 6. 1855 wird ein öffentlichrechtliches Verhältnis nur zwischen dem Staat und dem Beliehenen, nicht aber zwischen dem Beliehenen und Dritten geschaffen (VGH. 7 S. 207, 214; 19 S. 4, 198, 191), auch nicht zwischen dem beliehenen Eisenbahnunternehmer und gemeindlichen Körperschaften (VGH. 31 S. 69, 72). Über die Grundsätze für Verlegung öffentlicher Wege bei Eisenbahnbauten siehe die MBek. v. 3. 4. 1909, MABl. S. 297.

e) Das ZErecht besteht unter Vorbehalt der allgemeinen Voraussetzungen für staatliche wie für private Eisenbahnanlagen, für Vollbahnen, wie für Normal- oder schmalspurige Lokalbahnen, wenn nur die Bahn zur Förderung des inneren oder äußeren Handels und Verkehrs bestimmt ist. Es besteht auch für eine reine Vergnügungsbahn auf einen Berggipfel, wenn diese Bahn dem allgemeinen Personenverkehr dient. (ME. v. 15. 6. 1910 Nr. 3144/12, Wendelsteinbahn). Die Voraussetzungen können auch für Tram- und Pferdebahnen gegeben sein. Bezüglich der Ausübung der staatlichen Aufsicht über Privateisenbahnen siehe die E. des VerkMin. v. 24. 1. 1910, VMBl. S. 29, in Kraft seit 1. 3. 1910, wodurch die KVO. v. 20. 6. 1855 mit Allerh. Genehmigung teilweise abgeändert wurde. Auszug dieser MBek. auch MABl. 1910 S. 244 ff. Bezüglich der Straßenbahnen insbesondere siehe dort S. 245.

f) Das ZErecht kommt auch reinen Industriebahnen zu, die nur der Zu- und Abführung von Personen und Gütern zu und von einem Komplex von industriellen Anlagen dienen sollen, wenn eine allgemeine Verkehrserleichterung dadurch herbeigeführt wird, daß durch die Absonderung des Ladegeschäfts für diese industriellen Anlagen das Gesamtladegeschäft im allgemeinen Güterbahnhof erleichtert wird (VGH. 16, 44), siehe auch Anm. 5a nach Ziff. 16 S. 82. Dagegen besteht z. B. kein ZErecht für die Bahnen zur Abfuhr der Steine aus einem Steinbruch an die Ladestelle der Bahnstation oder zur Wegschaffung des Abfalls und Gerölls eines Steinbruchs in die Schutthalden, auch wenn der Staat der Unternehmer des Steinbruchbetriebs sein sollte (vgl. Anm. 4 der Vorbemerkungen vor Art. I). Das Gleiche gilt für die Anlage von Industriegeleisen, die nur oder überwiegend im Interesse eines Unternehmers von diesem oder der Bahnbehörde zur Fabrik oder zum Lagerplatz des Privaten von der öffentlichen Bahnlinie abgezweigt werden.

g) Über die Auslichtung von Wäldern zugunsten der durchziehenden Eisenbahnstrecken siehe FinME. vom 7. 2. 1906, FinMBl. 1906 S. 43, abgedruckt im Anhang unter A, 3 Nr. 8.

12. Herstellung staatlicher Telegraphen- und Telephonanlagen.

a) Das Telegraphenwegegesetz vom 18. 12. 1899, RGBl. S. 705, bestimmt:

§ 1. Die Telegraphenverwaltung ist befugt, die Verkehrswege für ihre zu öffentlichen Zwecken dienenden Telegraphenlinien zu benutzen, soweit nicht dadurch der Gemeingebrauch der Verkehrswege dauernd beschränkt wird. Als Verkehrswege im Sinne dieses Gesetzes gelten, mit Einschluß des Luftraums und des Erdkörpers, die öffentlichen Wege, Plätze, Brücken und die öffentlichen Gewässer nebst deren dem öffentlichen Gebrauche dienenden Ufern.

Unter Telegraphenlinien sind die Fernsprechlinien mitbegriffen.

§ 12. Die Telegraphenverwaltung ist befugt, Telegraphenlinien durch den Luftraum über Grundstücken, die nicht Verkehrswege im Sinne dieses Gesetzes sind, zu führen, soweit nicht dadurch die Benutzung des Grundstücks nach den zur Zeit der Herstellung der Anlage bestehenden Verhältnissen wesentlich beeinträchtigt wird. Tritt später eine solche Beeinträchtigung ein, so hat die Telegraphenverwaltung auf ihre Kosten die Leitungen zu beseitigen.

Beeinträchtigungen in der Benutzung eines Grundstücks, welche ihrer Natur nach lediglich vorübergehend sind, stehen der Führung der Telegraphenlinien durch den Luftraum nicht entgegen, doch ist der entstehende Schaden zu ersetzen. Ebenso ist für Beschädigungen des Grundstücks und seines Zubehörs, die infolge der Führung der Telegraphenlinien durch den Luftraum eintreten, Ersatz zu leisten.

Die Beamten und Beauftragten der Telegraphenverwaltung, welche sich als solche ausweisen, sind befugt, zur Vornahme notwendiger Arbeiten an Telegraphenlinien, insbesondere zur Verhütung und Beseitigung von Störungen, die Grundstücke nebst den darauf befindlichen Baulichkeiten und deren Dächern mit Ausnahme der abgeschlossenen Wohnräume während der Tagesstunden nach vorheriger schriftlicher Ankündigung zu betreten. Der dadurch entstehende Schaden ist zu ersetzen.

Die AusfBest. zum TelWG. vom 26. 1. 1900 siehe RGBl. 1900 S. 7.

b) Das TelWG. regelt nur die Benützung der öffentlichen Wege, Plätze, Brücken, der öffentlichen Gewässer nebst deren dem öffentlichen Gebrauche dienenden Ufern mit Einschluß des Luftraums und des Erdkörpers. Für alle übrigen, insbesondere die privaten Grundstücke, hat die Landesgesetzgebung freie Hand und kann weitergehende Eigentumsbeschränkungen auferlegen, als sie § 12 TelWG. gibt. Vor der Novelle vom 13. 8. 1910 hießen die Worte der Ziff. 12 „Aufstellung von Telegraphen zum Dienste des Staates". Die ZE. war danach nur für Telegraphen, nicht auch für die später entstandenen Telephonanlagen vorgesehen. Diese waren daher ausschließlich auf das TelWG. angewiesen. Die Novelle stellte nunmehr die Telegraphen- und Telephonanlagen einander völlig gleich und schuf damit auch für die Telephonanlagen die Möglichkeit der ZE. insoweit, als das TelWG. nicht ausreicht. Insbesondere wird die neue Fassung der Ziff. 12 auch die ZE. zugunsten der etwa notwendigen Telephonzentralen ermöglichen (Begr. 1910 S. 7, KdR. 5. Beil.=Bd. S. 451).

c) Das ZErecht steht nur staatlichen Telegraphen- und Telephonanlagen zu. Für private Anlagen, soweit sie überhaupt zulässig sind, gibt es kein ZErecht.

d) Über Ausästung siehe §§ 4, 18 Ziff. 1 TelWG. und die AusfBest. zum TelWG. vom 26. 1. 1900, RGBl. S. 7; Entschädigung § 13 TelWG.

13. Vorkehrung zu wesentlich notwendigen sanitäts- oder sicherheitspolizeilichen Zwecken.

Diese Bestimmung gibt (vgl. Anm. b zu Ziff. 5) die Möglichkeit der ZE. zugunsten von Ortsstraßen und Gemeindewegen. Erforderlich ist, daß die Unternehmung wesentlich notwendigen gesundheitspolizeilichen Zwecken dient, z. B. Entwässerung, Kanalisation eines Stadtteils zur Minderung der Seuchengefahr (VGH. 15. 6. 1896 Nr. 49 II/96, betr. Kanalisierung der Sternstraße in München, VGH. 25. 1. 1897 betr. Kanalisation der Mühlstraße in München) oder daß wesentlich notwendige sicherheitspolizeiliche Gründe das Unternehmen unbedingt erforderlich machen: Umbau einer steilen, sicherheitsgefährlichen Straße in der Stadt oder als Zufahrt zu einer Stadt; Beseitigung einer engen Durchfahrt und Verbreiterung einer wichtigen Verkehrsstraße im Interesse der außerordentlich gewachsenen Verkehrs zur Vermeidung der Lebensgefahr der Straßenbenützer; Beseitigung eines sicherheitsgefährlichen Zustands an der Kreuzung wichtiger Verkehrsstraßen, wenn z. B. die Fuhrwerke in enger und scharfer Kurve fahren müssen und die Übersichtlichkeit der Straße bedeutend beeinträchtigt ist, so daß Lebensgefahr für die Fuhrwerksleiter wie die Benützer der Straße besteht. Ausgeschlossen ist dagegen die ZE. zu Zwecken der Verschönerung, auch wenn das zu beseitigende Bauwerk eine Hauptstraße verunstaltet, oder zu Zwecken der Bequemlichkeit, wenn nicht dringende sicherheitspolizeiliche Gründe maßgebend sind, sondern z. B. nur der Wunsch besteht, durch Abbruch eines Hauses und Schaffung einer Durchbruchstraße dem Verkehr eine Abkürzung zu geben, ihn leichter zu gestalten, den Verkehr der Lastfuhrwerke abzuleiten.

Unter Ziff. 13 fällt auch die Festsetzung sachgemäßer, den Anforderungen der Verkehrs- und Gesundheitspolizei entsprechender Baulinien nach Einäscherung einer Gemeinde (Verh. KAbg. 1837 Bd. 18, 458, Reg.-Vertr. Leg.-Rat v. Abel; ME. vom 1. 6. 1902 Nr. 14674, ergangen nach der Einäscherung des Marktes Eslarn).

Über die Beschränkungen von Bauten im Überschwemmungsgebiet siehe Brenner 234 Anm. 6 zu Art. 76, Eymann II 27 ff., insbesondere Harster 434 Anm. 3 zu Art. 76.

14. Schirmung der Kunstschätze und wissenschaftlichen Sammlungen des Staates vor Feuers- oder anderer Gefahr.

Hierunter kann auch die Beseitigung eines feuergefährlichen Gebäudes in der Nähe einer staatlichen wissenschaftlichen Sammlung oder Kunstsammlung fallen.

15. Herstellung der zur Ausnützung staatlicher Heilquellen erforderlichen Anlagen.

a) Die neue Bestimmung soll namentlich die entsprechende Ausnützung des mit großem Kostenaufwand erbohrten neuen Sprudels in Bad Kissingen ermöglichen und die erforderliche Handhabe bieten, um bei dieser wie auch bei etwaigen anderen staatlichen Heilquellen den nötigen Grund und Boden zur Herstellung der zur Ausnützung der Quelle erforderlichen Anlagen erwerben zu können (Begr. S. 7, KRR. 5. Beil.-Bd. S. 451).

b) Das ZERecht ist nur für staatliche Heilquellen gegeben. Der Begriff der „staatlichen Heilquellen" ist enger als der Begriff der „öffentlich benützten Heilquellen" nach Art. 20 WG. (vgl. Ausführungen des RR. v. Thelemann bei den Ver. des I. und III. Aussch. KRR. 1910 Prot. S. 10, 5. Beil.-Bd. S. 680). Als öffentlich benützte Heilquellen im Sinne des Art. 20 WG. sind diejenigen zu erachten, welche zu Heilzwecken dienen und deren Benützung einem unbeschränkten Personenkreise gegen Entgelt oder unentgeltlich gestattet ist, gleichgültig, ob sie dem Staat oder Privaten gehören, wenn sie nur für die Allgemeinheit eine gewisse Bedeutung besitzen und vom Staatsministerium des Innern als öffentlich benützte Heilquellen bezeichnet worden sind (Brenner 84, 86 Anm. 4 und 18 zu Art. 20 WG.). Durch Ziff. 14 ZEG. ist nur den staatlichen Heilquellen, nicht den privaten, selbst wenn sie öffentlich benützte Heilquellen sind, das ZErecht zugestanden.

c) Als Anlagen kommen insbesondere die Errichtung von Pumpenanlagen zur Förderung des Wassers, die Anlage von Behältern (Reservoirs) zur Aufspeicherung des gewonnenen Wassers, die erforderlichen Rohrleitungsanlagen, der Bau von Badeanstalten (Badehäusern) in Betracht, vgl. die Äußerungen des Reg.-Vertr. Dr. Neumaier im Aussch. d. KdR. Prot. S. 10, 5. Beil.-Bd. S. 680, des Ref. Abg. Schöndorf Verh. KAbg. Bd. 12 S. 26.

16. Errichtung und Änderung öffentlicher Elektrizitätswerke und sonstiger Anlagen zur Erzeugung von Licht, Kraft oder Wärme mit Einschluß der dazu gehörenden Nebenanlagen, Reserveanlagen und Leitungen; Fortleitung der gewonnenen Kraft aus den unter Art. 153 des Wassergesetzes fallenden Anlagen.

a) Die Begr. S. 8 (KdR. 5. Beil.-Bd. S. 452) führt hiezu folgendes aus:

„Art. 153 des Wassergesetzes gewährt in Ziff. 3 und 4 das Enteignungsrecht für staatliche und genossenschaftliche Unternehmungen zur Benützung von Gewässern, insbesondere zur Herstellung und Unterhaltung von Stau- und Triebwerksanlagen. Hiedurch ist die Möglichkeit der Enteignung auch für staatliche und genossenschaftliche Elektrizitätswerke gegeben, wenn die

Elektrizität durch Ausnützung von Wasserkraft gewonnen wird. Dagegen fehlt die Möglichkeit der Enteignung für Elektrizitätswerke mit Dampfbetrieb, für gemeindliche Wasserkraftanlagen, sowie allgemein für die Fortleitung der gewonnenen Kraft. Die Zulassung der Enteignung für diese Zwecke hat man bei den Verhandlungen über das Wassergesetz absichtlich späterer Regelung vorbehalten. Hiebei war insbesondere bezüglich der Weiterleitung der elektrischen Kraft die Erwägung maßgebend, daß das Bedürfnis nach Zulassung der Enteignung in gleicher Weise auch für die Fortleitung der durch Dampfkraft gewonnenen Elektrizität besteht und daher eine allgemeine Regelung entweder im Enteignungsgesetz oder in einem besonderen Elektrizitätsgesetze notwendig ist.

Für die Gemeinden ist die Herstellung öffentlicher Elektrizitätswerke von größter wirtschaftlicher Bedeutung, denn sie ermöglicht nicht nur die Durchführung einer angemessenen öffentlichen Beleuchtung, sondern auch die Versorgung der Gemeindeangehörigen mit Licht und Kraft. Man wird daher in dieser Richtung den Gemeinden nicht versagen können, was man den Genossenschaften bereits gewährt hat.

Ebenso besteht kein stichhaltiger Grund, die Unternehmer eines öffentlichen Elektrizitätswerkes, die über eine ausreichende Wasserkraft nicht verfügen und daher auf Dampfbetrieb angewiesen sind, hinsichtlich der Enteignung schlechter zu stellen als jene, die im Besitz einer Wasserkraft sind, sofern nur auch dort die Enteignung zur zweckmäßigen Ausführung des Unternehmens notwendig ist.

Die Zulassung der Enteignung für die Fortleitung der gewonnenen Kraft aus einem öffentlichen oder einer Wassergenossenschaft gehörigen Werke ist aber nur die notwendige Folge der bereits erfolgten Einräumung des Enteignungsrechtes für die Hauptanlage.

Der Entwurf sucht daher dem bestehenden Bedürfnis nach diesen drei Richtungen hin gerecht zu werden. Hiebei wurde davon Umgang genommen, die bereits durch das Wassergesetz gedeckten Fälle genau auszuscheiden, da das Zwangsabtretungsgesetz ja auch sonst noch manches enthält, das inzwischen im Wassergesetze seine nähere Regelung gefunden hat. Besondere Schwierigkeiten können hieraus nicht entstehen, da in jenen Fällen, in denen die Bestimmungen des Zwangsabtretungsgesetzes und die des Wassergesetzes zugleich anwendbar erscheinen, die Bestimmungen des Wassergesetzes als der lex specialis vorgehen."

b) **Öffentliches Werk.**

1. Über den Begriff hat Staatsminister v. Brettreich (Verh. KAbg. 1910 Bd. 12, 19) folgende Bestimmung gegeben:

„Ein öffentliches Werk im Sinne des Gesetzes liegt dann vor, wenn das Werk dazu bestimmt ist, öffentlichen Zwecken zu dienen und diese Zweckbestimmung organisch gesichert ist. Das Werk muß also erstens dazu bestimmt sein, die Öffentlichkeit, zum Beispiel öffentliche Straßen, öffentliche Gebäude, öffentliche Unternehmungen oder die Bewohner einer Ortschaft, mit Licht, Kraft oder Wärme zu versorgen. Zweitens muß diese Zweckbestimmung durch die zuständigen Organe eines öffentlichen Verbandes, also des Staates, einer Gemeinde, eines Distrikts oder Kreises gewährleistet sein, so daß das Werk gewissermaßen als eine der Erfüllung öffentlicher Aufgaben dienende Einrichtung dem Gesamtorganismus des öffentlichen Verbandes eingegliedert wird und die wirkliche Erreichung des angestrebten öffentlichen Zweckes sichergestellt ist.

Diese organische Sicherung der Bestimmung eines Werkes für öffentliche Zwecke kann zunächst dadurch erfolgen, daß ein öffentlicher Verband das Werk selbst ausführt, oder als Mitunternehmer sich an der Errichtung des Werkes beteiligt. Sie kann aber auch schon dadurch geschehen, daß ein öffentlicher Verband durch einen förmlichen Vertrag das Werk für einen öffentlichen Zweck bestimmt. Die letztere Möglichkeit mußte deshalb offengelassen werden, weil zahlreiche Gemeinden das Risiko der finanziellen Beteiligung an einem Werke nicht übernehmen können, aber doch die Vorteile eines solchen Werkes, insbesondere von Überlandzentralen, sich nutzbar machen wollen.

Für den Begriff des öffentlichen Elektrizitätswerkes ist es demnach gleichgültig, ob das Werk von einem öffentlichen Verband oder unter Beteiligung eines öffentlichen Verbandes errichtet wurde oder ob es von einem privaten Unternehmer zunächst für private Zwecke errichtet wurde. Entscheidend sowohl für die Zulässigkeit der Enteignung wie auch für deren Umfang ist stets die öffentliche Zweckbestimmung und deren Sicherung durch einen öffentlichen Verband. Das Erfordernis, daß das Werk zu einem öffentlichen Zweck bestimmt sein muß, schließt es aus, daß eine Gemeinde veranlaßt wird, nur des Scheines halber — das könnte ja auch vorkommen — sich mit einem geringen Betrage an einem Elektrizitätswerk zu beteiligen, um dem Werke die Enteignungsbefugnis zu sichern; denn auch in solchen Fällen, in denen ein öffentlicher Verband sich an der Errichtung eines solchen Werkes beteiligt oder das Werk selbst errichtet, ist, wie gesagt, die Enteignung davon abhängig, daß das Werk zu einem öffentlichen Zweck bestimmt ist.

Ob ein öffentlicher Zweck vorliegt und das Werk für einen solchen bestimmt ist, läßt sich natürlich bei der Verschiedenartigkeit der Verhältnisse nicht allgemein, sondern nur von Fall zu Fall bestimmen. Ich möchte nur hervorheben, daß als öffentlicher Zweck nicht etwa nur die Beleuchtung öffentlicher Straßen und Gebäude in Betracht kommt; als öffentlicher Zweck kommt vielmehr jede Form der Ausnützung der Elektrizität als Licht-, Kraft- oder Wärmequelle in Betracht. Unter den Begriff eines öffentlichen Zweckes wird zum Beispiel auch fallen, wenn eine Gemeinde die Versorgung des Kleingewerbes oder der Landwirtschaft oder der Einwohner überhaupt mit elektrischer Kraft sich zur Aufgabe setzt.

Dient ein Werk nach seiner Bestimmung öffentlichen Zwecken, so bleibt es ein öffentliches Werk, auch wenn es nebenbei für private Zwecke Elektrizität abgibt. Umgekehrt wird ein für private Erwerbszwecke errichtetes Werk nicht ohne weiteres deshalb ein öffentliches, weil es auch öffentliche Straßen und öffentliche Gebäude mit Licht versieht. Selbst wenn ein privaten Erwerbszwecken dienendes Werk durch einen förmlichen Vertrag seitens eines öffentlichen Verbandes zur Lieferung von Licht, Kraft oder Wärme für öffentliche Zwecke des Verbandes ausdrücklich bestimmt wird, erhält das Werk doch nur insoweit die Eigenschaft eines öffentlichen Werkes im Sinne des Entwurfs, als es eben diesen öffentlichen Zwecken dient. Demnach kann auch die Enteignung nur insoweit in Anspruch genommen werden, als sie notwendig ist, um diese öffentlichen Zwecke zu erfüllen. Für andere, private Zwecke bleibt die Enteignung ausgeschlossen, da dies mit Art. I des Zwangsabtretungsgesetzes in Widerspruch stehen würde."

Zur Begriffsbestimmung vgl. weiter KRR. Aussch.-Prot. S. 10, 5. Beil.-Bd. S. 680, Verh. KRR. 1910 Bd. 2, 278, Verh. KAbg. 1910 Bd. 12, 26.

2. Es wird daraus zu folgern sein: Ob ein öffentliches Werk vorliegt ist Tatfrage und nach den Verhältnissen des einzelnen Falles zu beurteilen.

I. Ein öffentliches Werk liegt stets vor, wenn es von einem öffentlichen Verband (Staat, Kreis, Distrikt, Gemeinde) zu einem öffentlichen Zwecke errichtet wird. Es bleibt auch ein öffentliches Werk, wenn es wesentliche Teile der erzeugten Kraft an einzelne Industrielle, ja an nur einen Industriellen abgibt.

II. Ein öffentliches Werk liegt weiter vor, wenn das Werk von einem privaten Unternehmer unter finanzieller Mitwirkung eines öffentlichen Verbandes zu einem öffentlichen Zweck errichtet wird (Korr. Abg. Goldschmit, Verh. des XIII. Aussch. KAbg. unter Zustimmung des Reg.-Vertr. ORR. Metz). Errichtet ein öffentlicher Verband mit einem privaten Unternehmer ein Werk, so ist dieses nur dann ein öffentliches Werk, wenn und insoweit es öffentlichen Zwecken dient. Entscheidend ist, ob der öffentliche Zweck im Verhältnis zu dem privaten Zwecke von solcher Bedeutung ist, daß er schon von vornherein für die ganze Anlage bestimmend war und dem Werk im ganzen den Charakter des öffentlichen Werks verleiht. Das Werk muß nicht nur „unter wesentlicher Beteiligung" eines öffentlichen Verbandes errichtet sein. Ein vom Ref. KAbg. Schöndorf bei der Beratung des XIII. Aussch. gestellter Antrag auf Begriffsbestimmung in diesem Sinne (vgl. KAbg. 12, 26) wurde auf die Bedenken des Reg.-Vertr. ORR. Metz hin, daß diese Auslegung zu weit gehe, zurückgezogen, nachdem klargestellt war, daß eine wesentliche Mitwirkung einer Gemeinde beim Abschluß eines Vertrags zwischen einem Elektrizitätswerk und Dritten allein nicht genügen könne, um den Begriff „öffentliches Werk" zu begründen. Daß die Beteiligung eines öffentlichen Verbandes an einem Unternehmen allein nicht genügt, um das ZErecht zu begründen, war bereits in den Aussch.-Ber. KRR. (5. Beil.-Bd. S. 680) durch RR. von Auer klargestellt worden.

Unter der gegebenen Voraussetzung ist für das Hauptwerk das ZErecht gegeben. Dagegen kommt kein ZErecht jenem Teil der Anlage zu, der ausschließlich privaten Zwecken dient oder für den öffentlichen Bedarf entbehrlich ist.

III. Ein öffentliches Werk ist auch dann gegeben, wenn es zwar ausschließlich von einem Privatunternehmer errichtet, aber von einem öffentlichen Verband in erheblichem Umfange für öffentliche Zwecke bestimmt ist (Korr. Abg. Goldschmit a. a. O. unter Zustimmung des Reg.-Vertr. ORR. Metz). Wird ein Werk von einem privaten Unternehmer errichtet, das in der Hauptsache privaten Zwecken dienen soll und nur nebenbei, etwa im Vollzuge der Auflage der erteilten Konzession, kleinen Nachbargemeinden verhältnismäßig geringfügige Mengen von Kraft oder Licht abgibt, so steht diesem Unternehmen, abgesehen von der Leitung zu den Gemeinden und dem dortigen Verteilungsnetz, kein ZErecht zu. Wenn dagegen ein öffentlicher Verband mit einem privaten Unternehmer einen Vertrag dahin schließt, daß der gesamte Kraft- und Lichtbedarf von diesem Werk geliefert werden soll, dann kommt dem Privatunternehmen auch für den durch den Vertrag notwendigen Erweiterungsbau, aber nur insoweit, das ZErecht zu. Das ZErecht besteht unter dieser Voraussetzung weiter für die Hauptleitung vom privaten Werk zum Orte des Verbrauchs und für das Verteilungsnetz. Dagegen für alle übrigen Zwecke hat der Privatunternehmer nach wie vor kein ZErecht insbesondere nicht für die, etwaigen privaten Zwecken des Unternehmers dienenden, Abzweigungen von der Hauptleitung oder der Verteilungsstelle des öffentlichen Verbands.

IV. Für ein rein privates Werk und sei es noch so groß, ist kein ZErecht gegeben (vgl. Ber. RR. Haas S. 6, 5. Beil.-Bd. S. 608).

c) **Sonstige Anlagen.**

Die Enteignungsbefugnis ist auch auf die sonstigen öffentlichen Anlagen zur Erzeugung von Licht, Kraft und Wärme (z. B. **Gaswerke**) ausgedehnt, da hiefür die gleichen Gründe sprechen wie bei den Elektrizitätswerken (Begr. S. 8, KRR. 5. BeilBd. S. 452).

Wie sich aus der Begründung ergibt, kommen jedoch auch hier nur öffentliche Anlagen im vorbezeichneten Sinne in Frage.

d) **Nebenanlagen, Reserveanlagen und Leitungen.**

Die zur Hauptanlage gehörigen Nebenanlagen sind zur Beseitigung etwaiger Zweifel ausdrücklich mitangeführt worden, ebenso die neben Wasserkraftanlagen häufig notwendig werdenden, mit Dampf zu betreibenden Reserveanlagen.

Durch das Wort Leitungen ist ausgesprochen, daß für die Fortleitung des im öffentlichen Werke (Elektrizitätswerke, Gaswerke) gewonnenen Lichtes, der dort gewonnenen Kraft und Wärme das ZErecht im vollen Umfange besteht. Es ist, soweit der öffentliche Charakter des Unternehmens reicht, für die Hauptleitung gegeben wie für das Verteilungsnetz am Orte des Verbrauchs und alle dadurch bedingten Maßnahmen. Es besteht für die Leitungen des Hauptwerkes selbst wie für die Leitungen der Nebenanlagen und etwaiger Reserveanlagen (z. B. der für den Fall der Störung der elektrischen Kraftanlage durch Hochwasser in Betrieb zu setzenden Dampfanlage).

Gemeindlichen Wasserkraftanlagen war durch Art. 153 WG. (vgl. hier Anm. a) das ZErecht nicht gewährt worden. Für diese Anlagen ist das ZErecht nunmehr durch Ziff. 16 geschaffen worden. Es umfaßt selbstverständlich auch das zur Wasserkraftanlage gehörige Stauwerk in seiner vollen Ausdehnung, da dieses mit zur Hauptanlage gehört. (Begr. S. 9, KRN. 5. Beil.-Bd. S. 452.)

Das ZErecht ist auch für die Beschaffung des erforderlichen Weganschlusses des öffentlichen Werkes gegeben. Denn auch der Anschluß des Werkes an den öffentlichen Verkehr wird, soweit es die Bedürfnisse des öffentlichen Werkes erfordert, vom Zwecke des Unternehmens mitumfaßt. Der erforderliche Weganschluß wird zudem unter die Nebenanlagen des öffentlichen Werkes zu rechnen sein. (Vgl. Anm. e zu Art. I Ziff. 10 und die dort angeführten Entscheidungen.)

e) Fortleitung der gewonnenen Kraft aus den unter Art. 153 des Wassergesetzes fallenden Anlagen.

Wie hier in Anm. a ausgeführt ist, war für die unter Art. 153 Ziff. 3 und 4 WG. fallenden Unternehmen, nämlich die Herstellung und Unterhaltung von Sammelbecken, Stau- und Triebwerksanlagen, also für alle mit der Errichtung und Unterhaltung eines Elektrizitätswerks zusammenhängende Anlagen, durch Art. 153 WG. das ZErecht dann gewährt, wenn die Anlagen vom Staate oder einer Genossenschaft des Wasserrechts geschaffen und betrieben wurden. Durch Art. I A Ziff. 16 ZEG. ist in den ersten Worten über den in Art. 153 WG. begrenzten Kreis hinaus das ZErecht allen öffentlichen Werken zur Erzeugung von Kraft, Licht und Wärme verliehen worden. Das WG. beschränkte das ZErecht auf den Kreis der Wasserkraftanlagen, nach Art. I A Ziff. 16 ZEG. ist das ZErecht für alle öffentlichen Werke gegeben, ohne daß es auf die Kraftquelle weiter ankommt.

Die letzten Worte der Ziff. 16 „Fortleitung der gewonnenen Kraft aus den unter Art. 153 des Wassergesetzes fallenden Anlagen" wollen eine andere Lücke ausfüllen, deren Ergänzung man bei der Beratung des WG. absichtlich späterer Regelung vorbehalten hat. Die Worte wollen das bisher noch nicht vorhandene ZErecht auch für die Weiterleitung der gewonnenen Kraft zur Erzeugung von Kraft, Licht und Wärme an der Verbrauchsstelle aus allen Werken verleihen, welche unter Art. 153 Ziff. 3 und 4 WG. fallen. Hinsichtlich der Unternehmungen des Staates ist das ZErecht für die Weiterleitung schon in den Eingangsworten der Ziff. 16 ausgesprochen. Dagegen erfüllen die in Art. 153 Ziff. 4 getroffenen Unternehmungen der öffentlichen Wassergenossenschaften nach Abteilung V des WG. nicht ohne weiteres die Bedingungen des Begriffs des öffentlichen Werks, wie er hier in Anm. b 1 und 2 ausgeführt ist. Aber auch wenn diese Voraussetzungen des öffentlichen Werks nicht vorliegen, ist diesen Unternehmen der öffentlichen Wassergenossenschaften durch die Schlußworte der Ziff. 16 das ZErecht verliehen für die Fortleitung der gewonnenen Kraft zur Stätte des Verbrauchs. Das ZErecht besteht auch hier für den vollen Umfang der Leitungsanlagen, also sowohl für die Hauptleitung, wie für das Verteilungsnetz am Orte des Verbrauchs.

f) **Die Prüfung, ob ein öffentliches Werk vorliegt,** hat zunächst vom Staatsministerium des Innern bei der nach freiem Ermessen zu gewährenden oder zu versagenden Ermächtigung nach Art. XIV ZEG. zu erfolgen. Sie obliegt in vollem Umfang wie die anderen Voraussetzungen, ob das Unternehmen vom gemeinen Nutzen gefordert wird, und ob die beanspruchte Abtretung oder Belastung des Grundeigentums zur zweckmäßigsten Verwirklichung des Unternehmens erforderlich ist, den Verwaltungsgerichten nach Art. XVIII ZEG. (vgl. Anm. 7c zu Art. XIV und Anm. 1 zu Art. XVIII).

Während der Beratungen des XIII. Aussch. KAbg. zu Ziff. 16 war vom Ref. KAbg. Schöndorf der Antrag gestellt worden, daß die Enteignung der Ziff. 16 nur mit **Zustimmung der Gemeinde** zulässig sein soll, in der das in Anspruch genommene Grundstück liegt. Dieser Antrag entsprach einer Petition der Vorstandschaft des Bayerischen Städtetages (vgl. Verh. KAbg. 1909 10 Bd. 12 S. 26). Vom Reg.-Vertr. ORR. Metz wurde in den Aussch.-Beratungen betont, daß die Interessen der Gemeinden dadurch genügend geschützt seien, daß die ZE. nur mit Genehmigung des Staatsministeriums des Innern vorgenommen werden dürfe und daß er in dieser Hinsicht die Zusicherung gebe, daß die berechtigten Interessen der Gemeinden entsprechend wahrgenommen würden (vgl. hier Anm. 7c zu Art. XIV S. 155). Der Antrag des Ref. wurde daraufhin zurückgezogen.

g) Ob **ausländischen Werken** die Ermächtigung zur ZE. erteilt wird, hängt rein vom Ermessen des Staatsministeriums des Innern ab.

h) Bei der Errichtung von elektrischen Überlandzentralen besteht große Gefahr, daß durch die Masten und Träger elektrischer Leitungen **schöne Stadt-, Dorf- und Landschaftsbilder beeinträchtigt werden**. Durch MBek. v. 8. 6. 1910, MABl. 391, wurde deshalb insbesondere den Gemeinden nahegelegt, bei Vertragsabschlüssen über die Errichtung von Leitungen in den Ortschaften eine Bestimmung des Inhalts vorzusehen, daß die Auswahl der Plätze für die Masten und Träger nicht in das Belieben des Unternehmers gestellt, sondern von der Zustimmung der Gemeindeverwaltung abhängig gemacht wird.

Es dürfte zweckmäßig sein, die ZErmächtigung nach Art. XIV ZEG. für Unternehmungen nach Ziff. 16 nur unter der Bedingung zu erteilen, daß die möglichste Schonung des Landschaftsbildes im Interesse des Heimatschutzes zuvor sichergestellt ist.

i) **Reichsstarkstromwegegesetz.**

Ein privater Entwurf zu einem solchen Gesetze, der sich an das TelWG. anschließt, ist vom Verband deutscher Elektrotechniker und dem Verein deutscher Elektrizitätswerke gemeinsam aufgestellt worden. Sollte ein derartiges Reichsstarkstromwegegesetz zur Einführung gelangen, so würde das ZEG. nur mehr subsidiäre Bedeutung behalten und nur mehr in solchen Fällen zur Anwendung gelangen, in denen das Starkstromwegegesetz nicht ausreicht, insbesondere wo es sich um schwerere Eingriffe in das Privateigentum handelt. Ein Widerstreit beider Gesetze kann ebensowenig wie beim Telegraphenwegegesetz eintreten, da das Starkstromwegegesetz als Reichsgesetz und Spezialgesetz dem allgemeinen Zwangsabtretungsgesetz im Zweifel vorgehen muß (vgl. Äußerung des Reg.-Vertr. ORR. Metz in den Beratungen des XIII. (Wirtschafts-)Aussch. KAbg., Sitzung vom 16. 6. 1910).

allein auch in allen Fällen immer nur: [1]

a) nach vorgängiger rechtskräftiger administrativ-richterlicher Entscheidung [2] **der betreffenden Kreisregierung, Kammer des Innern, in erster, und des versammelten Staatsrates** [3] **— im Falle der Berufung, in zweiter und letzter Instanz, wenn von den beteiligten Eigentümern oder einem derselben bestritten wird, entweder, daß das Unternehmen zu den unter Ziff. 1—16 aufgeführten gehöre,** [4] **und vom gemeinen Nutzen erfordert werde,** [5] **oder daß die Abtretung oder Belastung des angesprochenen Eigentumes zur zweckmäßigsten Verwirklichung desselben notwendig sei,** [6] **und**

b) gegen vorgängige volle Entschädigung; [7]

1. Verfahren und dessen Grundzüge siehe Anm. 2 vor Art. XIII.

2. Entscheidung. Im verwaltungsrechtlichen Verfahren, näheres siehe Anm. 7 zu Art. XVIII.

3. Seit 1. 10. 1879 ist zur Entscheidung nach Art. 8 Ziff. 10 VGHG. der VGH. berufen, siehe Anm. 5 zu Art. XVIII. Über den Fall der Entscheidung durch das

Gesamtstaatsministerium siehe Art. 47 VGHG., hier Anm. 6 zu Art. XVIII, Anm. 3 zu Art. I A Ziff. 1.

4. Unternehmen zu den unter Ziff. 1—16 aufgeführten gehöre.

Das Unternehmen muß als antragsberechtigt im Gesetze selbst aufgezählt sein, siehe Anm. 15 vor Ziff. 1 des Art. I S. 36 und Anm. 3 der Vorbemerkungen, vor Art. I S. 21.

Dagegen kann der Enteignungspflichtige gegen die Abtretungspflicht nicht einwenden, daß dem Unternehmen die notwendigen Mittel zur Durchführung fehlen oder daß die Behörde, welcher die Enteignungsermächtigung erteilt ist, das ZEverfahren vor der Bewilligung der erforderlichen Mittel durch die maßgebenden Vertretungskörper der enteignenden juristischen Person begonnen habe (z. B. daß die Bewilligung der zur Ausführung einer Eisenbahn notwendigen Mittel durch die Kammern des Landtags noch nicht oder erst nach Erteilung der ZEermächtigung durch das Staatsministerium des Innern erfolgt sei) VGH. 18. 1. 1907 Nr. 149 I/06. Vgl. Anm. 7a zu Art. XII und Anm. 7c zu Art. XIV.

5. Vom gemeinen Nutzen gefordert werde.

a) Es muß das Unternehmen dazu bestimmt und geeignet sein, öffentlichen Interessen und Bedürfnissen zu dienen, vgl. Anm. 5 zu Art. I S. 31. Die Vorteile müssen der Allgemeinheit, einem größeren Personenkreise zugute kommen. Nicht notwendig ist, daß jeder einzelne auch des Personenkreises, für den das Unternehmen zunächst in Frage kommt, berechtigt ist, unentgeltlich oder entgeltlich die Vorteile des Unternehmens zu ziehen, wenn dieses nur dem gemeinen Nutzen durch unmittelbare Förderung öffentlicher Zwecke dient (VGH. 16 S. 41, 46), vgl. Anm. f zu Art. I Ziff. 11 S. 66.

Nicht notwendig ist weiter, daß das Unternehmen nur der Allgemeinheit mit Ausschluß jedes Privatvorteils für die Unternehmer zugute kommt. Ein Unternehmen, welches dem gemeinen Nutzen dient, behält diesen Charakter der Gemeinnützigkeit auch, wenn es von einem Privaten oder einer Gesellschaft ausgeht. Neben dem Gewinne, welcher diesen aus dem Unternehmen zufließt, bleibt der Vorteil, welchen die Allgemeinheit aus der betreffenden im öffentlichen Interesse errichteten Anstalt zieht, und gerade hierin liegt der Begriff der Gemeinnützigkeit, VGH. 5. 5. 1890 Nr. 18 III, betr. die Herstellung einer Eisenbahn von Prien nach Stock, auch bei Henle 55 und VGH. 16, 43, welche auf diese Entscheidung vom 5. 5. 1890 Bezug nimmt. Das ist insbesondere auch für Unternehmungen nach Art. I Ziff. 16 wichtig.

b) Die Frage des gemeinen Nutzens ist nicht vom Standpunkt des Unternehmers aus zu beurteilen, auch wenn dieser ein öffentlicher Zweckverband (Staat, Gemeinde usw.) ist, sondern unter Berücksichtigung des allgemeinen Wohles. Der gemeine Nutzen ist zu verneinen, wenn das, was auf der einen Seite durch das Unternehmen zum Vorteil des Gemeinwohls erfolgen, auf der anderen Seite in vielleicht noch höherem Grade das Gemeinwohl schädigen würde (VGH. 26, 239; 31, 56; auch im Recht 1910, 216). Solche Fälle wären z. B. dann gegeben, wenn durch die Nachteile, welche öffentliche Interessen infolge der Art der Bahnlinienführung erleiden (Gefährdung eines Flurbezirks, Gefährdung der wirtschaftlichen Interessen eines ganzen Dorfes, völlige Entwertung einer kostspieligen Brücke), die Vorteile der Bahnlinie selbst überwogen würden (VGH. 31, 56), oder wenn durch die Ableitung von Quellwasser eine große Anzahl von Personen in ihren Lebensinteressen bedroht oder ganzen Ortschaften das notwendige Wasser entzogen oder in bedenklicher Weise verkürzt werden würde (VGH. 26, 329).

In solchen Fällen hat der überwiegende öffentliche Nutzen zu entscheiden. Sind dagegen zwei Unternehmen im gemeinen Nutzen einander gleichwertig, so wiegen die Vorteile, welche das Unternehmen dem gemeinen Nutzen bringt, die Nachteile auf. Dem Unternehmen fehlt dann der gemeine Nutzen und damit die Voraussetzung zur Erlangung des ZErechts (VGH. 24, 418 insbes. 423).

c) Erforderlich ist der gemeine Nutzen des Unternehmens in allen seinen Teilen. Die ZEermächtigung, welche das Staatsministerium des Innern nach Art. XIV gewährt, stellt nur den gemeinen Nutzen des Zweckes des Unternehmens, nicht den gemeinen Nutzen des Unternehmens selbst in allen seinen Teilen fest. Die Ermächtigung steht also schon aus diesem Grunde der Einrede der Bestreitung des gemeinen Nutzens nicht im Wege (VGH. 31, 55). Ebensowenig der Umstand, daß die Pläne des Unternehmens von einer Staatsbehörde ausgearbeitet sind oder durch eine Zentralbehörde z. B. Staatsministerium des Innern, Oberste Baubehörde, Staatsministerium für Verkehrsangelegenheiten ausdrücklich genehmigt sind (VGH. 31, 55).

d) Eine Enteignung allein zu Zwecken der Verschönerung, aus rein ästhetischen Gründen zu Zwekken des Heimatschutzes, zur Erhaltung prähistorischer oder historisch merkwürdiger Gegenstände (vgl. Art. 22 h PStGB. nach Ges. vom 6. 7. 1908, GVBl. S. 354, KAB. vom 6. 9. 1908, GVBl. S. 762) ist nach geltendem Rechte nicht gegeben.

e) Über den Ausschluß der ZE. für erst künftig notwendige Zwecke siehe Anm. 14 vor Ziff. 1 des Art. I S. 35.

6. Zur zweckmäßigsten Verwirklichung notwendig.

a) Es ist nicht erforderlich, daß die Erwerbung oder Belastung des Grundstücks zur Ausführung des Unternehmens absolut notwendig ist, daß es unmöglich ist, ohne das beanspruchte Grundstück die geplante Anlage herzustellen. „Die Frage der Zweckmäßigkeit kann immer nur von einem relativen Standpunkt aus gewürdigt werden" (VGH. 13, 69), und zwar ist das Erfordernis der möglichst großen Zweckmäßigkeit lediglich vom Standpunkt des Unternehmers aus zu würdigen (VGH. 10. 11. 1909 Nr. 112 II/09). Es genügt, wenn der ins Auge gefaßte Zweck nach allen vorliegenden Umständen am besten und sachgemäßesten durch Verwendung des in Anspruch genommenen Grundstücks erreicht wird (VGH. 5,

331; 12, 34; 13, 69; 14, 288; **insbes. 17, 330; auch** E. vom 9. 6. 1910 Nr. 112 II/09 in Soergel Jahrbuch II 100, dann E. vom 27. 7. 1910 Nr. 23 II/10). Danach beurteilt sich auch allein die Frage, ob z. B. bei Anlage einer Straße von der einen Straßenseite mehr, von der anderen weniger abzutrennen ist (VGH. 2. 10. 1908 Nr. 77 I/08).

b) Es muß die Abtretung gerade dieses Grundstücks zur zweckmäßigsten Verwirklichung des Unternehmens notwendig sein. Wenn der Zweck des Unternehmens besser durch die Heranziehung eines anderen Grundstücks erreicht werden kann, so ist der ZEanspruch nicht gegeben.

c) Die Abtretung oder Belastung des in Anspruch genommenen Grundstücks muß notwendig sein. Das Gesetz sagt nicht, daß zur Erreichung des Zwecks des ZEunternehmens gerade die Zwangsenteignung notwendig sein müsse. Es ist nicht gefordert, daß die Abtretung oder Belastung sich nicht auf dem Wege privatrechtlicher Einigung ermöglichen ließ. Wenn die Voraussetzungen der Anm. 4, 5 und 6 gegeben sind, dann ist der Weg der ZE. gegeben. Darum ist die Feststellung der Unmöglichkeit privatrechtlicher Erwerbung nicht Voraussetzung der ZE. (vgl. Anm. 3 zu Art. I Abs. 1 S. 30). Die Abtretungspflicht ist vom Verwaltungsrichter zu entscheiden, ganz unabhängig davon, ob vor dem Beginn des ZEverfahrens Grunderwerbsverhandlungen stattfanden oder nicht. Es kann deshalb auch der Enteignungspflichtige gegen die Abtretungspflicht nicht einwenden, daß der Enteigner zunächst den (etwa bei anderen Grundstückseigentümern eingeschlagenen) Weg des Versuchs privatrechtlichen Erwerbs beschreiten solle (VGH. 18. 1. 1907 Nr. 149 I/06).

7. Vorgängige volle Entschädigung.

a) Erst nach gewährter Entschädigung tritt die rechtliche Entwehrung des Enteignungspflichtigen, der Übergang des Eigentums auf den Enteigner oder die Entstehung der Dienstbarkeit für diesen ein, siehe Anm. 1 und 7 zu Art. 22 AG. und bezüglich der gütlichen Einigung Ziff. III, 2; Ziff. IV A, 1 und Ziff. IV B, 3 zu Art. 26 AG.

b) Den **Umfang** der vollen Entschädigung bestimmen Art. V, VI, VIII und IX ZEG.

c) Entschädigungs**berechtigt** ist der wirkliche Eigentümer. Über die Frage der Entwehrung eines Nichteigentümers siehe Anm. 5 vor Art. I S. 22.

d) Entschädigungs**pflichtig** ist der Enteigner, welcher als Antragsteller aufgetreten, und dem die Enteignungsermächtigung nach Art. XIV verliehen worden ist. In sein Eigentum geht ja die entwehrte Sache über, und er erwirbt die entstehende Dienstbarkeit. Handelt derjenige, welcher das ZEverfahren als Antragsteller betreibt, zum Vorteil eines anderen Rechtssubjekts (z. B. eine Stadtgemeinde hat die Bereitstellung des Grund und Bodens für ein Distriktskrankenhaus, des Geländes zur Herstellung eines Hafens, zur Errichtung von Kasernen übernommen, vgl. Anm. 2 zu Art. IV), so ist nicht derjenige, welcher das Gelände endgültig (durch einen weiteren, rein nach den Grundsätzen des Privatrechts sich vollziehenden Vertrag) erwirbt, entschädigungspflichtig; es ist und bleibt dies vielmehr die als Antragsteller (Enteigner) im ZEverfahren aufgetretene Rechtspersönlichkeit. (A. M. Piehler S. 8 und 9.)

e) Die Entschädigung ist im wesentlichen eine Schadensersatzleistung im Sinne des BGB. Sie ist jedoch nicht (auch nicht ergänzend) nach den Grundsätzen des BGB. festzusetzen, sondern als öffentlichrechtliche Verpflichtung nach den Grundsätzen des öffentlichen Rechts, nämlich nach dem ZEG. (Seydel I, 586; hier Anm. 2c der Vorbemerkungen vor Art. I, a. M. Piehler S. 12. Bei der Sondervorschrift des Art. 109 EG. BGB. ist Art. 4 EG. BGB. hier nicht anwendbar). Sie ist, wenn nicht anderweite gütliche Einigung der Beteiligten vorliegt, **in Kapital** zu gewähren, nicht in Rente (Seydel II 359 Anm. 53, Henle 64 Anm. 31b, Oertmann S. 156, vgl. § 251 BGB.). Über die Möglichkeit einer Entschädigung im Wege gütlicher Einigung durch anderweite Leistungen siehe Ziff. III 1b und 2 zu Art. 26 AG. Dagegen setzt § 36 des Reichsrayongesetzes v. 21. 12. 1871, RGBl. S. 466, primär eine Entschädigung in Rente fest und Art. 6 des Flurbereinigungsgesetzes bestimmt auch für den Fall der Zwangsenteignung nach Art. 4 Abs. 3 dieses Gesetzes, daß der Ersatz soweit tunlich in Grund und Boden gleicher Kulturart zu leisten ist.

B. in Fällen öffentlichen Notstandes, nämlich bei Feuers- und Wassergefahr, Erdbeben und Erdfällen, sowie in Kriegs- und anderer dringender Not, ohne vorgängiges förmliches Verfahren und ohne Aufenthalt, jedoch gegen nachträgliche volle Entschädigung.

a) Die Bestimmung unter B stellt ein außerordentliches Enteignungsrecht in den Fällen öffentlichen Notstands dar. Dem Wortlaut nach werden nur das unbewegliche Eigentum und die diesem anklebenden Rechte umfaßt. Seydel II 363 sieht jedoch darin die Anerkennung eines allgemeinen Notstandsrechts, das auch bewegliche Sachen ergreift (vgl. über das allgemeine Recht der Notselbsthilfe § 904, über den Notstand § 228 BGB.).

Das ZErecht steht nur der Staatsgewalt zu (Seydel II 63 Anm. 97, der dies mit Recht aus der Fassung des Art. IV folgert, ebenso Henle 64 Anm. 34), nicht den Gemeinden (a. M. Harster 567 Anm. 9), nicht Privaten, auch nicht öffentlichen Wassergenossenschaften. Für den Staat hat die Gewalt zunächst die Distriktsverwaltungsbehörde auszuüben (Seydel I 570).

b) Ein Verfahren für die Enteignung selbst schließt sich bei der Natur der Sache aus. Die Staatsgewalt greift in den Notfällen ein, wann und wie sie es für unbedingt erforderlich hält. Die Entschädigung ist nachträglich entsprechend den Vorschriften, die für die ordentliche ZE. gelten (Art. 17 ff. AG.) und gemäß Art. VII ZEG. nach den Grundsätzen der Art. V und VI ZEG. festzusetzen. Durch ein Redaktionsversehen wurden in Art. XIX ZEG. und in dem diesem Artikel folgenden Art. 17 AG. die Notenteignungsfälle nicht besonders erwähnt, trotzdem im Aussch.

KRR., dem später beide Kammern beitraten, auch die Notenteignung durch Einfügung der Art. I B und VII ZEG. auf den verfassungsmäßigen Boden gestellt wurde, und deshalb nach dem Willen des Gesetzgebers auch diese Fälle sich völlig nach dem ZErecht richten sollen (Henle 104 Anm. 3; 93 Anm. 2, Oertmann 157; a. M. Seydel II 368, welcher annimmt, daß die Entschädigung, wenn eine Vereinbarung nicht gelingt, im Rechtswege festzusetzen ist; ebenso Pechmann-Brettreich I 193. Gegen die Ansicht Seydels spricht schon der Gesichtspunkt, daß, wie Seydel selbst anerkennt, der Entschädigungsanspruch ein öffentlichrechtlicher Anspruch ist, der nicht ohne weiteres von den Gerichten zu entscheiden ist).

c) Für die Inanspruchnahme von Wasser in Notfällen gibt das WG. folgende Bestimmung:

Art. 28. In Fällen gemeiner Gefahr ist die Entnahme von Wasser aus öffentlichen und Privatgewässern ohne Entschädigung zulässig. Für den hierbei an Grundstücken oder Anlagen entstehenden Schaden kann von der Gemeinde Ersatz verlangt werden.

Abs. 2. Entsteht durch die Entnahme des Wassers ein unverhältnismäßiger Schaden, so ist dem Beschädigten insoweit Ersatz zu leisten, als die Billigkeit nach den Umständen eine Schadloshaltung erfordert.

Die Art der Entschädigung ist durch Art. 195 WG. geregelt, vgl. Eymann I 366 Anm. 5, 367 Anm. 8; Harster 177.

Abs. II. Die Lehens-, Fideikommiß- oder Stammguts-Eigenschaft steht der Zwangsabtretung nicht entgegen.

Dies ist nur als Anerkennung eines allgemeinen Grundsatzes, nicht als Beschränkung zu verstehen. Das Veräußerungsverbot in Tit. 7 § 18 VU. (Veräußerung von Krongut während der Reichsverwesung) steht gleichfalls der ZE. nicht im Wege, zumal dieses Verbot sich nicht auf Veräußerungen bezieht, die in Befriedigung eines (hier öffentlichrechtlichen) Rechtsanspruchs erfolgen (Seydel II 355 Anm. 24).

Art. II.

In Beziehung auf unkörperliche Rechte findet eine Zwangsentäußerung nur insoferne statt, als diese Rechte dem für das Unternehmen zu verwendenden Grundeigentum ankleben, und es muß in solchem Falle der Entwehrungsberechtigte

1. nutzbare Rechte auf anderen unbeweglichen Sachen, welche aktiv mit dem Entwehrungsgegenstande verbunden sind, auf Verlangen des Eigentümers gegen volle Entschädigung des letzteren übernehmen;
2. nutzbare Rechte, welche passiv auf dem Entwehrungsgegenstande ruhen, durch volle Entschädigung ihrer Besitzer ablösen, wenn diese darauf dringen, oder die Ausübung jener Rechte mit der neuen Bestimmung des Gegenstandes nicht mehr vereinbarlich ist.

1. Unter Art. II fallen die dinglichen Rechte des BGB. mit Ausnahme der Hypotheken, Grundschulden, Rentenschulden, für welche Art. XI eine Sonderbestimmung trifft, also das Erbbaurecht §§ 1012 ff., das dingliche Vorkaufsrecht §§. 1094 ff., die Reallast §§ 1105 ff., die Grunddienstbarkeiten im engeren Sinne §§ 1018 ff., der Nießbrauch §§ 1030 ff. und die beschränkten persönlichen Dienstbarkeiten §§ 1090 ff. Hierher dürften auch die Vormerkungen zur Sicherung des Anspruchs auf Übertragung des Eigentums nach § 883 BGB. zu zählen sein.

Unter Art. II fallen weiter die in Art. 17 AG. GBO. angeführten Rechte, insbesondere Forstrechte, Fischereirechte. Vom Inkrafttreten des Fischereigesetzes 1. 4. 1909 an gelten die vor diesem Zeitpunkt entstandenen Fischereirechte, auch wenn sie als Dienstbarkeiten begründet worden sind, als dingliche Nutzungsrechte mit Grundstücksnatur (Art. 15 Fischereiges., vgl. Bleyer 52, Malsen-

Hofer 208). **Das Erbbaurecht und das selbständige Fischereirecht** stehen nach heutigem Rechte den Grundstücken gleich (§ 1017 Abs. 1 BGB.; Art. 9 Abs. 1 Fischereiges.). Dennoch fallen diese Rechte unter Art. II, wenn sie als Passivlasten (siehe folgende Anm. 3b) auf dem Entwehrungsgegenstand ruhen, wie man ja (vgl. Staudinger III 492 Anm. 4; Steiner 45) auch bei der Zwangsversteigerung das Erbbaurecht als Belastung des beschlagnahmten Grundstücks behandelt. Die erwähnten Rechte fallen aber trotz ihrer Grundstücksnatur auch als Aktivrechte des ZE-gegenstands (siehe folgende Anm. 3b) dann unter Art. II, wenn das Erbbaurecht dem zu enteignenden Grundstücke als Bestandteil zugeschrieben worden ist (§§ 1017 Abs. 1, 890 BGB.; Staudinger III 492 Anm. 1e) oder wenn das Fischereirecht zugunsten des jeweiligen Eigentümers eines Grundstücks begründet ist (Art. 10 Fischereiges., vgl. Bleyer 42) und dieses Grundstück der ZE. verfällt. Daß in solchen Fällen die Verbindung des Erbbaurechts mit dem ZEgrundstück jederzeit lösbar ist (vgl. Staudinger III, 492 Anm. 1e), und daß das Fischereirecht, als nur unwesentlicher Bestandteil des Grundstücks, Gegenstand besonderer Rechte sein kann (vgl. Bleyer 42, Anm. 1 zu Art. 10) steht dieser Rechtsauffassung nicht entgegen. Es heißt in Art. II nicht „unlösbar ankleben". Dingliche Rechte mit Grundstücksnatur waren dem Rechte zur Zeit der Erlassung des Zwangsabtretungsgesetzes völlig fremd. Wie sich aus Art. II Ziff. 1 des Gesetzes ergibt, sollen alle dinglichen Rechte getroffen werden, „welche aktiv mit dem Entwehrungsgegenstand verbunden sind". Daß die Verbindung unlöslich sein muß, ist nicht gefordert.

Bezüglich der realen Gewerbeberechtigungen siehe hier Anm. 4. Über das Vorkaufsrecht der Gemeinden, in deren Bezirk ein Grundstück liegt, sowie der für eine solche Gemeinde bestehenden landwirtschaftlichen Darlehenskassenvereine und der sonstigen vom Staatsministerium des Innern bezeichneten juristischen Personen nach dem Ges. vom 13. 8. 1910 über die Güterzertrümmerung, GVBl. S. 627, siehe Art. 4 Abs. 1 dieses Gesetzes: „Dritten gegenüber hat das Vorkaufsrecht die Wirkung einer Vormerkung zur Sicherung des durch die Ausübung des Rechtes entstehenden Anspruchs auf Übertragung des Eigentums." Nicht unter Art. II fallen die öffentlichen Abgaben und Steuern.

2. Die unter Art. II fallenden Rechte können jedoch **nicht Gegenstand einer selbständigen Enteignung sein**, sie sind vielmehr nur enteignungsfähig in Verbindung mit dem Grundstücke, zu dessen Bestandteil sie nach § 96 BGB. gehören (aktive Rechte des Entwehrungsgegenstandes) oder auf dem sie zugunsten eines anderen Grundstücks ruhen (Passivlasten des Entwehrungsgegenstandes), Seydel II 356, Oertmann 147, Malsen-Hofer 34 Anm. 5, vgl. BGH. 28, 109, ObLG. nS. 9, 301.

Die Möglichkeit der selbständigen Enteignung solcher Rechte besteht nur, wenn das zum ZEunternehmen zu verwendende Grundstück bereits Eigentum des Unternehmers ist und auf ihm ein nutzbares Recht eines Dritten ruht (z. B. ein Forstrecht, das auf dem Staatswalde lastet, der zu militärischen Zwecken verwendet werden soll ObLG. nS. 9, 301, ein selbständiges Fischereirecht, das als dingliches Nutzungsrecht mit Grundstücksnatur auf einem Gewässer ruht, dessen Ufer im Eigentum des Enteigners stehen und das zur Anlage eines Wasserkraftwerkes ausgebaut werden soll). In diesem Falle kann das Recht des Dritten Gegenstand eines selbständigen ZEverfahrens sein ObLG. nS. 9, 301, Seydel II 356, Henle Anm. 5a S. 67, Oertmann 147.

Dies gilt für die seit 1. 1. 1900 begründeten, wie die vor jener Zeit entstandenen und übergeleiteten Rechte. So fällt z. B. unter Art. II das vererbliche und veräußerliche dingliche Recht, auf der in fremden Eigentum befindlichen Grundfläche eines Flusses ein Mühlwehr zu haben (superficies des gemeinen Rechts, vgl. Dernburg, Pandekten I S. 594 § 242 Nr. 1 a. E., Anm. 11 S. 643 ff. § 259, im französischen Recht Eigentum am Bauwerk verschieden vom Eigentum an der Grundfläche, Zachariae-Crome, Handbuch des französischen Zivilrechts Bd. 1 §§ 166, 183, in beiden Fällen gemäß Art. 184 EG. BGB.

seit 1. 1. 1900 den Vorschriften des § 1017 BGB. unterstellt). Dieses Erbbaurecht kann, wie oben ausgeführt, abgesehen von dem Falle, daß der Enteigner selbst im Eigentum der Grundfläche des Flusses steht, nicht selbständig enteignet werden. Es kann nur Gegenstand der ZE. sein: entweder, wenn das Erbbaurecht dem Mühlengrundstück als Bestandteil zugeschrieben ist (siehe vorstehende Anm. 1), als Bestandteil der Mühle mit dieser (Ziff. 1 des Art. II, hier unter 3a) oder als ein der Grundfläche des Flusses anklebendes Recht mit dieser Grundfläche (Ziff. 2 des Art. II, hier unter 3b).

3. a) Rechte, welche auf einer nicht zur Ausführung des Unternehmens zu verwendenden unbeweglichen Sache zugunsten des Entwehrungsgegenstandes ruhen (**Aktivrechte des ZEgegenstands**): Sie werden von der Enteignung des zu enteignenden Grundstücks als dessen Bestandteile mitbetroffen. Sie können jedoch nach Ziff. 1 des Art. II möglicherweise nach der Enteignung, losgelöst vom bisherigen Grundstück, dessen Bestandteile sie waren, dem Eigentümer des enteigneten Grundstücks zustehen. Das gilt nicht nur für Holzrechte, Fischereirechte, sondern für alle dinglichen Rechte, welche unter Art. II fallen, denn die Sonderbestimmungen des ZEG. sind nach Art. 109 EGBGB. vom Recht des BGB., insbesondere §§ 96 und 93 unberührt geblieben. Der Eigentümer, nicht etwa auch der Enteigner, hat gemäß Ziff. 1 die Wahl, ob das Recht dem Abtretungspflichtigen, fortan losgelöst vom Eigentum, persönlich zustehen soll, oder ob es gegen volle Entschädigung auf den Enteigner übergehen soll (Seydel II 356, Henle Anm. 6 S. 67, Hartmann 30 Anm. 2, a. M. Oertmann 147 und ihm folgend Pichler 48ff.).

b) Rechte, welche auf dem Entwehrungsgegenstand zugunsten eines Dritten ruhen (**Passivlasten des ZEgegenstands**): Hier ist zu unterscheiden, ob das nutzbare Recht mit dem durch das ZEunternehmen erstrebten Zwecke (der neuen Bestimmung des Gegenstands) vereinbar ist oder nicht.

I. Ist es vereinbar (z. B. eine Fahrtgrunddienstbarkeit, ein selbständiges Fischereirecht kann auch nach

Verwendung des Grundstücks zu dem ZEunternehmen ungehindert ausgeübt werden), so bleibt das Recht bestehen, vgl. ObLG. aS. 9, 704. Eine Loslösung kann dagegen nicht verlangt werden VGH. 9, 470. Das Wort „oder" im Gesetz ist Redaktionsversehen. Es ist „und" zu lesen (VGH. 9, 472; Seydel II 356 Anm. 29, Henle 68 Anm. 9, Hartmann S. 31, 32 Anm. 3).

Wird durch Teilenteignung eines Grundstücks der dinglich Berechtigte zwar in der Ausübung seines Rechtes nicht benachteiligt, erleidet aber der Eigentümer dadurch eine Schädigung, daß nunmehr die ganze Last auf dem verbleibenden Rest seines Grundstücks ruht, so ist der Eigentümer nach Art. V Ziff. 2 Buchst. b zu entschädigen.

II. Ist dagegen das Recht mit der neuen Zweckbestimmung des ZEgegenstandes unvereinbar, so kann sowohl der Enteigner als auch der dinglich Berechtigte Abtretung des Rechts gegen volle Entschädigung beanspruchen.

Wenn dem Berechtigten nur ein Teil des belasteten Grundstücks entzogen wird, so hat er einen Entschädigungsanspruch auf Ersatz des Schadens, der dadurch seinem Rechte zugeht, daß dieses sich nur mehr auf einen Teil des Grundstücks erstreckt. Er kann Ersatz der Wertsminderung seines Rechtes verlangen, die dieses dadurch erleidet, daß der für das Unternehmen zu verwendende Teil des Grundstücks von seinem Rechte frei wird. Das Gleiche gilt, wenn der Berechtigte zwar auch nach Durchführung des ZEunternehmens das Recht ausüben kann, jedoch nicht mehr im bisherigen Umfang; z. B. ein selbständiges Fischereirecht wird durch den Bau einer Wasserkraftanlage zwar nicht aufgehoben, jedoch durch die Flußkorrektion, den Abschluß von Laichplätzen, in seinem Umfange geschädigt. Es ist mit dem ZEunternehmen wohl vereinbar, wird aber in seiner Ertragsfähigkeit gemindert. Hier kann der Fischereiberechtigte Ersatz der Wertsminderung verlangen, die sein Fischereirecht durch die Ausführung des ZEunternehmens erfährt. (Vgl. Art. 3 Abs. 2 Fischereiges.).

4. **Persönliche, obligatorische Rechte** können gegen den Enteigner nur geltend gemacht werden, und es kann Ent-

schädigung dafür nur verlangt werden kraft der ausdrücklichen Ausnahme in Art. V Nr. 3 ZEG. zugunsten der Pacht und Miete, vgl. Henle 66 Anm. 2, Oertmann 159.

Bezüglich des Vorkaufsrechts ist entscheidend, ob es sich um ein dingliches Vorkaufsrecht nach §§ 1094 ff. BGB. oder nur um ein obligatorisches Vorkaufsrecht nach §§ 504 ff. BGB. handelt. Im letzteren Falle ist eine Geltendmachung gegen den Enteigner ausgeschlossen, im ersteren Falle fällt dieses Recht unter Art. II.

Obligatorische Fischereiberechtigungen werden unter Art. V Nr. 3 fallen, soweit Fischereipachtverträge nach Art. 31 ff. des Fischereigesetzes vorliegen, vgl. Bleyer 73 ff.

5. Realrechte sind dingliche Gewerbsrechte und zwar entweder Realrechte im engeren Sinn oder radizierte Rechte. Die Realrechte im engeren Sinn sind selbständige Vermögensobjekte und als solche veräußerlich und frei beweglich. Die radizierten Gewerbsrechte gelten als Bestandteile bestimmter Grundstücke, von denen sie nur mit gewerbepolizeilicher Bewilligung getrennt werden können.

Ein Realrecht im engeren Sinn, z. B. eine reale Wirtschaftsgerechtsame, klebt dem für das ZEunternehmen zu entwehrenden Gegenstande nicht an. Es besteht vielmehr als selbständiges frei bewegliches und veräußerliches Recht; es ist weiter ein G e w e r b s recht, nicht aber ein nutzbares Recht im Sinne des Art. II Ziff. 1, das auf anderen unbeweglichen Sachen ruht. Es fällt sonach nicht unter Art. II und es kann nicht verlangt werden, daß der Enteigner das Recht übernimmt (BGH. 28, 107). Dasselbe gilt auch für andere Realrechte z. B. Apothekenrealrechte, Kaminkehrerrealrechte nach §§ 6 ff. KAB. vom 26. 3. 1903, GVBl. S. 115 ff.

Auch r a d i z i e r t e G e w e r b s r e c h t e fallen weder unter Ziff. 1 noch Ziff. 2 des Art. II, auch sie sind nicht nutzbare Rechte auf anderen unbeweglichen Sachen zugunsten des Entwehrungsgegenstandes, noch nutzbare Rechte im Sinne des Art. II, welche passiv auf dem Entwehrungsgegenstand ruhen.

Der Schaden, der dem Realberechtigten durch die notwendige Verlegung seines Realrechts entsteht, fällt unter Art. V Ziff. 2a und c (siehe hierüber die Anm. 10 und 12a c zu Art. V).

6. Das ZEG. kennt nur die Enteignung unbeweglichen Eigentums und dinglicher Rechte, dagegen ist im WG., und zwar in Art. 43 Abs. 3, auch die Enteignung persönlicher Rechte, nämlich der auf Grund unwiderruflicher Erlaubnis eingeräumten Wasserbenützungsrechte gegeben, hierüber Eymann I S. 423 ff., 432 ff., II 412.

7. Bloß tatsächlichen Vorteilen, welche ein Grundstückseigentümer durch den bisherigen Zustand des enteigneten Grundstücks eines anderen Eigentümers genossen hat, steht keinerlei Entschädigungsrecht zu, vgl. Henle Anm. 5b S. 67, hier Anm. g zu Art. I Ziff. 5, Anm. d zu Ziff. 11 des Art. I.

8. Die Entschädigung bemißt sich nach Art. VI ZEG. Sie ist, falls nicht anderweite gütliche Vereinbarung erfolgt, in Kapital zu leisten, nicht in Rente, vgl. Anm. 7e vor B des Art. I S. 86.

9. Die Entscheidung über die Abtretungspflicht nach Art. II untersteht der verwaltungsrichterlichen Würdigung (siehe Anm. 1 zu Art. XVIII). Es unterliegt der verwaltungsrichterlichen Prüfung, ob ein geltend gemachtes Recht im ZEverfahren anzuerkennen und zu berücksichtigen ist (VGH. 26, 236).

Art. III.*)

[1]Bei Gegenständen, deren Teilung[2] nachteilig auf die Benützbarkeit des Gesamt-Gegenstandes[3] zurückwirkt,[4] kann nicht wider Willen des Eigentümers[5] [6] auf teilweise Abtretung erkannt werden.[7]

---

*) Fassung des Satzes 2 nach Art. 2 des Ges. vom 13. 8. 1910.

Insbesondere [8] darf die Teilung eines Gebäudekomplexes [9] oder die gänzliche [10] Abtrennung der zu dem Umfange desselben gehörigen Gärten und Hofreiten [11] von dem Gesamtkomplexe [12] nur mit Einwilligung des Eigentümers [13] stattfinden. [14]

1. Art. III Satz 1 spricht den Rechtssatz aus, daß der Enteignungspflichtige [nicht aber der Enteigner] die Abtretung des Gesamtgegenstandes dann fordern kann, wenn eine Teilung auf die Benützbarkeit des Gegenstands nach dessen bisheriger Bestimmung wesentlich nachteilig einwirkt. Die Beweislast kommt im Falle des Satzes 1 dem Enteignungspflichtigen zu. Dieser muß den Nachweis erbringen, daß die Benutzbarkeit des Gesamtgegenstands infolge der Teilung erheblich beeinträchtigt wird (VGH. 15 S. 253, 255). Man muß hier unbeschadet der Offizialmaxime im verwaltungsrechtlichen Verfahren von einer Beweislast sprechen. Es steht im Belieben des Eigentümers, ob er die Forderung der Vollabtretung erheben will. Wenn er sie geltend macht, so sind die besonderen Verhältnisse, welche die Berechtigung der Forderung ergeben sollen, vom Eigentümer darzulegen und nachzuweisen. VGH. 24 S. 425, 426; Menzinger in BladmPr. 58, 220; vgl. Dyroff 3. Aufl. 342 Anm. ee, 4. Aufl. 412 Anm. ff.

2. **Teilung.**

a) Nicht nur eine unnatürliche Zerstückelung des Gegenstands, auch die Durchschneidung, die Entnahme einer wesentlichen Teilfläche überhaupt.

b) Es muß sich um die Teilung eines Gegenstands handeln. Hängen Grundstücke gar nicht zusammen oder ist die Trennung nicht ausschließlich durch einen öffentlichen Weg bedingt, so kann, wenn die Abtretung des einen der Grundstücke verlangt wird, von einer Teilung keine Rede sein (VGH. 9, 463; 12, 40). Es kann die Forderung der Abtretung des Gesamtgegenstands also nicht aus dem Grunde erhoben werden, daß von dem einen Grundstück auf einem durch fremde Grundstücke hinziehenden Weg leicht das andere Grundstück zu erreichen ist und wegen dieser Art der Verbindung beide Grundstücke für gemeinschaftliche Zwecke des Eigentümers besonders benützbar sind (VGH. 12 S. 38, 40). [Siehe jedoch bezüglich der Entschädigung hier Anm. 11a zu Art. V.]

c) Grundstücke, welche verschiedenen Eigentümern gehören, können nicht als Gesamtgegenstand deshalb gelten, weil sie nach Angabe der Eigentümer zu einem gemeinsamen Zwecke (z. B. zu einer Fabrikanlage) benützt werden sollen (VGH. 13, 425; Seydel II 357 Anm. 33). Jeder Eigentümer kann nur aus den Verhältnissen seines Besitzes die Forderung der Gesamtabtretung erheben. Das Recht der Forderung der Gesamtabtretung kann nicht dadurch geschaffen werden, daß mehrere Eigentümer durch Zusammenfassung ihres Eigentums die Einrede geltend machen (VGH. 13, 426). Wenn dagegen die Grundstücke einzelner Eigentümer bereits in das grundbuchmäßige Eigentum einer Gesellschaft übergegangen sind, liegt ein Eigentum der Gesellschaft vor und die Gesellschaft kann durch ihre Organe die Einrede erheben.

3. Gesamtgegenstand siehe vorsteh. Anm. 2b und c. Dann Anm. 12.

4. Nachteilig auf die Benützbarkeit des Gesamtgegenstands **zurückwirkt.**

a) Die erhebliche Beeinträchtigung des Gesamtgegenstands muß **gerade infolge der Teilung** des Gegenstands erfolgen. Schädigungen, welche sich für das Restgrundstück aus der Art der späteren Benützung der abzutretenden Teilfläche ergeben, scheiden bei dieser Beurteilung aus. Nur solche Nachteile kommen in Betracht, welche sich unmittelbar aus dem Abtrennen einzelner Bestandteile vom Ganzen für den Rest ergeben, welche also mit der Teilung des Ganzen in einem unmittelbaren ursächlichen Zusammenhang stehen (VGH. 15 S. 253, 255, 261; Henle 69 Anm. 3c, 79 Anm. 6a; vgl. Hartmann 32). Unwertbar ist also der Gesichtspunkt, daß auf dem abzutretenden Grundstückteile in der Folge Vorrichtungen getroffen werden, welche dem verbleibenden Grundstücke schädlich sind, Luft und Licht entziehen, seine Bebauungsfähigkeit, wirtschaftliche Nutzbarkeit (z. B. die Mietfähigkeit) verringern oder daß Einwirkungen nach §§ 906, 907 BGB. vom abzutretenden Grundstücksteile aus auf das verbleibende Grundstück erfolgen werden. Unberührt bleibt selbstverständlich hier die Frage der Entschädigung (siehe darüber die Anm. 11a und 7 zu Art. V), wie die Möglichkeit zivilrechtlicher Klage in der Folgezeit wegen etwaiger Eigentumsstörung (siehe Anm. 7 zu Art. V).

b) Als nachteilige Rückwirkungen gelten nur erhebliche Schädigungen, durch welche die bisherige Benutzbarkeit des verbleibenden Restes zerstört oder wesentlich verkümmert wird (Seydel II 357 Anm. 32 und dort angeführte Entsch., insbesondere Staatsratsentscheidung vom 8. 5. 1839, dann VGH. 9, 403; 15 S. 253, 255, auch Begr. 1910 Ziff. VII S. 9, KdR. 5. Beil.-Bd. S. 452). Es genügt nicht, daß die Benützbarkeit des Gesamtgegenstands nur geschmälert wird, sie muß wesentlich beeinträchtigt werden. So ist die Abtrennung eines unbedeutenden Randstreifens keine wesentliche nachteilige Einwirkung (VGH. 2. 10. 1908 Nr. 77 I/08).

c) Die Teilung muß auf die bisherige Benützungsweise des Gesamtgegenstands nachteilig einwirken (VGH. 4, 352; 13, 429; 15 S. 253, 255; 23, 221; Seydel II 257 Anm. 32, Henle 68 Anm. 3a; RR. von Thelemann KdR. 1910 Aussch.-Prot. S. 2, 5. Beil.-Bd. S. 672, vgl. die Äußerung des Reg.-Vertr. MR. Dr. Unzner, KdR. 1910 Aussch.-Prot. S. 2, 5. Beil.-Bd. S. 672. Staatsminister von Brettreich stellte auf Anfrage des RR. von Thelemann in den erwähnten Aussch.-Verh. KdR. fest, daß der Entwurf der Novelle eine Änderung in der Auslegung des Art. III nicht herbeiführen wolle (angef. Prot. S. 2 und 3, 5. Beil.-Bd. S. 672, 673.

d) Es kann sich immer nur um eine solche Benützbarkeit handeln, welche nicht nur auf einer bloß persönlichen Berechnung oder Zweckbestimmung des Eigentümers beruht, sondern, welche in bezug auf das Grundstück durch äußere Umstände nahegelegt ist, also gewissermaßen objektiv aus den Eigenschaften des Grundstücks sich ergibt (BGH. 13, 429). Im Umfang dieser Begrenzung kann auch die wirtschaftliche Bestimmung eines Grundstücks zu einem Bauplatz für die Entscheidung über die Berechtigung der Forderung der völligen Abtretung von Einfluß sein (BGH. 13, 429; vgl. 23, 221). Wenn das Grundstück objektiv zum Bauplatz geeignet ist und der Eigentümer nach den vor Beginn des ZEunternehmens gegebenen Verhältnissen mit dem Grundstück als einem Bauplatze objektiv rechnen konnte, kann unter den Begriff der bisherigen Benützung auch die Bereitstellung als Bauplatz fallen. Eine auf die Zukunft gestellte Berechnung dagegen, ein Grundstück als Bauplatz zu verwerten (Spekulation), kann ebensowenig die Forderung der völligen Abtretung begründen, wie die bloße Absicht des Eigentümers, für sich selbst auf dem Grundstück eine Fabrik- oder sonstige Anlage errichten zu wollen.

5. Eigentümer.

a) Nach geltendem Recht kann nur der Eigentümer die völlige Abtretung fordern, nicht ein Dritter, auch nicht ein dinglich Berechtigter z. B. Hypothekengläubiger oder ein Pächter (Seydel II 357 Anm. 34). Die Entschädigungsberechtigten nach Art. II und V Nr. 3 können zwar selbständig die Abtretungspflicht bestreiten (siehe Anm. 2 zu Art. XVIII) und es sind ihnen zur Verfolgung ihres Entschädigungsanspruches dieselben Rechtsmittel (Art. 17 und Art. 21 AG.) gegeben wie dem Eigentümer (siehe Anm. 5 zu Art. 17 AG.), dagegen stehen die besonderen Einreden der Art. III und III a nur dem Eigentümer zu. Der § 1133 BGB. ist hier nicht verwertbar. Das Gesetz spricht nur vom Eigentümer, mit demselben Begriffsinhalt, wie in Art. I ZEG. Aus dem Umstand, daß unter den Begriff „Abtretungspflichtiger" in Art. 17, 21, 22 AG. sinngemäß auch die weiteren Entschädigungsberechtigten fallen, läßt sich deren Recht der Einrede für die Art. III und III a ZEG.

nicht ableiten. In den ersteren Fällen ist deren Recht an anderer Stelle durch das Gesetz selbst ausgesprochen und es handelt sich nur darum, die prozessuale Vorschrift zur Geltendmachung dieses Rechts auch für sie in den Fällen (Art. 17 und 21 AG.) anzuerkennen, in denen das Gesetz unter dem Begriff „Abtretungspflichtiger" alle zusammenfaßt, welche in ihrem Recht eine Einbuße erleiden und entschädigt werden sollen. Hier spricht das Gesetz nicht vom Abtretungspflichtigen, sondern engbegrenzt nur vom Eigentümer. Das Recht der Einrede könnte sich für die dinglich Berechtigten und Pächter nur aus dieser Bestimmung selbst ergeben, für deren ausdehnende Auslegung keine weitere Gesetzesbestimmung herangezogen werden kann (a. M. Henle 70 Anm. 4, für den Fall der Erheblichkeit auch Hartmann 33 Anm. 4, siehe auch Anm. 3a zu Art. IIIa.

b) Wird dem dinglich Berechtigten (Art. II) oder dem Pächter und Mieter (Art. V Nr. 3) ein Teil des belasteten Grundstücks entzogen, so hat er nur gegen den Enteigner Anspruch auf Ersatz des Schadens, der seinem Rechte dadurch entsteht, daß dieses sich nur mehr auf einen Teil des Grundstücks erstreckt. Er kann Ersatz der Wertsminderung verlangen, die sein Recht dadurch erleidet, daß der für das Unternehmen zu verwendende Teil des Grundstücks von seinem Rechte frei wird, vgl. Anm. 5 und 9 zu Art. XI und 16 f. zu Art. V.

c) Der Eigentümer kann Abtretung des Ganzen verlangen, er muß es aber nicht (Hartmann 33 Anm. 4).

6. Das Verlangen der völligen Abtretung durch den Enteignungspflichtigen fällt unter dessen Erklärung über die Abtretungspflicht. Sie muß spätestens vor Erlassung der ersten verwaltungsrichterlichen Entscheidung nach Art. XVIII erfolgen (Seydel II 356 Anm. 28, vgl. VGH. 4 S. 195, 196). Wäre sie bis zu diesem Zeitpunkt nicht geltend gemacht, oder die Abtretungsplicht ohne Einrede nach Art. III bedingungslos anerkannt, so ist für die Einrede im Schätzungsverfahren (im Verwaltungsschätzungsverfahren wie im gerichtlichen) kein Raum mehr, Seydel II 357 Anm. 38, vgl.

hier die folgende Anm. 13b und Anm. 5 zu Art. IIIa, dann Anm. 1 zu Art. 21 AG.

7. Die Entscheidung hat, da es sich um die Beurteilung der Abtretungspflicht handelt (vgl. hier Anm. 6) im verwaltungsrichterlichen Verfahren (Art. XVIII) zu erfolgen, siehe Anm. 1 zu Art. XVIII.

8. Der Satz 2 enthält die Feststellung einer gegen den Widerspruch des Eigentümers unzulässigen Teilabtretung durch das Gesetz selbst. Dieses selbst erklärt, daß in solchem Falle eine wesentlich nachteilige Einwirkung der Teilung auf die Benützbarkeit des Gesamtgegenstandes nach dessen bisheriger Bestimmung vorliege, so daß jederzeit der Anspruch des Enteignungspflichtigen auf völlige Übernahme gegeben ist (VGH. 13 S. 456, 458; Seydel II 357 Anm. 36).

Daraus folgt, daß die Teilabtretung im Falle des Satzes 2 abgelehnt werden kann, ohne daß der Enteignungspflichtige den Nachweis einer nachteiligen Einwirkung der Teilung erbringen müsse. Während in den Fällen des Satzes 1 die Beweislast der Einrede dem Abtretungspflichtigen zufällt, hat hier das Gesetz selbst eine Rechtsvermutung geschaffen, gegen welche ein Gegenbeweis ausgeschlossen ist. Während bei der Berufung des Enteignungspflichtigen auf Satz 1 in jedem einzelnen Falle verwaltungsrichterlich zu untersuchen und festzustellen ist, ob und inwieweit eine Teilabtretung nachteilig auf die Benützbarkeit des Gesamtgegenstandes einwirkt, bedarf es, wenn die Voraussetzungen des Satzes 2 erwiesen sind, einer solchen Untersuchung und Feststellung überhaupt nicht. Es genügt vielmehr der einfache Widerspruch des Eigentümers, um ihn vor einer Teilabtretung zu schützen (VGH. 4, 354; 9 S. 407, 462, 463; 13 S. 456, 458; 14, 236; Henle 71 Anm. 10; Hartmann 32 Anm. 2).

Diese Vermutung gilt aber seit 25. 8. 1910 nur für den Fall der Teilung des Gebäudekomplexes selbst und für den Fall der gänzlichen Abtrennung der Gärten und Hofreiten, siehe hier Anm. 10.

9. Unter **Gebäudekomplex** ist eine Mehrheit von Gebäuden zu verstehen, die nicht nur in einem örtlichen, sondern auch in einem wirtschaftlichen Zusammenhange stehen, so daß sie hinsichtlich ihrer Zweckbestimmung als ein einheitliches Ganzes zu betrachten sind, in ihrer Vereinigung einem bestimmten Nutzungs- und Gebrauchswerte dienen und so sämtlich für die Erreichung dieses Gebrauchszweckes erforderlich sind (VGH. 23, 215; Begr. 1910 S. 9; vgl. VGH. 4, 353; 9 S. 403, 407; 13, 458; 14, 236; 23, 215; Seydel II 357 Anm. 37, Henle 70 Anm. 7, Hartmann 32 Anm. 2).

Das Gebäude muß ganz oder der Hauptsache nach den gleichen wirtschaftlichen Zwecken dienen (VGH. 23, 213). Maßgebend ist der tatsächliche Zustand im Zeitpunkt der Einleitung des ZEverfahrens. Die Entscheidung hängt von den Umständen des Einzelfalles ab, sie ist vom Verwaltungsrichter zu treffen.

Für ein einzelnes Gebäude ist die Rechtsvermutung des Satzes 2 nicht gegeben. Dessen Teilabtretung bemißt sich allein nach Satz 1, vgl. Äußerung des Staatsministers von Brettreich Verh. KRR. 1910 Aussch.-Prot. S. 11, 5. Beil.-Bd. S. 681.

10. Gänzliche Abtrennung.

Vor der Novelle hieß Satz 2: „Insbesondere darf die Teilung eines Gebäude-Komplexes, oder die Trennung der zu dem Umfange desselben gehörigen Gärten und Hofreiten oder eines Teiles derselben von dem Gesamt-Komplexe nur mit Einwilligung des Eigentümers stattfinden."

Der Entwurf der Novelle sah den Wegfall der Worte „oder eines Teiles derselben" vor. Während der Verhandlung im vereinigten I. und III. Aussch. KRR. (Prot. S. 11, 5. Beil.-Bd. S. 681) wurde vor dem Worte „Abtrennung" noch das Wort „gänzliche" in das Gesetz eingefügt. Dadurch ist die bisherige Rechtslage wesentlich geändert worden. Die hier in Anm. 8 ausgeführte Rechtsvermutung, welche den Enteigneten jedes weiteren Beweises enthebt und durch das Vorbringen seines Widerspruchs ihn ohne weiteres vor Teilabtretung schützt, gilt nunmehr nur für die gänzliche Abtrennung der gesamten zum Umfang des Gebäudekomplexes gehörigen Gärten und Hofreiten. Wird nur die Abtretung eines Teiles des Hofraums oder Gartens begehrt, so ist sie auch gegen den Willen des Eigentümers zulässig, wenn die Abtretung nicht nachteilig auf die Benutzbarkeit des Gesamtgegenstandes einwirkt, wie dies hier in Anm. 4 ausgeführt ist. Die Beweislast darüber, daß eine erhebliche Schädigung durch die Abtrennung eines Teiles des Hofraums oder Gartens erfolge, trifft den Enteignungspflichtigen (vgl. hier Anm. 1).

Es steht sonach der Zwangsabtrennung eines Teiles eines Gartens oder Hofraums nichts im Wege, wenn der zu enteignende Teil für den Wirtschaftsbetrieb völlig unerheblich ist, wenn durch die ZE. z. B. eines unbedeutenden Zwickels an der Grenze des Gesamtanwesens die Benützbarkeit des Gesamtgegenstands und sein Wert keine wesentliche Einbuße erleiden (vgl. Äußerungen des Staatsministers von Brettreich KRR. Aussch.-Prot. S. 11, 5. Beil.-Bd. S. 681, des Ref. KRR. Haas Verh. KRR. 1910 Bd. 2, 279, des Ref. KAbg. Schöndorf Verh. KAbg. Bd. 12, 27).

11. Hofreiten: Abgrenzung des Begriffs (Tatfrage) siehe VGH. 14, 237. Die Sonderstellung des Satzes 2 ist außer dem Gebäudekomplexe nur Gärten und Hofräumen gegeben, nicht anderen Grundstücken z. B. einem unbebauten Baugrund in der Nähe eines Gebäudekomplexes, trotzdem dieser unter den Begriff des Gesamtgegenstandes im Sinne des Satzes 1 fallen kann (VGH. 24. 3. 1904 Nr. 31 I/04).

12. Gesamtkomplex.

Mit diesem Worte werden nur die Gebäude, Gärten und Hofräume umfaßt, die unmittelbar miteinander zusammenhängen müssen. Der Begriff ist enger als der Begriff des Gesamtgegenstandes in Satz 1. Grundstücke, welche durch einen öffentlichen Weg von einander getrennt sind, bilden keinen Gesamtkomplex in diesem Sinne (VGH. 27. 7. 1910 Nr. 23 II/10).

13. Eigentümers.

a) Nur der Eigentümer, nicht ein dinglich Berechtigter z. B. Hypothekengläubiger, hat das Recht des Widerspruchs (siehe vorsteh. Anm. 5a). Ob Widerspruch erhoben worden ist, ist vom Verwaltungsrichter zu entscheiden, denn diese Feststellung ist ein Teil der Frage der Anerkennung und Feststellung der Abtretungspflicht.

b) Wird in der Tagsfahrt auf die Einrede verzichtet, vielmehr ausdrücklich bedingungslos die Abtretungspflicht anerkannt und hierüber ordnungsmäßige Niederschrift aufgenommen, so kann die Einrede später nicht mehr erhoben werden. Ein Widerruf ist nur insoweit zulässig, als die Rechtsgültigkeit der Willenserklärung selbst nach §§ 116 ff. BGB. bestritten wird. Unter keinen Umständen ist die Einrede mehr zulässig nach Erlassung der ersten verwaltungsrichterlichen Entscheidung. Im Verwaltungs- wie im gerichtlichen Schätzungsverfahren ist für sie kein Raum mehr (vgl. hier Anm. 6; Seydel II 357 Anm. 38; VGH. 4, 195).

14. Über die Vorteilsausgleichung bei Teilenteignungen siehe Anm. 6c zu Art. V und insbesondere Anm. 1 zu Art. IX.

Art. IIIa.[1 2]

Belastung mit Dienstbarkeiten.*)

Der Eigentümer[3] eines Grundstücks kann dessen Belastung mit einer Dienstbarkeit[4] ablehnen und verlangen[5], daß der Unternehmer an Stelle der Dienstbarkeit das Eigentum am Grundstück erwerbe, wenn die Belastung zur Folge hätte, daß das Grundstück nicht mehr nach seiner bisherigen Bestimmung[6] zweckmäßig benützt werden kann.[7] Tritt diese Folge nur für einen

*) Bezüglich der Überschrift siehe Fußnote bei Art. I.

Teil des Grundstücks ein, so kann vorbehaltlich des Art. III nur die Erwerbung dieses Teiles verlangt werden. [8 9 10]

1. Art. III a ist an Stelle der in Art. I (siehe hier Anm. 12 zu Art. I) durch die Novelle vom 13. 8. 1910 gestrichenen Worte neu eingefügt. Dadurch wurde nach dem Vorbilde des Art 155 WG. das Wahlrecht des Enteignungspflichtigen, in allen Fällen statt der Belastung mit einer Dienstbarkeit Teilabtretung verlangen zu können, wesentlich eingeschränkt. Der Eigentümer kann nunmehr die Abnahme seines Grundstücks nicht aus dem Grunde verlangen, weil ihm das vorteilhafter erscheint, sondern nur dann, wenn er nachweist, daß das Grundstück infolge der Belastung mit der Dienstbarkeit nicht mehr nach seiner bisherigen Bestimmung zweckmäßig benützt werden kann (vgl. Ref. KRR. Haas Ber. S. 2, 5. Beil.-Bd. S. 606, KRR. Aussch.-Prot. S. 2, 5. Beil.-Bd. S. 672). Die Beweislast für seine Einrede trifft den Enteignungspflichtigen, vgl. hier Anm. 1 zu Art. III. Die Bestimmung wurde nach den Gesetzgebungsverhandlungen eingeführt, insbesondere zur Förderung der ZEunternehmen der Ziff. 6 (öffentliche Wasserleitungen) und Ziff. 16 (Überlandzentralen), Begr. S. 10. KRR. 5. Beil.-Bd. S. 453.

2. Art. III a ist dem Art. 155 WG. nachgebildet:

> **Art. 155.** Der zur Enteignung Verpflichtete kann auf der Abtretung seines Eigentums an Stelle der in Anspruch genommenen Belastung mit einer Dienstbarkeit nur dann bestehen, wenn die Belastung zur Folge hätte, daß sein Eigentum nicht mehr zweckmäßig benützt werden kann.

Für die wasserrechtlichen ZEfälle, auch die Fälle Ziff. 4, 6 mit 10 und 13 (unter Umständen auch Ziff. 16) ZEG. ist Art. 155 WG. ohnehin als lex specialis maßgebend, siehe hierüber die Anm. 1, 2 und 3 der Vorbemerkungen zu Ziff. 4 ff. S. 39 ff.

3. Eigentümer.

a) Das Recht des Art. III a steht nur dem Eigentümer zu, nicht einem dinglich Berechtigten oder einem

Pächter des Grundstücks. Es gilt auch hier das in Anm. 5a zu Art. III Ausgeführte. Bei den Gesetzgebungs-Verhandlungen 1910 trat in keiner Weise zutage, daß etwa auch den dinglich Berechtigten und den in Art. V Nr. 3 genannten obligatorisch Berechtigten (Pächter und Mieter) diese Einrede zustehen soll. Überall wird nur vom Eigentümer gesprochen. Daß nur diesem die Einrede des Art. IIIa zukommt, ergibt sich auch aus dem Vorbild des Art. IIIa, dem Art. 155 WG., vgl. Brenner 365, Eymann II 432, Harster 668.

b) Bezüglich der Rechte der dinglich Berechtigten und Pächter oder Mieter auf Entschädigung gilt das in Anm. 5b zu Art. III Ausgeführte, vgl. Anm. 6 zu Art. XI. Bezüglich der Hypotheken insbesondere siehe Art. XI Abs. 2, Anm. 6 zu Art. XI.

4. Dienstbarkeit. Siehe hierüber Anm. 11 zu Art. I (Beispiele: Begründung des Rechts zur Errichtung eines Mastes für eine Starkstromleitung auf fremden Grundstücken, auch auf fremden Dächern; Begründung einer Dienstbarkeit, fremde Grundstücke, auch Gebäude zur Errichtung und Kontrolle der Träger einer Starkstromleitung betreten zu dürfen; unterirdische Durchführung einer Telephon- oder Telegraphenleitung, Ausästung eines Waldgrundstücks zugunsten einer Starkstromleitung, auch eine Wegdienstbarkeit, jedoch nur soweit die gesetzlichen Enteignungszwecke dazu die Möglichkeit geben).

5. Ablehnen und Verlangen.

Das Verlangen muß vor der Erlassung der ersten verwaltungsrichterlichen Entscheidung (Art. XVIII) in bestimmter Weise erfolgen. Hat der Enteignungspflichtige bei der Tagsfahrt in gütlicher Einigung auf seine Einrede verzichtet und sich mit der Bestellung einer Dienstbarkeit einverstanden erklärt, so ist das Verfahren über die Abtretungspflicht und damit auch über diesen Umstand abgeschlossen. Im verwaltungs- und gerichtlichen Schätzungsverfahren ist für das Verlangen kein Raum mehr, vgl. Anm. 6 und 13b zu Art. III; Anm. 1 zu Art. 21.

6. Nach seiner bisherigen Bestimmung.

a) Die Begr. 1910 S. 10, KdR. 5. Beil.-Bd. S. 453, führt hierüber folgendes aus: „Der Entwurf hat sowohl im Interesse der Grundeigentümer wie im Interesse einer leichteren Sachentscheidung an ein objektives, leicht erkennbares Merkmal für die persönlichen Bedürfnisse des Eigentümers angeknüpft, an die bisherige Zweckbestimmung des Grundstücks. Hienach soll die Übernahme des Eigentums an dem zu belastenden Grundstück stets dann, aber auch nur dann gefordert werden können, wenn das Grundstück infolge der beanspruchten Dienstbarkeit für die Zwecke, denen es bisher diente, nicht mehr in geeigneter, wirtschaftlich nutzbringender Weise verwendet werden kann.

Diese praktisch wenig erhebliche Abweichung von Art. 155 des Wassergesetzes ist auch insofern sachlich berechtigt, als dem Grundeigentümer, insbesondere dem mit geringem Grundbesitze, billigerweise nicht zugemutet werden kann, ein Grundstück, das er in bestimmter Weise in seine Wirtschaft eingepaßt hat, nunmehr in wesentlich anderer Weise auszunützen und seine Wirtschaft teilweise zu ändern.

Unter der „Bestimmung" des Grundstücks ist seine allgemeine Zweckbestimmung zu verstehen. Die eintretende Unmöglichkeit, einzelne Nutzungshandlungen in der bisherigen Weise vorzunehmen, wird daher nur dann die Forderung des Eigentumserwerbs rechtfertigen, wenn diese Handlungen für die Aufrechterhaltung der bisherigen Zweckbestimmung im ganzen von wesentlicher Bedeutung sind. Trifft dies nicht zu, so muß die Minderung der Benützbarkeit des Grundstücks durch entsprechende Bemessung der Entschädigung ausgeglichen werden."

b) Maßgebend ist also allein die bisherige Zweckbestimmung, die bisherige Benützungsweise (vgl. Art. V Ziff. 2 Buchst. a ZEG.). Eine Zweckbestimmung, welche der Eigentümer erst für die Zukunft beabsichtigt hat, welche noch nicht in die äußere Erscheinung getreten ist, kann nicht in Betracht kommen. Am wenigsten eine Zweckbestimmung, welche der Eigentümer erst infolge des ZEunternehmens dem Grundstücke zuweist. Es gilt das in Anm. 4c und d zu Art. III Ausgeführte auch hier. Entscheiden kann nicht eine rein subjektive Zweckbestimmung des Eigentümers, sondern nur eine solche, welche durch die äußeren Umstände nahegelegt ist, also gewissermaßen objektiv aus den Eigenschaften des Grundstücks sich ergibt. Die Bestimmung eines Grundstücks als Bauplatz, zur Schaffung einer gewerblichen Anlage z. B., kann nur dann in Betracht kommen, wenn die Widmung des Grundstücks zu einem Bauplatz, die Bereitstellung zur Anlage eines Fabrikunternehmens, nach objektiver Beurteilung der wirtschaftlichen Lage, der Eigenschaften des Grundstücks ohne Rücksicht auf das ZEunternehmen gerechtfertigt erscheint. Unerheblich ist die Zweckbestimmung des Eigentümers, wenn diese erst infolge des ZEunternehmens (Errichtung des Elektrizitätswerks) den Grundstücken beigelegt wird. Unerheblich ist die Erklärung des Eigentümers, daß er sein Grundstück, das er zunächst in anderer Weise benützt, in Rücksicht auf eine entfernt liegende Entwicklung als Bauplatz, Fabrikgelände betrachtet, wenn sich nicht nach objektiven Gesichtspunkten eine Verwirklichung dieser letzteren Zweckbestimmung unabhängig vom ZEunternehmen in unmittelbarer Zukunft ergibt (vgl. die zur Auslegung des Art. 155 WG. erfolgte VGHE. vom 10. 11. 1909 Nr. 112 II/09).

7. Nicht mehr zweckmäßig benützt werden kann.

Nach der angeführten Begr. S. 10 soll damit gesagt sein, daß das Grundstück infolge der beanspruchten Dienstbarkeit für die Zwecke, denen es bisher diente, nicht mehr in geeigneter, wirtschaftlich nutzbringender Weise verwendet werden kann. Auch hier wird nicht die subjektive Überzeugung des Eigentümers entscheiden können, sondern die Grundsätze und Regeln, welche für die wirtschaftliche Ausnützung des Grundstücks objektiv bestehen. Wenn z. B. eine Dienstbarkeit zur Schaffung eines Weges durch die Villenbesitzungen und Parkanlagen hart am Ufer eines Sees begründet werden sollte, so wäre durch diese Anlage die Benützbarkeit der Anwesen im Gegensatz zu der Zweckbestimmung, welche die Eigentümer ihnen gegeben haben und welche den Grundstücken nach ihrer Lage auch objektiv zukommt, wesentlich verändert. Denn auch die Trennung vom unmittelbaren Ufer des Sees, die Beseitigung der Abgeschlossenheit des Besitztums und die Einführung der Möglichkeit des allgemeinen Zugangs bedeuten wesentliche Veränderungen, welche die Grundstücke gegenüber ihrer bisherigen objektiven Zweckbestimmung erfahren würden. In solchen Fällen wäre das Verlangen der Abtretung an Stelle der Begründung der Dienstbarkeit völlig gerechtfertigt (vgl. die Ausführungen S. K. H. des Prinzen Ludwig von Bayern und des Staatsministers v. Brettreich KRR. Aussch.-Prot. S. 3 und 4; 5. Beil.-Bd. S. 673, 674). Anders wäre zu entscheiden, wenn es sich z. B. um unterirdische Durchführung einer Fernsprechleitung handeln würde.

8. **Daraus wird zu folgern sein:** Ist z. B. durch Anlage einer Starkstromleitung ein bestimmter Endstreifen eines Grundstücks nicht mehr nach der bisherigen Bestimmung benützbar (z. B. als Wald, weil die Bäume niedergehauen werden müssen), so kann, wenn die Benützbarkeit des verbleibenden Teiles des Waldgrundstücks durch die Anlage nicht erheblich beeinträchtigt wird, die Abtretung dieses dem Unternehmen dienenden Teilstreifens verlangt werden.

In dem in Anm. 7 angeführten Beispiel jedoch würde durch die Anlage eines Weges entlang des Seeufers nicht nur für den unmittelbar am See gelegenen Teil des Gesamtgegenstands, welcher durch die Bestellung der Wegdienstbarkeit zunächst getroffen würde, sondern für den G e s a m t g e g e n s t a n d nach dessen bisheriger Zweckbestimmung und Benützbarkeit e i n e w e s e n t l i c h e Änderung h e r b e i g e f ü h r t. Die Abtrennung des durch die Weganlage belasteten Parkstreifens würde die bisherige Benützung der ganzen Villenanlage erheblich beeinträchtigen, ja aufheben. Hier entscheidet die Regel des Art. III, es kann auf die Einrede des Eigentümers und dessen Nachweis hin nur eine Abtretung des Gesamtgegenstands, nicht eine Belastung mit einer Grunddienstbarkeit, nicht eine Teilabtretung erfolgen.

9. Die Prüfung der ferneren Benützbarkeit muß, wie RR. Haas Ber. S. 2, 5. Beil.-Bd. S. 606, mit Recht ausführt, mit großer Sorgfalt betätigt werden, weil die Nachforderung einer Entschädigung dem bayerischen Rechte fremd ist, vgl. Anm. 2 zu Art. V.

10. Die Frage, ob und wieweit das Grundstück nach seiner bisherigen Bestimmung noch zweckmäßig benützt werden kann, ist Tatfrage (vgl. Ref. KAbg. Schöndorf Verh. KAbg. 1910 Bd. 12, 21), sie fällt, wie alle die nach Art. IIIa in Frage kommenden Einzelmöglichkeiten unter die Entscheidung über die Abtretungspflicht. Sie ist daher im verwaltungsrechtlichen Verfahren (Art. XVIII ZEG.) zu würdigen, vgl. Begr. S. 11, KRR. 5. Beil.-Bd. S. 453.

Art. IV.

Die Entwehrung kann unter den Voraussetzungen des Art. I in Anspruch genommen werden:[1 2 3]

1. von öffentlichen Stellen und Behörden;[4]
2. von Gemeinden[5] und von denjenigen Gesellschaften[6] und Privaten,[7] denen von der Regierung unter Bedingungen, welche die Erreichung des Zweckes und seiner Gemeinnützigkeit sichern,[8] die Ausführung einzelner im Art. I aufgezählten Unternehmungen eingeräumt wird.

1. Damit ist aber nicht etwa ein verwaltungsrechtlicher Anspruch auf Enteignung in dem Sinne gegeben, daß das Staatsministerium des Innern auf die Geltendmachung hin die Enteignungsermächtigung gewähren muß, vgl. Anm. 7c zu Art. XIV.

2. Die Entwehrung kann in Anspruch genommen werden, sobald nur ein Zweck nach Art. I ZEG. in Frage steht. Es kommt einzig und allein auf den Zweck des Unternehmens an. Der Enteignungsberechtigte braucht mit dem Unternehmer nicht identisch zu sein (VGH. 23, 227 insbesondere S. 230, 231). Der Zweck braucht nicht im Rahmen der gesetzlichen Rechte und Pflichten der öffentlichen Stellen und Behörden oder der Zweckverbände zu liegen, welche als Antragsteller auftreten (VGH. 23, 230; vgl. 15, 254). Es kann z. B. eine Gemeinde das ZErecht beanspruchen zur Beschaffung des Geländes für den Bau von Kasernen (VGH. 23, 230) oder zur Anlage eines staatlichen Hafens, wenn die Gemeinde nach dem Vertrage mit dem Staat für die Beschaffung des Grund und Bodens aufzukommen hat. Die Folge ist allerdings (vgl. Anm. 7d nach Ziff. 16 des Art. I S. 86), daß nicht dasjenige Rechtssubjekt, zu dessen Vorteil der Zwangserwerb erfolgt, sondern jenes, das als Antragsteller im ZEverfahren auftritt, allein entschädigungspflichtig ist. Zweckmäßig wird den ZEanspruch diejenige Rechtspersönlichkeit erheben, der das Eigentum an den zu enteignenden Grundstücken endgültig zufallen soll, da sonst eine weitere (privatrechtliche) Eigentumsübertragung vom Enteigner auf diejenige Rechtspersönlichkeit notwendig ist, der das Eigentum endgültig zustehen soll.

3. Partei (Enteignungsberechtigter) ist diejenige Rechtspersönlichkeit, welcher die Ermächtigung nach Art. XIV ZEG. erteilt worden ist.

4. Für Staatsstraßen wird die Ermächtigung nach der Praxis der zuständigen Regierung, Kammer des Innern, für Staatseisenbahnen der zuständigen Eisenbahndirektion erteilt. Auch außerbayerische Behörden können die Entwehrung in Anspruch nehmen gemäß Art. 41 Abs. I der Reichsverfassung (siehe hier Anm. a zu Art. I Ziff. 11 S. 64) oder auf Grund besonderer Staatsververträge. Auch die Staatsaufsichtsbehörden (Art. 154, 155, 160 GemO., Art. 87 PfGemO., Art. 23 Abs. I Distriktsratsgesetz) können als Antragsteller im ZEver-

fahren auftreten, wenn die Pflicht des der Aufsicht unterstellten Selbstverwaltungskörpers verwaltungsrichterlich festgestellt ist, vgl. hier Anm. b zu Art. I Ziff. 2 S. 38.

5. Gemeinden (ordnungsmäßiger Beschluß der Gemeindevertretung! MABl. 1887 S. 119 ff.; über Ratihabition als Ersatz der vorangehenden formgerechten Bevollmächtigung siehe Dyroff 3. Aufl. S. 336, 4. Aufl. S. 404). Auch die zu einem Schulsprengel vereinigten Gemeinden können als Enteigner auftreten, siehe Anm. b zu Art. I Ziff. 2 S. 38. An ausländische Gemeinden wird die ZEermächtigung nicht erteilt. Hinsichtlich der Antragsberechtigung der Aufsichtsbehörden siehe vorstehende Anm. 4. Ortschaften haben das ZErecht nicht (ME. vom 8. 5. 1906 Nr. 6854 und vom 15. 4. 1902 Nr. 8605).

6. Über das ZErecht der Genossenschaften nach Art. 170 ff. WG., die bereits vor ihrer Rechtsfähigkeit antragsberechtigt sind, siehe Eymann II S. 332, 423, über deren Sonderstellung Art. 191 WG., hier S. 42 ff.

7. Dem Privaten wird nicht um seines Interesses halber, sondern um des öffentlichen Interesses willen, dem seine Unternehmung dient, das ZErecht verliehen (Seydel II 355 Anm. 14). Liegt dieses öffentliche Interesse vor, und darüber entscheidet zunächst das Staatsministerium des Innern nach Art. XIV ZEG., so unterscheidet sich der Private in nichts von der Rechtsstellung aller übrigen ZEberechtigten, Seydel II 355 Anm. 18.

8. Siehe hierüber Anm. 7c zu Art. XIV, bezüglich der Bezugnahme des Enteignungspflichtigen auf die Pflicht der Prüfung der genügenden Sicherung des Unternehmens Anm. 7 zu Art. XII.

II. Titel.

Von der Entschädigung und dem Maßstabe derselben.

Art. V.

Die Entschädigung [1 2 3 4 5] für jede zwangsweise Abtretung von Grundeigentum muß enthalten:

1. den gemeinen Wert des abzutretenden Gegenstandes; [6]
2. Vergütung für die dem Eigentümer durch die Abtretung [7] zugehenden sonstigen Nachteile, namentlich: [8]
   a) Ersatz des Mehrwertes, [9] den der abzutretende Gegenstand durch seinen Zusammenhang mit anderen Eigentumsteilen, oder durch seine bisherige Benützungsweise [10] für den Eigentümer behauptet;
   b) Ersatz der Wertsminderung, welche durch die Abtretung dem übrigen Grundbesitze desselben Eigentümers zugeht; [11]
   c) Ersatz des unvermeidlichen Verlustes, welcher dem Eigentümer durch die Abtretung vorübergehend, oder bleibend in seinem Erwerbe [12] erwächst; jedoch darf die hiedurch sich ergebende Mehrung der Entschädigung 30 Prozent des Schätzungswertes [13] nicht übersteigen; [14]
   d) Ersatz für die Früchte, [15] deren Ernte durch die Zwangsabtretung gehindert wird;

3. den Betrag derjenigen Entschädigung, welche dem Pächter oder sonstigen Nutzungsberechtigten nach Gesetz oder Vertrag zu leisten ist.[16]

1. Der Anspruch des Enteigners geht nur: auf ZE. gegen vollen Ersatz des Schadens, der durch die Entwehrung dem Enteignungsverpflichteten entsteht. Wie der Anspruch des Enteigners öffentlichrechtlicher Natur ist, so ist auch der Anspruch des Enteignungspflichtigen auf Entschädigung öffentlichrechtlicher Natur; denn er teilt die öffentlichrechtliche Natur des gesamten Rechtsverhältnisses, wenn auch seine endgültige Festsetzung durch besondere Vorschrift des Gesetzes den Gerichten zugewiesen ist, siehe hier Anm. 2c der Vorbemerkungen vor Art. I S. 19ff.

2. Der Schaden ist einheitlich zu bemessen. Die Festsetzung hat mit der rechtsgültig vollzogenen Einigung über die Entschädigung oder mit der Rechtskraft des richterlichen Urteils abschließende Wirkung. Eine nachträgliche Entschädigung wegen etwa erst später aufgetretener Nachteile ist ausgeschlossen (Seydel II 362 Anm. 84, Henle 81, a. M. Oertmann 155 und ihm folgend Piehler 28, vgl. die Äußerungen der RR. Haas Ber. v. 2. 4. 1910 S. 2, 5. Beil.-Bd. S. 606, v. Thelemann KRR. Aussch.-Prot. v. 22. 4. 1910 S. 4, 5. Beil.-Bd. S. 674). Eine Berücksichtigung späterer Beeinträchtigungen erfolgt dagegen nach § 12 Abs. I Satz 2 TelWG., hier S. 67.

3. Die Entschädigung ist, wenn nicht anderweite gütliche Einigung der Parteien vorliegt, in Kapital zu gewähren, nicht in Rente (siehe Anm. 7e S. 86, dann über die Möglichkeit einer Entschädigung durch andere Leistungen und durch Tausch bei gütlicher Einigung siehe Ziff. III 1, 2 und 4c zu Art. 26 AG.).

4. Es ist volle Entschädigung zu gewähren, Art. I ZEG. Dies hat sachlich die Bedeutung einer Schadenersatzleistung im Sinne des bürgerlichen Rechts, Oertmann 151, wenn auch (siehe Anm. 7e vor B des Art. I

S. 86) die Entschädigung nicht nach den Grundsätzen des BGB., sondern den Bestimmungen des öffentlichen Rechts, dem ZEG., festzusetzen ist. Der zu ersetzende Schaden umfaßt auch den entgangenen Gewinn (vgl. § 252 BGB.), siehe hier Anm. 10.

5. **Ist durch die Entwehrung dem Enteignungspflichtigen überhaupt kein Schaden entstanden, so entfällt auch ein Anspruch auf Entschädigung. Für den Fall, daß die Entscheidung des Gerichts angerufen wird (Art. 21 AG.) entscheidet das Gericht darüber, ob und** welche Entschädigung zu leisten ist, unter Würdigung aller Umstände nach freier Überzeugung (§ 287 ZPO., der auch im landesgesetzlichen Enteignungsverfahren anzuwenden ist: ObLG. aS. 13 S. 44 ff., 610 ff.; 16, 135 ff.; nS. 2 S. 125, 130; Eymann II 427; vgl. Henle S. 87 Anm. 19 und hier Anm. 6a zu Art. 21 AG.).

6. Die Entschädigung muß enthalten zunächst den **„gemeinen Wert“** des abzutretenden Gegenstands.

a) Gemeiner Wert ist der Verkaufswert, d. i. derjenige Wert, welchen das Grundstück für jedermann hat; nicht nur der Ertragswert, sondern der objektive Tauschwert, jener Geldwert, um welchen die Sache im gewöhnlichen Verkehr verkauft werden kann; der eigentliche Sachwert, welcher durch die Anlage eines objektiven für jedermann geltenden Maßstabs gefunden wird, unter Berücksichtigung aller Umstände, welche nach einer vernünftigen Lebensauffassung auf die Wertbemessung Einfluß äußern; im Gegensatz zu demjenigen Wert, welcher der Sache von einer bestimmten Person nach deren besonderen Verhältnissen zugemessen wird (Affektionswert, Interesse) ObLG. nS. 1, 107, aS. 7, 835 ff.; 14, 279; Hartmann 36, 37; Seydel II 359 Anm. 59, Henle 76 Anm. 4, Oertmann 151, Piehler 18 ff.

b) Maßgebend ist für die Schätzung des gemeinen Werts der Zeitpunkt der Feststellung der Enteignungspflicht, also der Augenblick der verwaltungsrichterlichen Feststellung der Abtretungspflicht oder im Falle gütlicher Einigung der Zeitpunkt der freiwilligen Anerkennung der Abtretungspflicht, Seydel II 359 Anm. 55, 56, Henle 75 Anm 3 b, vgl. ObLG. aS. 13, 461, a. M. Piehler 13, 14.

c) Auch die künftige Ertragsfähigkeit, die Benützungsfähigkeit des Entwehrungsgegenstandes über den Zweck hinaus, dem er unmittelbar dient, z. B. die Benützung eines jetzt landwirtschaftlichen Zwecken dienenden oder brach liegenden Grundstücks als Bauplatz oder zur Errichtung einer Fabrikanlage usw. ist von Bedeutung und zu berücksichtigen, ObLG. nS. 1, 108, Henle 76 Anm. 4, Oertmann 152, Eymann II 428 Anm. 1. Die Benützungsfähigkeit zu andern künftigen Zwecken muß aber eine gegenwärtige, objektive, sie muß für jeden vorhanden sein, ObLG. nS. 1, 105. Es genügt nicht, daß eine solche Ausnützung nur möglich ist, etwa von besonderen Umständen z. B. der Beteiligung Dritter an einem Unternehmen abhängt oder gar erst durch das ZEunternehmen bedingt ist (vgl. Henle 77). Es haben alle Ereignisse auszuscheiden, deren Eintritt nur Gegenstand einer unsicheren Erwartung ist z. B. daß möglicherweise infolge des Wachstums der Bevölkerung und der Industrie in der Nähe der Bahn Wohnhäuser oder Fabriken erbaut werden, vgl. ObLG. nS. 2, 129, auch nS. 1, 105 und aS. 2, 340 ff., dann Oertmann 153, Piehler 26.

d) Aus einseitigen Veränderungen, die nach der rechtsgültigen Ladung nach Art. XV erfolgen, können nach Art. XII Entschädigungsansprüche nicht abgeleitet werden. Dagegen sind Veränderungen am Grundstücke, welche an diesen vor diesem Zeitpunkt vorgenommen werden, selbst dann zu berücksichtigen, wenn sie in Kenntnis des bevorstehenden ZEunternehmens und zum Zwecke einer höheren Wertserzielung erfolgen, vgl. Anm. 5 zu Art. XII. Ebensowenig kommt es bei der Bemessung der Entschädigung darauf an, aus welchen Gründen der Eigentümer das Grundstück erworben hat, ob er bei der Erwerbung in Kenntnis des bevorstehenden ZEunternehmens darauf gerechnet hat, durch die Entschädigung für die Abtretung des Grundstücks einen Gewinn zu erzielen (ObLG. nS. 5, 439).

e) Wertserhöhungen, welche dem ZEgrundstück durch das ZEunternehmen zukommen (Gewinnung der Eigenschaft als Bauplatz, sonstige wirtschaftliche Vorteile durch die Lage an einer Straße, in der Nähe einer Eisenbahn), kommen bei der Entschädigungsermittlung nicht in Anschlag (Art. IX ZEG., vgl. ObLG. nS. 2, 127). Ob eine Wertsausgleichung, ein Ansatz der Vorteile, welche bei Teilenteignungen dem verbleibenden Restgrundstücke durch das ZEunternehmen erwachsen, erfolgen darf, wird von Seydel II 360 Anm. 65, Henle 83 Anm. 11c, Hartmann 42 bestritten. Hiegegen wendet sich mit guten Gründen Oertmann 154 und ihm folgend Piehler 34ff.; siehe hier Anm. 1 zu Art. IX, auch die folgende Anm. 11d.

7. **Vergütung für die durch die Abtretung zugehenden sonstigen Nachteile:**

Zur vollen Entschädigung gehört nach dem Willen des Gesetzes außer dem Ersatz des gemeinen Werts die Vergütung für die dem Eigentümer durch die Abtretung zugehenden sonstigen (vgl. hier Anm. 8) Nachteile.

In Frage steht jedoch nur der Schaden, welcher durch die Entwehrung entsteht, nicht der Schaden, der dem Eigentümer des zu enteignenden Grundstücks oder Grundstückteils dadurch erwächst, daß auf dem entwehrten Grundeigentum vom Enteigner in der Folge Handlungen vorgenommen werden, welche auf das Restgrundstück oder andere Grundstücke des Enteignungspflichtigen schädlich einwirken. Zum Ersatz dieses künftigen Schadens ist eintretendenfalls nur der Weg der allgemeinen Klage, z. B. wegen Eigentumsstörung nach § 1004 BGB. gegeben (vgl. Piehler 26). Dagegen wird der Eigentümer entschädigt nach Ziff. 2 Buchst. b des Art. V für die Wertsminderung, welche sein übriger Grundbesitz dadurch erleidet, daß er infolge der Abtretung den nachteiligen Wirkungen des Unternehmens ausgesetzt wird, zu dessen Gunsten die ZE. erfolgt, siehe folgende Anm. 11a (vgl. Henle 79 Anm. 6a, 69 Anm. 3c, auch BGH. 15 S. 253, 255, 261; Piehler 32; hier Anm. 4a zu Art. III).

8. namentlich.

Nach Henle 82 bedeutet das Wort „namentlich" nach dem Sprachgebrauch der Zeit der Erlassung des ZEG. nichts anders als „nämlich". Jedenfalls ist die Aufzählung der Nachteile in den Buchst. a mit d nur die namentliche Hervorhebung besonderer Einzelfälle; sie ist nur beispielsweise, nicht erschöpfend: Seydel II 360 Anm. 61, Henle 81 Anm. 8, Oertmann 152, BlfRA. 39, 322 gegen Hartmann 38ff.

9. Mehrwert durch Zusammenhang mit anderen Grundstücken.

Außer dem gemeinen objektiven Verkaufswert ist auch der besondere Wert zu entschädigen, welchen das Grundstück nach seinem örtlichen und wirtschaftlichen Zusammenhang mit anderem Eigentum des Enteigneten besitzt (vgl. Henle Anm. 9 S. 82). Darunter fällt z. B. der Wert, den ein Grundstück in unmittelbarer Nähe der Betriebsstätte als Lagerplatz hat, der besondere Wert, der einem landwirtschaftlichen Grundstück dadurch zukommt, daß es in der Nähe des Hauses liegt, als Garten für Küchenbedürfnisse verwendet wird, auch der besondere Wert, den insbesondere in den Gegenden des Parzellenbesitzes ein Grundstück dadurch hat, daß es in der nächsten Nähe des Ortes liegt usw. (vgl. Piehler 30).

10. Mehrwert durch die bisherige Benützungsweise.

Vgl. über den Begriff „bisherige Benützungsweise" den Begriff „bisherige Bestimmung" des Art. IIIa, dort Anm. 6, dann Anm. 4c und d zu Art. III.

Auch wenn für den objektiven Verkaufswert die bisherige Benützungsweise des Grundstücks nur eine geringe oder keine Bedeutung hat, ist dem Enteigneten der Mehrwert zu ersetzen, der sich für ihn aus dieser Benützung ergibt. Der Mehrwert durch Zusammenhang mit anderen Grundstücken und der Mehrwert durch die bisherige besondere Benützung werden allerdings oft zusammenfließen und sich nicht scharf trennen lassen (z. B. der Mehrwert eines Grundstücks von keiner oder geringer Ertragsfähigkeit durch die Benützung als Lagerplatz in der Nähe der Betriebsstätte).

Unter den Mehrwert, welcher dem Grundstück durch die bisherige Benützungsweise zukommt, fällt z. B. der besondere Wert, den ein Grundstück als Obstanlage, Weinberg für den Enteigneten hat, auch wenn nach der Marktlage der landwirtschaftlichen Grundstücke diese Verwendung keine Preiserhöhung gegenüber Grundstücken gleicher Ertragsfähigkeit ohne diese Anlage bedingt. Es fällt darunter auch die Verwendung eines ländlichen Grundstücks als Erholungsaufenthalt, zur Vermietung an Sommergäste, auch wenn diese Verwendung im Verkaufswert nicht zur Geltung kommt. In solchen Fällen, wie dann, wenn das Grundstück, weil reines Verwaltungsvermögen eines Zweckverbandes (Gemeinde-, Schul-, Krankenhaus), keinen Ertragswert hat, ist dem Enteigneten derjenige den Verkaufswert übersteigende Geldbetrag zu gewähren, welcher ihn in den Stand setzt, ein anderes Grundstück zu erwerben und so einzurichten, daß es in derselben Weise wie das enteignete Grundstück benützt werden kann (RG. 26. 1. 1884 in Gruchot, Beiträge 38, 1114 ff., Henle 82 Anm. 9).

Unter den Mehrwert, der dem Grundstück durch die bisherige Benützungsweise zukommt, fällt z. B. auch die Ausübung eines Realrechts auf dem Grundstück. Der Schaden, welcher dem Enteigneten dadurch entsteht, daß er das Realrecht auf ein anderes Grundstück übertragen, dieses erst als Wirtschaftsanwesen einrichten muß (vgl. hier Anm. 11 c) ist zu ersetzen. Dagegen fällt der Schaden, welcher etwa dadurch erwächst, daß ein weniger günstig als das bisherige gelegenes Anwesen zur Ausübung des Realrechts verwendet werden muß, unter den dauernden Geschäftsverlust, hier Anm. 12 a α.

11. Wertsminderung des übrigen Grundbesitzes.

a) Die Bestimmung trifft nicht nur die Fälle der Teilenteignung nach Art. III, sondern auch jene Fälle, in denen eine Schädigung dadurch hervorgerufen wird, daß durch die Abtretung eines Grundstücks andere Grundstücke, welche mit dem enteigneten Grundstücke in wirtschaftlichem Zusammenhang stehen (vgl. Anm. 2b und 12 zu Art. III), in ihrer bisherigen Benützungsfähigkeit eine Einbuße erleiden, z. B. Verminderung der Mietfähigkeit des Restbesitzes, Verminderung des Werts des Restbesitzes durch Aufhebung der Abgeschlossenheit des Guts nach außen, Unbenützbarkeit des Restbesitzes zur Errichtung einer Fabrikanlage (vgl. VGH. 12, 41; 13, 430; ObLG. nS. 2, 129; Henle 83 Anm. 11, Piehler 31, hier Anm. 2a und 4 zu Art. III).

Auch jene Wertsminderung ist umfaßt, welche dadurch entsteht, daß das verbleibende Resteigentum infolge der Abtretung den nachteiligen Wirkungen des Unternehmens (Störung der Ruhe usw.) ausgesetzt wird, zu dessen Gunsten die Enteignung erfolgt (Seydel II 360 Anm. 64, Henle 83 Anm. 11a, Oertmann 153). Dieser Schaden ist bei der einheitlich festzusetzenden Entschädigung zu berücksichtigen (vgl. vorstehende Anm. 7). Für die nachteiligen Wirkungen dagegen, die erst in der Folge ohne Zusammenhang mit der ZE. vom enteigneten Grundstück aus dem Restbesitze zugehen, ist nur gegebenenfalls der Weg der allgemeinen Eigentumsstörungsklage möglich (siehe vorstehende Anm. 7).

b) Die Schädigung muß jedoch stets in ursächlichem Zusammenhang mit der Enteignung stehen. Damit scheiden diejenigen Ereignisse aus, deren Eintritt bloß möglich oder nur Gegenstand einer unsicheren Erwartung ist (vgl. ObLG. nS. 2 S. 125, 129; auch ObLG. nS. 1, 103; aS. 2, 340, z. B. daß einmal ein Teil des Grundstückkomplexes zur Anlage einer in der Zukunft möglichen Straße abgegeben werden muß, da möglicherweise infolge des Wachstums der Bevölkerung und der Industrie auf dem in Frage stehenden Grundstücksgebiet Wohnhäuser oder Fabriken errichtet werden).

c) Zu ersetzen sind insbesondere Aufwendungen, die für den Enteigneten notwendig werden, um das verbleibende Eigentum seiner bisherigen Zweckbestimmung zu erhalten. Darunter fällt die Neuregelung des Wasserlaufs, die Anlage neuer Stützmauern, Zäune, Einfriedigungen usw. Der Übergang zu einer anderen Bebauungsart des Restbesitzes kann vom Enteigner nicht gefordert werden (Henle Anm. 11b S. 83, Piehler 31).

d) Die Möglichkeit der Aufrechnung der Wertserhöhung, die dem verbleibenden Eigentum durch das ZEunternehmen erwächst (Lage an einer Straße, in der Nähe einer Bahn) gegen die Wertsminderung ist nach Seydel II 360 Anm. 65, Henle 83 Anm. 11c, Hartmann 43 Anm. 7 nicht gegeben, nach Oertmann S. 153, 154, dem ich völlig beitrete, dagegen auch mit dem geltenden Rechte wohl vereinbar (vgl. Piehler 34 ff., vorstehende Anm. 6e und insbesondere Anm. 1 zu Art. IX).

12. Ersatz des unvermeidlichen Verlustes — in seinem Erwerbe erwächst.

a) Nach der Erklärung des Reg.-Vertr. bei den Gesetzgebungsverhandlungen 1837 (Verh. KAbg. 18, 535) soll derjenige Schaden damit bezeichnet sein, „der darin besteht, daß der Eigentümer gehindert wird, sein Vermögen zu vergrößern oder einen Gewinn zu machen, welchen er bei nicht stattgefundener Expropriation hätte machen können". Dies ist kein anderer Schaden als der entgangene Gewinn nach § 252 BGB. Als entgangen gilt nach § 252 Satz 2 der Gewinn, welcher nach dem gewöhnlichen Laufe der Dinge oder nach den besonderen Umständen, insbesondere nach den getroffenen Anstalten und Vorkehrungen, mit Wahrscheinlichkeit erwartet werden konnte (vgl. ObLG. aS. 2, 340; nS. 5, 440; Oertmann 153, Piehler 41).

Umfaßt werden:

α) Der dauernde Geschäftsverlust (Vereitelung einer ernsthaft geplanten Fabrikanlage (vgl. ObLG. aS. 6, 866; siehe jedoch hier Anm. 12b), Notwendigkeit der Verlegung eines gewerblichen Betriebs, z. B. einer realen Wirtschaftsgerechtsame in ein weniger günstig gelegenes Haus, vgl. VGH. 28, 109).

β) Auch der vorübergehende Geschäftsverlust, hervorgerufen durch die Einstellung des Gewerbebetriebs, die durch das ZEunternehmen notwendig wird, z. B. Schließung eines Ladengeschäftes wegen Erweiterung der Staatsstraßentraverse, Stillegung einer Mühle wegen Arbeiten am Flusse oder an einer Brücke; auch der Gewinnentgang, hervorgerufen dadurch, daß bei der Verlegung des Geschäfts nach anderem Orte die alte Kundschaft verloren geht und neue erst langsam gewonnen werden muß (Henle 85 Anm. 15, Piehler 42).

b) Der Schaden muß in ursächlichem Zusammenhang mit der Enteignung stehen und durch diese bedingt sein (vgl. ObLG. nS. 2, 129). Damit scheiden Verluste aus, welche dem Enteignungspflichtigen z. B. durch Sachbeschädigung beim Umzug entstehen. Der Schaden muß weiter unvermeidlich sein. Darum ist z. B. nicht zu ersetzen der Unternehmergewinn, den der Eigentümer als gewerbsmäßiger Bauunternehmer durch Verwendung des Grundstücks (Herstellung und Vermietung oder Veräußerung von Bauten auf dem ZEgegenstand) hätte erzielen können, wenn andere unbebaute Grundstücke seiner gewerblichen Tätigkeit dieselbe Möglichkeit der Gewinnziehung hätten geben können und er diese Tätigkeit unterlassen hat, ObLG. nS. 5 S. 437, 440.

c) Von Buchst. a ist bereits erfaßt und hat hier auszuscheiden der Schaden, welcher nicht Erwerbsschaden ist, welchen der Enteignete positiv an seinem Vermögen erleidet, z. B. durch den Neubau der Fabrikanlage, die Einrichtung des gewerblichen Betriebs an anderem Orte, durch die Kosten des Umzugs und des Transports (ObLG. aS. 2, 340; Seydel II 361 Anm. 69, Henle S. 85, 86 Anm. 15, Piehler 41, gegen Hartmann S. 44, 45 Anm. 9).

d) Es muß ein Erwerbsschaden tatsächlich eingetreten sein. Soweit dem erwachsenen Nachteil Vorteile entgegenstehen, ist kein Erwerbsschaden entstanden, eine Entschädigungspflicht danach nicht gegeben, Seydel II 361 Anm. 71, vgl. Anm. 1 zu Art. IX.

13. Schätzungswertes, d. i. des gemeinen und besonderen **Werts** (Art. V Ziff. 1 und Ziff. 2a) **des** enteigneten **Grundstücks** (Henle Anm. 16 S. 86, Hartmann S. 45 Anm. 10).

14. Diese Grenze hat das Gesetz (Verh. KAbg. 1837 18, 535 ff.) deshalb eingefügt, weil der Erwerb und Gewinn ja nicht nur Frucht des zu entwehrenden Gegenstandes, sondern auch Ergebnis der Persönlichkeit des Unternehmers und seiner sonstigen Betriebsmittel ist. „Dies alles werde nicht entwehrt; es bleibe dem Einzelnen; diese Quellen seines Erwerbs versiegten für ihn mit der Expropriation nicht."

15. Früchte:

Die Erzeugnisse der Sache und die sonstige Ausbeute, welche aus der Sache ihrer Bestimmung gemäß gewonnen wird (§ 99 Abs. 1 BGB.), auch die Erträge, welche eine Sache oder ein Recht vermöge eines Rechtsverhältnisses gewährt (§ 99 Abs. 2 BGB., vgl. Seydel II 360 Anm. 66). Die Entschädigung ist nur auf Verlangen zu leisten (ObLG. aS. 2, 348).

Bezüglich der Rechtsfrüchte ist jedoch die Sonderbestimmung der Ziff. 3 des Art. V zu beachten, daß für den Fall der Pacht oder Miete nur der Pächter oder Mieter, nicht der Eigentümer, entschädigungsberechtigt ist. Ist das Grundstück unbebaut, so liegt keine Hinderung der Fruchtentziehung und damit kein Grund einer Entschädigung vor (ObLG. aS. 6, 868; Henle 86 Anm. 18).

16. Pächter und sonstige Nutzungsberechtigte.

a) Gemeint sind diejenigen Nutzungsrechte, welche auf Grund eines obligatorischen Rechtsverhältnisses zur Ziehung der Nutzungen berechtigen, nicht die dinglich Berechtigten des Art. II, denn deren Entschädigung regelt Art. VI. (Seydel II 361 Anm. 73, Henle 87 Anm. 20, Oertmann 159, Piehler 44; a. M.

Hartmann 49 Anm. 14). Außer dem Pächter wird auch der Mieter getroffen (a. M. Hartmann 49 Anm. 13).

b) Pächter und Mieter haben einen **selbständigen Entschädigungsanspruch gegenüber dem Enteigner** (Seydel II 361 Anm. 72, Henle 88 Anm. 21; insbes. Hartmann 46 ff. gegen Oertmann 160 und Piehler S. 9 und 10). Sie sind deshalb auch Beteiligte im ZEverfahren nach Art. XV. Die Bestimmungen des bürgerlichen Rechts über Verträge, im besonderen über die Pacht und Miete, sind nur insoweit anwendbar, als nicht das durch Art. 109 EG. BGB. zugelassene (öffentlichrechtliche) landesgesetzliche Sonderrecht Anderes bestimmt. Die Nutzungsberechtigten des Art. V Nr. 3 können sich wegen der durch die Enteignung eintretenden Unmöglichkeit der Vertragserfüllung nur an den Enteigner, nicht an den Vertragsgegner (den Verpächter, Vermieter) halten (Abweichung von §§ 323 ff., auch von §§ 542, 581 BGB.). Der Enteigner hat allerdings denjenigen Schadensersatz wegen Nichterfüllung zu leisten, welchen der Grundstückseigentümer als Vertragspartei nach § 325 BGB. gewähren müßte. Der Enteigner ist andererseits nicht entschädigungspflichtig, wenn es der Eigentümer nicht gewesen wäre, insbesondere wegen solcher Umstände, die auch gegen den Eigentümer keinen Anspruch auf Schadensersatz begründet haben würden (vgl. Seydel II 361, Henle 87, Piehler 45).

c) Zu beachten ist, daß solche Umstände, welche schon in der Entschädigung für den Eigentümer berücksichtigt sind, nicht noch einmal für den Nutzungsberechtigten verwertet werden dürfen (Seydel II 361 Anm. 74, Henle 88 Anm. 21, Hartmann 49 Anm. 15, Piehler 45).

d) Ist eine Miete oder Pacht erst **nach rechtsförmlich vollzogener Zustellung der Ladung** zur Tagsfahrt (Art. XII ZEG.) begründet worden, so ist eine Entschädigung für die Mieter oder Pächter ausgeschlossen. Der dem enteignungspflichtigen Eigentümer durch die Nichtverwertung seines Grundstücks zugehende Schaden wird durch Art. V Ziff. 2 Buchst. d erfaßt (Henle 88 Anm. 21).

e) Die Entschädigungspflicht entfällt, wenn eine Schädigung des Nutzungsberechtigten nicht eintritt. Wenn also (vgl. §§ 571, 581 Abs. 2 BGB.) das verpachtete oder vermietete Grundstück durch die ZE. auf den Enteigner übergeht, und dieser mit der Festsetzung des Vertragsverhältnisses einverstanden ist, besteht kein Grund zur Entschädigung. Dem Mieter oder Pächter steht im Enteignungsfalle kein Recht der Vertragslösung oder Kündigung zu (vgl. hier Anm. 16 b, Henle 87 Anm. 19).

f) Bei Teilenteignungen ist der Mieter oder Pächter soweit zu entschädigen als sein Pacht- oder Mietrecht durch den Entzug des Pacht- oder Mietgegenstandes im wirtschaftlichen Wert gemindert wird. § 542 BGB. ist (siehe vorstehende Anm. 16 b), trotzdem er auch für die Fälle gilt, in denen den Vermieter oder Verpächter kein Verschulden trifft, nicht anwendbar. Man wird mangels ausdrücklichen Ausspruchs im Gesetze dem Mieter und Pächter selbst dann kein Kündigungsrecht zugestehen können, wenn die Pacht- oder Mietsache in erheblichem Umfang entzogen wird. Denn das Sonderrecht des ZEG. gibt dem Mieter und Pächter nur einen Anspruch auf Entschädigung gegen den Enteigner. Wird die Pacht oder Miete durch eine Teilenteignung, die fast den ganzen Miet- oder Pachtgegenstand erfaßt, wertlos, so ist die volle Entschädigung zu gewähren, wie bei gänzlicher Enteignung.

Art. VI.

Für die mit dem Entwehrungsgegenstande verbundenen im Art. II bezeichneten Rechte [1] ist die Entschädigung nach folgenden Normen zu leisten:

1. Gewähren diese Rechte [2] ständige Renten, so hat die Entschädigung in dem 30fachen Betrage des jährlichen Reinertrages zu bestehen;
2. bei unständigen [3] Renten ist der jährliche Reinertrag nach einer Durchschnitts-Berechnung aus der jüngstverflossenen, durch gütliche Über-

einkunft oder richterliches Ermessen, mit Rücksicht auf die Natur des Reichnisses zu bestimmenden Periode festzusetzen, und mit dem 25fachen Betrage zu Kapital zu erheben.

3. Sonstige standes-, guts- und gerichtsherrliche,[4] dann alle Nutzungs-[5] und Servituts-Rechte unterliegen besonderer Schätzung,[6] wenn sich die Parteien nicht über die dafür zu leistende Entschädigung verständigen.

Die Entschädigung muß besonders für den Eigentümer, und besonders für den Inhaber solcher Rechte ermittelt und ebenso jedem besonders verabreicht werden.

Zu dem Zwecke sind den Taxatoren,[7] bevor sie zur Schätzung des Eigentums schreiten, die sämtlichen auf demselben lastenden nutzbaren Rechte anzuzeigen. Bei der Schätzung des Eigentums ist dann zunächst der Ertrag, welcher nach Abzug der Lasten noch übrig bleibt, in Anschlag zu bringen, außerdem aber auch alle die im Art. V Nr. 2 bezeichneten, dem Eigentümer zugehenden Nachteile.

1. Die dinglich Berechtigten haben einen unmittelbaren Entschädigungsanspruch an den Enteigner, nicht etwa gegen den Eigentümer des belasteten Grundstücks aus dessen Entschädigungssumme. Die Entschädigung ist abgesehen von anderweiter gütlicher Vereinbarung in Geld und zwar in Kapital zu leisten.

2. Für die Ablösung der Bodenzinse ist das Ges. vom 2. 2. 1898, betr. die Fortsetzung der Grundentlastung, GVBl. S. 19, in Verbindung mit dem Ges. über die Aufhebung der standes- und gutsherrlichen Gerichtsbarkeit, dann die Aufhebung, Fixierung und Ablösung von Grundlasten vom 4. 6. 1848 (Gesetzbl. 1848, 97, abgedruckt „Bayerische Verfassungsgesetze, herausgegeben vom Landtagsarchivariat" 2. Aufl. 1905,

424 ff., auch Weber 3, 697) und dem Ges. betr. die Grundentlastung vom 28. 4. 1872 (Gesetzbl. 1871/72, 349 ff. abgedr angef. Samml. S. 580 ff; Weber 9, 381), maßgebend.

Bezüglich der Darlehen der Landeskultur-Rentenanstalt siehe Art. 5, 15, 22 des Ges. betr. die Landeskultur-Rentenanstalt i. F d. Bek. vom 30. 5. 1900, GVBl. S. 465; Rückzahlung der Darlehen im jeweiligen Betrag nach Abzug der jährlichen Zuschläge (Art. 6 des Ges.).

3. Solche, bei welchen der Betrag oder die Zeit der Ablösung oder beides unbestimmt ist (Henle 90).

4. Nunmehr gegenstandslos. Die Rechte sind entweder aufgehoben oder aufgelöst oder umgewandelt.

5. Hier sind nur die dinglichen Nutzungsrechte gemeint. Sie unterliegen, falls sich nicht die Beteiligten verständigen, besonderer Schätzung (vgl. Piehler S. 50). Bezüglich der obligatorischen Nutzungsrechte siehe Anm. 16 zu Art. V. Für die Schätzung hat auch hier der Grundsatz zu gelten, daß die Entschädigung alle Vermögensnachteile umfassen muß. In entsprechender Anwendung des Art. V ist deshalb nicht nur der gemeine Wert der Dienstbarkeit oder des Wohnungsrechtes, sondern auch der besondere Wert zu ersetzen, den das Recht nach den Grundsätzen des Art. V Ziff. 2 für den Berechtigten z. B. durch die Art der bisherigen Ausübung gehabt hat (Henle 91).

6. Jedes einzelne Recht ist besonders zu ermitteln und zu entschädigen (Abs. 2). Andererseits ist (siehe Abs. 3) der gemeine Wert des mit den Rechten belasteten Eigentums unter Berücksichtigung der Belastung zu schätzen und der danach sich ergebende Betrag dem Eigentümer ohne Abzug zu gewähren (Henle 91 Anm. 9 b, 92 Anm. 11, Piehler 52, 53).

7. Entscheidend ist selbstverständlich, falls gerichtliche Festsetzung notwendig wird, das Ermessen des Gerichts, das unter Würdigung aller Umstände nach seiner freien Überzeugung entscheidet (vgl. Anm. 5 zu Art. V).

Art. VII.

Nach vorstehenden Normen ist die Entschädigung auch in den Art. I lit. B bezeichneten Notfällen nachträglich, jedoch möglichst bald zu ermitteln und zu leisten.

Siehe Anm. b zu Art. I B S. 87, 88.

Art. VIII.

Bei zwangsweiser Beschwerung des Grundeigentums mit einer Dienstbarkeit [1] für öffentliche Zwecke ist die Entschädigung nach der Natur und dem Umfange der Dienstbarkeit [2] durch gütliche Übereinkunft der Beteiligten, oder durch richterliches Ermessen zu bestimmen. [3]

1. Vgl. Anm. 11 zu Art. I, Anm. 4 zu Art. III a.

2. Zu entschädigen ist nicht nur die Wertsminderung, die derjenige Teil des Grundstücks erfährt, der unmittelbar von der Dienstbarkeit getroffen wird, sondern zu ersetzen sind die Nachteile, die dem ganzen Grundstück durch die Belastung zugehen. Insbesondere ist der Umstand zu berücksichtigen, ob und inwieweit die Ertragsfähigkeit des Grundstücks gemindert wird und namentlich, ob und inwieweit durch die Bestellung der Dienstbarkeit der Verkaufswert des Gesamtgrundstücks herabgesetzt wird (OLG. Nürnberg 14. 7. 1888 in BlfRA., 8. Ergänzungsband S. 149, 150). Der Anspruch auf volle Entschädigung des Minderwerts bleibt unberührt durch den Umstand, daß der Eigentümer nach Art. III a Erwerb des Grundstücks oder wenigstens Erwerb des Teilgrundstücks hätte fordern können (vgl. angef. Entsch. S. 150, Henle 94 Anm. 3, Piehler 56).

3. Diese Bestimmung ist durch das AG. ZPO. geändert worden. Nach Art. 25 AG. finden nunmehr auf das Verfahren die Bestimmungen der Art. 17 ff. AG. Anwendung. Die Bestimmung der Tagfahrt vollzieht sich nach Art. 18 AG. Die Pflicht zur Bestellung der Dienstbarkeit ist im Streitfall durch die Verwaltungsgerichte festzusetzen

(Art. XVIII ZEG.). Über die Entschädigung ist, falls nicht gütliche Einigung der Beteiligten sich ergibt, zunächst das Verwaltungsschätzungsverfahren nach Art. 18 mit 20 AG. durchzuführen. Gegen den Beschluß der Distriktsverwaltungsbehörde steht dem Eigentümer des mit der Dienstbarkeit zu belastenden Grundstücks binnen der in Art. 21 bezeichneten Frist die Betretung des Rechtswegs frei. Das Gericht hat die Entschädigung unter Würdigung aller Umstände nach freier Überzeugung festzusetzen (§ 287 ZPO., hier Anm. 5 zu Art. V). Selbstverständlich ist die Entschädigung vom Gerichte in Geld und zwar in Kapital festzusetzen, siehe Anm. 7e vor Art. I B S. 86. Mit der rechtsgültig vollzogenen Einigung über die Entschädigung oder mit der Rechtskraft des Urteils ist die Entschädigung endgültig begrenzt. Eine nachträgliche Entschädigung wegen etwa erst später aufgetretener Nachteile ist ausgeschlossen (Anm. 2 zu Art. V; anders § 12 Abs. I Satz 2 TelWG.).

Über die Bestellung der Dienstbarkeiten auf dem Wege gütlicher Einigung und die Eintragung im Grundbuch nach der Bestellung siehe die Erläuterungen zu Art. 25 AG.

Art. IX.

Wertserhöhungen, welche dem ganz oder teilweise abzutretenden Gegenstande erst infolge des die Abtretung veranlassenden Unternehmens zuwachsen oder zuwachsen könnten, kommen bei der Entschädigungsermittlung nicht in Anschlag.

1. Wertserhöhungen, welche dem ganz oder teilweise abzutretenden Gegenstande, **infolge des ZEunternehmens** erwachsen, sollen außer Betracht bleiben. Es stehen also nicht etwa die Wertserhöhungen in Frage, welche bei Teilabtretungen durch das Unternehmen dem verbleibenden Grundstücke zukommen. Art. IX sagt nur, daß für die Wertsbemessung des Grundstücks oder Grundstückteils, welche der ZE. unterworfen werden, die Umstände auszuscheiden haben, daß das Grundstück durch das ZEunternehmen (Lage an der mit ZErecht ausgestatteten Bahn- oder Straßenanlage) an Wert gewinnen würde. Aus Art. IX kann deshalb für die Entscheidung über die Frage der Möglichkeit der **Vorteilsausgleichung** in keiner Weise ein Gesichtspunkt gewonnen werden. Vielmehr hängt, wie Oertmann 154 hervorhebt, die Entscheidung allein von allgemeinen Rechtsgrundsätzen ab, denen keine Sonderbestimmung des ZEG. entgegengesetzt werden kann. Die allgemeinen Rechtsgrundsätze aber führen, wie Oertmann 153 ff., insbesondere aber in seinem Werke „die Vorteilsausgleichung beim Schadensersatzanspruch im römischen und deutschen bürgerlichen Recht" S. 153 ff., 160 ff. überzeugend dargetan hat, zum Ergebnis, daß auch nach bayerischem Rechte die Zulässigkeit und Notwendigkeit der Vorteilsausgleichung gegeben ist, insbesondere dann, wenn im Falle der Teilenteignung dem verbleibenden Restgrundstück durch das ZEunternehmen Vorteile erwachsen (vgl. hier Anm. 6c und 11d zu Art. V). Die Richtigkeit dieser Rechtsauffassung ergibt sich auch aus dem ZEG. selbst. Art. I sagt, daß dem Abtretungspflichtigen volle Entschädigung zu gewähren ist. Diese ist nichts anderes als der Ersatz der Vermögensminderung. Eine Minderung tritt aber insoweit nicht ein, als Vorteile die Nachteile aufwiegen. (Gegen diese Auffassung: Oberster Gerichtshof 6. 2. 1878 in BlfRA. Bd. 43 S. 121; Seydel II, 360 Anm. 65, der aber die Vorteilsausgleichung beim Erwerbsschaden billigt, siehe II 361 Anm. 71, hier Anm. 12d zu Art. V; dann Henle 83 Anm. 11c, Hartmann 42. Der Rechtsanschauung Oertmanns folgt Piehler 34 ff.).

2. Wird dagegen die ZE. durchgeführt zur Erweiterung oder Ausgestaltung einer bereits bestehenden Anlage, so haben nur außer Betracht zu bleiben Wertserhöhungen des Grundstücks, hervorgerufen durch die Erweiterung oder Ausgestaltung, nicht etwa auch Wertserhöhungen, welche das Grundstück durch die erste Ausführung des ZEunternehmens erworben hat (Henle 95 Anm. 3, Hartmann 56 Anm. 1).

Art. X.

In Fällen, wo dem Empfänger der Entschädigungssumme das Recht der freien Verfügung darüber entweder gar nicht, oder nicht allein zusteht, ist nach den bestehenden Gesetzen zu verfahren.

1. Auch ein bereits eingeleitetes **Zwangsversteigerungsverfahren** steht der Durchführung des ZEverfahrens nicht im Wege. Tritt die Beschlagnahme des Grundstücks nach § 22 ZVG. erst nach rechtsförmlich vollzogener Zustellung der Ladung (Art. XII, XV ZEG.) ein, so ist sie wohl zulässig, aber wirksam nur für den Fall der Zurücknahme des ZEantrags. Ist die Beschlagnahme nach § 22 ZVG. bereits vor diesem Zeitpunkt wirksam geworden, so steht das Veräußerungsverbot des § 23 ZVG. gemäß Art. 109 EG. BGB. dem ZEverfahren gleichwohl nicht im Wege (hier Anm. 2 zu Art. I S. 30, Henle 54 Anm. 2). Das ZEverfahren hemmt jedoch den Fortgang des Zwangsversteigerungsverfahrens. Dessen Abschluß durch Versteigerung und Zuschlag ist ausgeschlossen.

Das Eigentum am entwehrten Grundstück geht bei durchgeführter Enteignung auf den Enteignungsberechtigten über im Augenblick der Gewährung der Entschädigung, siehe hier Anm. 1 zu Art. 22 AG. Die Entschädigung ist, wenn auf dem ZEgegenstande Hypotheken, Grundschulden, Rentenschulden lasten, und die Beschlagnahme des Grundstücks vor der Zustellung der Ladung nach Art. XII, XV ZEG. erwirkt ist, bis zum Betrag der belastenden Hypothekenrechte an das Versteigerungsgericht zu zahlen. Mit dem Augenblick der rechtsgültigen Hinterlegung, hier der Zahlung an das Versteigerungsgericht, erlöschen die auf dem Abtretungsgegenstand ruhenden Hypotheken, Grundschulden, Rentenschulden. Die aus der Pfandhaft sich ergebenden Rechte der Gläubiger nach Art. XI gehen jedoch auf die Entschädigungssumme über, Art. XI Abs. 1. An dieser Summe stehen den Gläubigern dieselben Rechte zu, die sie im Falle des Erlöschens ihrer Rechte durch die

Zwangsversteigerung an dem Erlös haben würden, Art. 24 AG.

Es fragt sich, welche Rechtsstellung dem das Zwangsversteigerungsverfahren **betreibenden persönlichen Gläubiger** zukommt. In Art. XI ist ausgesprochen, daß auch die im Grundbuche in Beziehung auf den Abtretungsgegenstand eingetragenen Verfügungsbeschränkungen durch die Entwehrung, also durch die Erfüllung der vorstehend für die Hypotheken ausgeführten Voraussetzungen erlöschen. Das Veräußerungsverbot des § 23 ZVG. ist eine Verfügungsbeschränkung, welche den Schutz des betreibenden Gläubigers bezweckt (von der Pfordten 75 Anm. 1 zu § 23) und ihm ein Vorzugsrecht vor den übrigen, nicht durch ein Pfandrecht geschützten Gläubigern, aus dem Erlöse gewährt (von der Pfordten 45 Anm. 2c). Art. X ZEG. erklärt, daß nach den bestehenden Gesetzen zu verfahren ist, wenn dem Empfänger der Entschädigungssumme (hier dem Eigentümer des beschlagnahmten Grundstücks) das Recht der freien Verfügung nicht zusteht. Deshalb wird man, was für die Hypotheken gilt, auch für das Recht der Vorzugsbefriedigung des betreibenden persönlichen Gläubigers anerkennen müssen. Mit dem Übergang des Eigentums auf den Enteigner erlischt zwar, wie ausgeführt, die zugunsten des persönlichen Gläubigers eingetragene Verfügungsbeschränkung, seine Forderung geht jedoch nach Maßgabe seines nach dem Zwangsversteigerungsgesetze zu bestimmenden Ranges auf die hinterlegte Entschädigungssumme über. Diesem Ergebnis dürfte auch der Umstand nicht im Wege stehen, daß Art. XI im Sinne der Gesetzgebung jener Zeit nur von „hypothezierten Forderungen" spricht, da Art. X zweifellos das Recht des betreibenden Gläubigers auf Vorzugsbefriedigung vor den übrigen, nicht durch ein Pfandrecht geschützten Gläubigern anerkennt. Daraus wird weiter zu folgern sein, daß der Enteigner denjenigen Teil der Entschädigungssumme, welcher über den Betrag der Hypotheken hinaus dem betreibenden persönlichen Gläubiger für dessen Forderung zufällt, dem Versteigerungsgerichte zu hinterlegen hat. Die Verteilung wird in einheitlichem Verfahren nach Art. 24 AG. zu erfolgen haben.

2. Der Anordnung der **Zwangsverwaltung** nach der Zustellung der Ladung nach Art. XII, XV ZEG. steht wohl Art. XII ZEG. entgegen. Dagegen hindert auch eine bereits angeordnete Zwangsverwaltung nicht die Durchführung des ZEverfahrens. Geht durch die Hinterlegung der festgesetzten Entschädigungssumme an das Gericht das Eigentum an der Zwangsverwaltungssache auf den Enteigner über, so erlischt die Wirkung des eingetragenen Zwangsverwaltungsvermerks. Die Rechte der Hypothek-, Grundschuld- und Rentenschuldgläubiger, auch des die Zwangsverwaltung betreibenden persönlichen Gläubigers, gehen auf die Entschädigungssumme über. Auch in diesem Falle hat ein Verteilungsverfahren nach Art. 24 AG. einzutreten. Eine Zwangsverwaltung hinsichtlich der Entschädigungssumme ist undenkbar (von der Pfordten 495 Anm. 7). Das Zwangsverwaltungsverfahren ist aufzuheben, § 161 ZVG., Steiner 369 Anm. 2f zu § 161. Wohl hat der das Zwangsverwaltungsverfahren betreibende persönliche Gläubiger durch die Beschlagnahme kein Pfandrecht an der Entschädigungssumme erworben (von der Pfordten a. a. O.), jedoch ist zu seinen Gunsten eine Verfügungsbeschränkung im Grundbuch eingetragen, die ihn nach Art. X ZEG., mit seinem nach dem ZVG. zu bemessenden Range, in seinem Rechte auf Vorzugsbefriedigung den Hypothekgläubigern gleichstellt.

3. Ebensowenig hindert der Umstand das ZEverfahren, daß über das Vermögen des Enteignungspflichtigen vor dem Beginn des ZEverfahrens das **Konkursverfahren** eröffnet worden war oder nach dem Beginn eröffnet wurde. Der Anspruch auf Entschädigung wegen Enteignung eines Massegegenstands fällt in die Konkursmasse (Jaeger 2. Aufl. 22 Anm. 58, 3. und 4. Aufl. 30 Anm. 62). Ist das Konkursverfahren eröffnet, so vertritt der Konkursverwalter den Gemeinschuldner in der Ausübung der Verwaltung und Verfügung hinsichtlich der Konkursmasse (Jaeger 2. Aufl. 61 ff. Anm. 5, 9 zu § 6, 3. und 4. Aufl. 76 ff. Anm. 5 ff.). Soweit danach der Enteignungspflichtige hinsichtlich eines Massegegenstan-

des als Beteiligter im ZEverfahren heranzuziehen ist, steht dem Konkursverwalter die Vertretungsmacht zu. Die Handlungen des Konkursverwalters wirken unmittelbar und ausschließlich für und gegen den Gemeinschuldner. Der Konkursverwalter ist sonach als Vertreter des Gemeinschuldners überall zu laden, wo eine Beteiligung desselben im ZEverfahren in Betracht kommt.

Art. XI.[1]

Die auf dem Abtretungsgegenstande ruhenden Hypotheken,[2] und die in Beziehung auf denselben im Hypothekenbuche etwa eingetragenen Verfügungsbeschränkungen[3] erlöschen durch dessen Entwehrung;[4] die Forderungen, für welche sie bestellt waren, gehen jedoch auf die Entschädigungssumme über,[5] und es muß diese Summe, welche, soweit sie reicht, und wenn sie die hypothezierten Forderungen übersteigt, bis zum Betrage jener Hypotheken und deren Zinsen bei Gericht zu hinterlegen ist,[6] an den Gläubiger ausbezahlt, oder nach gesetzlicher Ordnung, oder nach Übereinkunft der Beteiligten, an diese verteilt werden.[7] [8]

Handelt es sich nur von Beschwerung mit einer Dienstbarkeit, so tritt gleiches in bezug auf den Übergang der hypothekarischen Forderung und eingetragenen Verfügungsbeschränkungen auf die Entwehrungssumme und auf die Verwendung derselben ein, jedoch bestehen die hypothekarischen Forderungen und Verfügungsbeschränkungen, insoweit sie aus der Entschädigungssumme nicht befriedigt oder beseitigt werden könnten, auf dem nunmehr mit der Dienstbarkeit beschwerten Grundeigentume fort.[9]

1. Zu Art. XI vgl. die Anm. 1 zu Art. 24 AG., dann Art. 53 EG. BGB., § 1128 BGB., Art. 165 WG., Art. 189 Berggesetz, i. F. d. Bek. vom 1. 9. 1910, GVBl. S. 861.

Art. 174 AG. BGB. bestimmt: „Was in den in Kraft bleibenden landesgesetzlichen Vorschriften von dem Hypothekenbuch und dem Hypothekenamte bestimmt ist, findet auf das Grundbuch und das Grundbuchamt entsprechende Anwendung. Die Vorschriften über Hypotheken finden entsprechende Anwendung auf Grundschulden und Rentenschulden". Soweit man im Jahre 1899 (siehe Anm. 6 der Vorbemerkungen vor Art. I) die Gesetzesworte des ZEG. und AG. ZPO. KO. geändert hat, hat man teilweise z. B. in Art. XV Abs. 3 ZEG., Art. 24 AG. die dem Liegenschaftsrechte des BGB. entsprechenden Worte in das Gesetz selbst eingefügt, in andern Fällen z. B. in Art. XVI dies unterlassen. Sachlich ist dies ohne Bedeutung. Gemäß Art. 174 AG. BGB. sind die Worte „Hypothekenamt" und „Hypothekenbuch" im Sinne des Liegenschaftsrechts des BGB. als „Grundbuchamt" und „Grundbuch" zu verstehen und die für Hypotheken gegebenen Bestimmungen gelten in gleicher Weise auch für Grundschulden und Rentenschulden (vgl. Henle-Schneider Anm. 2 zu Art. 174 AG. BGB., 1. Aufl. S. 365, 2. Aufl. S. 360). Dagegen erschien es als unangängig, mangels ausdrücklicher gesetzlicher Ermächtigung im Gesetzestexte selbst die dem früheren Liegenschaftsrechte entsprechenden Worte nach dem heutigen Liegenschaftsrechte zu ändern, wenn nicht durch Art. 139 und 166 AG. BGB. eine Änderung im Gesetze selbst vorgenommen worden ist, wie ja auch Ausdrücke wie die Worte „unkörperliche Rechte" in Art. II unberührt zu belassen sind, trotzdem sie dem heutigen Sachenrechte in keiner Weise mehr entsprechen (wie hier, auch Karl Buchert in der Schweitzerschen Sammlung der Verwaltungsgesetze).

Vom 1. 10. 1910 ab hat das Grundbuch auch in den letzten Bezirken als angelegt zu gelten (JMBek. v. 25. 7. 1910, JMBl. 677), so daß von diesem Tage ab ganz Bayern mit Ausnahme eines einzigen Grundstücks dem Liegenschaftsrechte des BGB. untersteht (vgl. Dr. Wilhelm von Henle, BayZfR. 1910

Nr. 18 und 19, Sonderabdruck S. 12, Hermann Schmitt in der Deutschen Juristenzeitung 1910 S. 1049). Den Bedürfnissen der Praxis entsprach demnach, den Erläuterungen nur das Liegenschaftsrecht des BGB. zugrunde zu legen, ohne, abgesehen von besonderen Fällen, auf das frühere Liegenschaftsrecht einzugehen.

2. Den Gläubigern der Hypotheken, Grundschulden und Rentenschulden dürften gleichzustellen sein diejenigen, für die zur Sicherung des Anspruchs auf Belastung des Grundstücks mit einer Hypothek, Grundschuld, Rentenschuld eine Vormerkung gemäß § 883 BGB. im Grundbuch eingetragen ist.

3. Hier kommt nur die Beschlagnahme nach Maßgabe der ZPO. und des ZVG. in Betracht. Bezüglich des Zwangsversteigerungsvermerks und über die Rechtsstellung des betreibenden Gläubigers siehe Anm. 1 und 2 zu Art. X.

4. Erlöschen durch dessen Entwehrung.

a) Mit dem Übergang des Eigentums auf den Enteignungsberechtigten erlöschen die Hypotheken, Grundschulden, Rentenschulden. Trotz des Ausdrucks „die Forderungen gehen über" wird, wie im Falle des § 52 ZVG. (vgl. Steiner 150 Anm. 5, von der Pfordten 142 Anm. 4), anzunehmen sein, daß nur die Dinglichkeit der Hypotheken, Grundschulden, Rentenschulden erlischt. Die Entschädigungssumme tritt an die Stelle des Grundstücks. Dem Gläubiger verbleibt die persönliche Forderung. Diese erlischt erst im Umfang und im Zeitpunkt der Befriedigung. Der Zwangsversteigerungsvermerk wird mit dem Übergang des Eigentums gegenstandslos.

b) Über die Rechtslage für den Fall der gütlichen Einigung des Enteigners und des abtretungspflichtigen Grundstückeigentümers ohne Zustimmung der Hypothekengläubiger siehe Ziff. IV A 2b und Ziff. IV B 6 zu Art. 26 AG. Über das Recht der Distriktsverwaltungsbehörde zur Stellung des Antrags auf Löschung der Hypotheken usw. beim Grundbuchamt siehe Ziff. IV A 2a und Ziff. IV B 3 zu Art. 26 AG.

c) Auch das Erlöschen von Briefhypotheken erfolgt abweichend von §§ 42 bis 44 GBO. ohne Vorlegung des Briefs. Das Grundbuchamt hat aber den Besitzer des Hypotheken-, Grundschuld- oder Rentenschuldbriefs zur Vorlegung anzuhalten und den Brief gemäß § 69 GBO. unbrauchbar zu machen oder, wenn Teilenteignung vorliegt, das Freiwerden des enteigneten Teils gemäß § 62 GBO. auf dem Briefe vorzutragen (Art. 19 AG. GBO. ZBG.).

5. Gehen über.

Die Entschädigungssumme tritt an die Stelle des enteigneten Grundstücks. Es findet ein gerichtliches Verteilungsverfahren nach den Vorschriften des Zwangsversteigerungsgesetzes statt (Art. 24 AG. ZPO. KO., vgl. Steiner 256 Fußnote 2). Wird ein Teil eines Grundstücks enteignet, so bleiben zwar „die Rechte an dem Restgrundstücke bestehen. In Ansehung des Trennstücks aber tritt an die Stelle des Trennstücks der Entschädigungsanspruch; er ist zugunsten des Berechtigten mit deren Rechten belastet". (Dr. von Jacubezky, Protokoll über die 6. Sitzung des XVII. Aussch. KAbg. v. 18. 3. 1898, Verh. KAbg. 1897/98, 15. Beil.-Bd. S. 523). Die aus der Pfandhaft sich ergebenden Rechte der Hypothekengläubiger gehen auf die Entschädigung für die Teilentwehrung über, wenn und soweit die Hypothek des Gläubigers minderwertig geworden ist (vgl. §§ 1133 ff. BGB.). Man wird auch in diesem Falle insoweit eine Anwendung der weiteren Grundsätze des Art. XI ZEG. und 24 AG., also die Pflicht der Hinterlegung und die Notwendigkeit des gerichtlichen Verteilungsverfahrens annehmen müssen, vgl. Anm. 5 b zu Art. III, Henle 98 Anm. 5, Henle-Schmitt 375 Vorbemerkung vor Anm. 1.

6. Die Hinterlegung hat soweit „die Erlage" der Entschädigungssumme im Sinne des Art. 22 AG. in Betracht kommt, die Bedeutung der Gewährung der Entschädigung. Die Hinterlegung hat nach der ausdrücklichen Vorschrift der Art. XI beim Gerichte und zwar beim Gerichte der gelegenen Sache stattzufinden.

7. Siehe Art. 24 AG. und die Erläuterungen dazu.

8. a) Art. XI hat auf die Anregung des Abg. von Walter hin unter Beobachtung der Bestimmung in Tit. X § 7 der Verfassungsurkunde (siehe Verh. KAbg. 1897/98 Bd. 12 S. 637, Verh. KRR. Bd. 7 S. 488, vgl. hier Anm. 6 der Vorbemerkungen vor Art. I) eine Änderung erfahren durch Art. 18 des **Ges. betr. das Unschädlichkeitszeugnis** v. 15. 6. 1898, GVBl. 301. Danach wird der Anspruch des Eigentümers auf die Entschädigung von den Rechten Dritter frei, wenn das zuständige Amtsgericht (Art. 1, 14 Abs. 4 des erwähnten Gesetzes) feststellt, daß die Befreiung für die Berechtigten unschädlich ist. In diesem Falle geht das Recht des Gläubigers aus der Hypothek nicht auf die Entschädigung über oder erlischt nach Erwirkung des Unschädlichkeitszeugnisses. Ist dieses erwirkt, so hat eine Hinterlegung nach Art. XI nicht stattzufinden. In diesem Falle genügt auch die gütliche Einigung zwischen Eigentümer und Enteigner (Ausnahme von den hier in Ziff. IV A 2 b und Ziff. IV B 6 zu Art. 26 AG. entwickelten Rechtsgrundsätzen) und es ist die Zustimmung der Hypothekgläubiger zu dieser Einigung nicht erforderlich.

b) Das Unschädlichkeitszeugnis des Art. 18 ist abweichend von Art. 1 dieses Gesetzes nur hinsichtlich der Hypotheken, Grundschulden und Rentenschulden erwirkbar, nicht hinsichtlich der Reallasten. Denn diese fallen nicht unter Art. XI sondern unter Art. II ZEG., für sie tritt nicht die Entschädigung an die Stelle des Grundstücks.

c) Das Unschädlichkeitszeugnis kann erwirkt werden nicht nur bei Teilenteignungen, sondern auch für den Fall der Zwangsbelastung eines Grundstücks mit einer Dienstbarkeit, damit dadurch das Recht der Vorzugsberechtigung der Hypothekgläubiger aus der Entschädigung (siehe folgende Anm. 9) entfällt und dem Eigentümer die ganze Entschädigung zufließt. Das Unschädlichkeitszeugnis kann auch erwirkt werden für den Fall der selbständigen Enteignung eines Rechts (über die Möglichkeit siehe Anm. 2

zu Art. II), wenn dieses Recht (z. B. ein selbständiges Fischereirecht, über dessen Hypothekfähigkeit siehe Bleyer 40 Anm. 2) mit einer Hypothek belastet ist. Es soll dem Anspruch auf Entschädigung wegen Entziehung des Eigentums gleichstehen der Anspruch auf Entschädigung wegen Zwangsentwehrung (Aufhebung) des enteigneten Rechts. Dies ist der nicht ohne weiteres verständliche Sinn des Art. 18 Abs. 2 des Gesetzes betr. das Unschädlichkeitszeugnis (siehe die Ausführungen des Ref. KAbg. von Walter Verh. KAbg. 1897/98 Bd. 12 S. 635).

9. Wenn durch das ZEverfahren das Grundstück mit einer **Dienstbarkeit** belastet wird, so erlöschen die Hypotheken, Grundschulden, Rentenschulden nicht. Ihren Gläubigern steht jedoch die Vorzugsbefriedigung aus der Entschädigungssumme für die Bestellung der Dienstbarkeit zu, vgl. Anm. 3 b zu Art. III a und Anm. 5 b zu Art. III und bezüglich des Unschädlichkeitszeugnisses vorstehende Anm. 8 c.

Art. XII.

Nach rechtsförmlich vollzogener Zustellung der Ladung [1] (Art. XV) darf der Eigentümer des zur Entwehrung angesprochenen Gegenstandes nur noch unverschiebliche Ausbesserungen,[2] sowie alle, die regelmäßige Bewirtschaftung bedingenden Handlungen und Unternehmungen, jedoch keine einseitige Veränderung in der Wesenheit [3] desselben mehr vornehmen.[4]

Aus solchen einseitig vorgenommenen Veränderungen können nicht nur keine Entschädigungen abgeleitet werden,[5] sondern dieselben begründen auch bei erfolgender Abtretung außer dem auf Verlangen auszusprechenden Nichtbestande der Rechtshandlung auch die Verbindlichkeit zur Wiederherstellung des Gegenstandes in den vorigen Stand, soferne die getroffene Veränderung erweislich nachteilig für den neuen Erwerber ist,[6] oder zur Vergütung des durch die Veränderung bewirkten Minderwertes desselben.

[7] Sollte die Eigentumsabtretung aus irgendeinem Grunde nicht zustande kommen, so ist der Entwehrungsberechtigte verpflichtet, allen Schaden und jeden Nachteil zu ersetzen,[8] welche aus dieser Dispositionsbeschränkung dem Eigentümer erweislich zugegangen sind.

[9] Sollte aber nach erfolgter Abtretung das Unternehmen selbst rückgängig werden,[10] so ist der entwehrte Eigentümer [11] befugt, gegen Rückgabe des empfangenen Preises [12] sein Eigentum[13] zurückzuverlangen.[14]

1. Ordnungsmäßige Ladung siehe Anm. 12 zu Art. XV.

2. „Handlungen innerhalb der Grenzen einer ordnungsmäßigen Wirtschaft", § 23 ZVG. Dem Enteignungspflichtigen bleibt ja bis zum Abschluß der Entwehrung, abgesehen von Art. 22 AG., der Besitz und Genuß des ZEgegenstandes.

3. Unwirksam sind danach gegenüber dem Enteigner insbes. alle rechtsgeschäftlichen Verfügungen des Enteignungspflichtigen über die ZEsache.

4. Zur Durchführung des in Abs. 1 aufgestellten Veränderungsverbots sind polizeiliche Maßregeln auf Grund des Art. 21 PStGB. möglich. Bezüglich der weitergehenden Duldungspflichten in den wasserrechtlichen ZEfällen siehe Art. 156 WG., hier Anm. 8 zu Art. 22 AG.

5. Die Entschädigung bemißt sich nach dem Zustand des ZEgegenstands zur Zeit der Feststellung der Abtretungspflicht (siehe Anm. 6b zu Art. V). Veränderungen dagegen, die mit dem Grundstück in Kenntnis der bevorstehenden ZE. vor dem in Art. XII Abs. 1 ZEG. bezeichneten Zeitpunkt zur Erzielung einer höheren Entschädigung vorgenommen worden sind, müssen — (darin liegt ein Mangel des geltenden Gesetzes) — bei

der Festsetzung der Entschädigung berücksichtigt werden, vgl. Anm. 6d zu Art. V.

6. Die **Herstellung in den früheren Zustand** kann also nur verlangt werden, wenn durch die Veränderung irgend eine Hinderung des Enteigners in der Durchführung seines ZEunternehmens entstanden ist. Ist dies nicht der Fall, so wäre die Wiederherstellung in den früheren Zustand nur eine zwecklose Last des Enteignungspflichtigen und kann nicht verlangt werden, vgl. § 226 BGB. Dagegen wird man dem Enteignungspflichtigen nicht verwehren können, Anpflanzungen, neue Anlagen oder Verbesserungen, die er nach dem Zeitpunkte des Art. XII vorgenommen hat und für die ihm ja keine Vergütung gewährt wird, auf seine Kosten wieder wegzunehmen.

7. a) Das Staatsministerium des Innern prüft die Sicherung der wirklichen Ausführung des Unternehmens, vgl. Anm. 7c zu Art. XIV Anm. 8 zu Art. IV. Damit ist aber nicht gesagt, daß dies vom Enteignungspflichtigen als Voraussetzung der Anerkennung seiner Abtretungspflicht gefordert werden kann, so wenig als der Abtretungspflichtige gegenüber der verlangten Anerkennung der Abtretungspflicht überhaupt einwenden kann, daß dem Unternehmen die notwendigen Mittel zur Durchführung fehlen, VGH. 18. 1. 1907 Nr. 149 I/06. Das ZEG. gibt ihm keine Gewähr, daß die Eigentumsabtretung und das Unternehmen auch wirklich zustande kommen. Es gibt ihm nur den Rückübereignungsanspruch nach Art. XII Abs. 4 und den Anspruch auf Ersatz alles Schadens, der ihm infolge der Verfügungsbeschränkung erwächst nach Art. XII Abs. 3.

b) Der Enteigner ist befugt, bis zur durchgeführten Entwehrung, also bis zum Übergang des Eigentums an den Enteigner, oder bis zur Besitzeinweisung nach Art. 22 AG. den ZEantrag zurückzunehmen, Seydel II 359 vor Anm. 47, vgl. hier Anm. 4b zu Art. XIV. Jedoch haftet der Enteigner dem Enteignungspflichtigen für allen Schaden, welcher diesem durch das begonnene Verfahren erwachsen ist, für alle Kosten, die ihm entstanden sind, für alle Nachteile, welche er durch die Verfügungsbeschränkung des Art. XII Abs 1 erlitten hat.

8. Bezüglich der **rechtlichen Natur dieses Anspruchs** auf Entschädigung wird man auch hier festhalten müssen, daß Schadensgrund der öffentlichrechtliche Anspruch des Enteigners auf Enteignung und dessen Geltendmachung im öffentlichrechtlichen Verfahren war. Wie sich die rechtliche Natur des Ersatzanspruches nach der Natur des Hauptanspruches richtet (KompKonfl. vom 31. 5. 1910, Beil. III z. GVBl. 1910 S. 21, 23), wie die Rückforderung von Beiträgen demselben Rechtsgebiet angehört als die Forderung auf Zahlung der Beiträge (VGH. 31, 93), so wird auch die rechtliche Natur des Anspruchs auf Ersatz des Schadens keine andere sein können, als die rechtliche Natur des diesen Anspruch veranlassenden Rechtsgrundes. Deshalb wird auch hier anzunehmen sein, daß der Anspruch auf Ersatz des Schadens wegen der Unteilbarkeit des gesamten Rechtsverhältnisses in zwei verschiedene Rechtsgebiete öffentlichrechtlicher Natur ist (vgl. Anm. 2c der Vorbemerkungen S. 19ff). Dies gilt insbesondere, wenn es sich nur um die Kosten des durch Zurücknahme des ZEantrags erledigten Verfahrens handelt; denn die Kostenfrage teilt als Nebenpunkt die rechtliche Natur der Hauptsache und ist von der zur Entscheidung in der Hauptsache berufenen Stelle zu entscheiden (angef. KompKonfl. vom 31. 5. 1910 S. 22; VGH. 25, 320).

Zur Zeit der Erlassung des Gesetzes wurde allerdings der Anspruch auf Ersatz des Schadens einschließlich der entstandenen Kosten als privatrechtlich erachtet (vgl. noch für die spätere Zeit KompKonfl. vom 17. 1. 1859, RegBl. S. 141ff. und vom 30. 12. 1861, RegBl 1862 S. 90, Roth, bayer. Zivilrecht 1871 Bd. 2 S. 172, § 141 Anm. 52). Deshalb wird man annehmen können, daß das Gesetz selbst die Entscheidung über Ansprüche nach Art. XII Abs. 3 den Gerichten zugewiesen haben will, wenigstens insoweit, als es sich nicht um Kosten des Verfahrens über die Abtretungspflicht handelt. Unter die letzteren fallen aber alle Kosten des Verfahrens vor dem Zeitpunkte der Feststellung der Abtretungspflicht, also insbesondere die Kosten, welche dem Abtretungspflichtigen durch die Vorbereitung der ersten Tagsfahrt, durch diese selbst, dann durch die Verhandlung vor den Verwaltungsgerichten entstanden sind, wenn danach der ZEantrag zurückgenommen wird. (Seydel II 359 Anm. 50 erklärt entgegen seinem II 354 Anm. 8 eingenommenen Standpunkt im Anschluß an Roth a. a. O. die Gerichte ohne nähere Begründung für zuständig, ebenso Henle 101 Anm. 7).

9. Während Abs. 3 die Fälle regelt, in welchen das ZEverfahren durch Zurücknahme des ZEantrags vor Übergang des Eigentums endet, trifft Abs. 4 den Fall, daß die Entwehrung bereits stattgefunden hat, das Eigentum also auf den Enteigner übergegangen ist, daß jedoch das **ZEunternehmen selbst nach diesem Zeitpunkt rückgängig wird.**

10. a) Es muß dasjenige Unternehmen, zugunsten dessen die ZEbefugnis erteilt worden ist, rückgängig werden; es muß feststehen, daß dieses Unternehmen überhaupt nicht ins Leben tritt, Seydel II 363, Henle 102 Anm. 8. Das ist z. B. der Fall, wenn die Verhandlungen zwischen Stadt und Privatunternehmer zur Errichtung eines Werks nach Ziff. 16 nach durchgeführtem Grunderwerb vor Errichtung des Werkes scheitern, wenn eine Eisenbahnkonzession zurückgenommen wird oder die Konzession einer gewerblichen Anlage wegen Verjährung erlischt (§ 49 GewO.).

b) Das Unternehmen selbst muß rückgängig werden. Es entscheidet das Unternehmen, nicht die Person des Unternehmers. Es ist darum kein Rückübereignungsanspruch gegeben, wenn eine Rechtsnachfolge in der Person des Enteignungsberechtigten eingetreten ist (Henle 102 Anm. 8b, Oertmann 158), wenn z. B. ein Unternehmen (Anlage eines Elektrizitätswerks) ursprünglich nur von mehreren Gemeinden begonnen wurde und für diese der Grunderwerb und die Bestellung der Dienstbarkeiten durchgeführt sind, in der Folge die Gemeinden aber einen privaten Unternehmer heranziehen und dieser das Unternehmen für öffentliche Zwecke zu Ende führt, vgl. Anm. 2, II zu Art. I Ziff. 16 S. 75, 76.

Der Rückübereignungsanspruch richtet sich nur gegen den Enteigner. Soll er sich gegen dritte Erwerber des Grundstücks richten, so müßte eine Vormerkung zur Sicherung des künftigen oder bedingten Anspruchs nach § 883 Abs. 1 Satz 2 BGB. erfolgen, Oertmann 159.

Ist jedoch das Unternehmen selbst aufgegeben, so besteht der Rückübereignungsanspruch, auch wenn in der Folge von anderer Seite ganz das gleiche Unternehmen aufgegriffen wird und die gewerbe- und wasserpolizeiliche Erlaubnis erholt wird. Es handelt sich eben dann um ein neues Unternehmen.

c) Kein Wiederaneignungsrecht ist gegeben, wenn das bereits ins Leben getretene Unternehmen später aus irgend welchen Gründen aufgegeben wird, Seydel II 363.

d) Kein Wiederaneignungsrecht besteht, wenn der ZEgegenstand für das ausgeführte Unternehmen nicht verwendet wird, sei es, daß das betreffende Grundstück ganz oder teilweise für den Enteignungszweck entbehrlich und diesem überhaupt nicht dienstbar gemacht wird, sei es, daß das Grundstück nicht in der geplanten Art zur Verwendung kommt, Seydel II 363 Anm. 90, Henle 101 Anm. 8, Hartmann 63.

11. Der entwehrte Eigentümer.

Das Wiederaneignungsrecht haftet also an der Person des Enteigneten (Seydel II 363). Nur ihm und seinem Gesamtrechtsnachfolger (Erben) steht das Recht zu; nicht demjenigen, welcher durch Rechtsgeschäft das Grundstück erworben hat, dessen Teil enteignet worden war. Es steht dem Enteigneten und seinem Gesamtrechtsfolger selbst dann zu, wenn sie nicht mehr Eigentümer des Gesamtgegenstandes sind, dessen Teil der ZE. verfiel, Seydel II 363 Anm. 91, Henle 102 Anm. 9, Oertmann 158 gegen Hartmann 63.

12. Rückgabe des empfangenen Preises. Der Rückfordernde muß dem Enteigner in Zug um Zug-Leistung alles zurückerstatten, was er von diesem für die Enteignung erhalten hat, Seydel II 363 Anm. 94, a. M. Oertmann 158. Wertsminderungen oder Wertserhöhungen, welche der ZEgegenstand mit oder ohne Zutun des Enteigners erfahren hat, bleiben außer Betracht, Seydel II 363 Anm. 94, Henle Anm. 10 S. 102, Hartmann S. 63, 64. Zinsen sind nicht zu vergüten, ebensowenig ist eine Entschädigung dafür zu leisten, daß der Enteigner bisher die Nutzungen des ZEgegenstandes gezogen hat, Henle 102 Anm. 10.

13. Sein Eigentum.

Der Rückübereignungsanspruch kann nur den ganzen ZEgegenstand, nicht einen Teil erfassen, Seydel II 363, Henle Anm. 11 S. 103. Dingliche Rechte, welche auf dem wiederangeeigneten Grundstücke vor der ZE. ruhten und durch die ZE. erloschen sind, bleiben erloschen, Seydel II 363 Anm. 95, Henle Anm. 10 S. 103.

14. Rechtliche Natur des Anspruchs.

Die rechtliche Natur eines Ersatzanspruchs und dessen rechtliche Behandlung richtet sich nach der Natur des Hauptanspruchs; denn der Ersatzanspruch stützt sich auf dasselbe Recht (KompKonflE. v. 31. 5. 1910 Beil. III, GVBl. 1910 S. 21, 23). Auch der Rückübereignungsanspruch stützt sich auf dasselbe Recht, wie die Abtretungspflicht. Er ist sonach gleichfalls öffentlichrechtlicher Natur und von den Verwaltungsgerichten im selben Rechtszug, wie die Abtretungspflicht (Regierungssenat KdJ., VGH.) zu entscheiden, Seydel II 362 Anm. 87, Henle 103 Anm. 12, Hartmann 62, 63, gegen Oertmann 159; vgl. VGH. 22, 146; 25, 346; 31, 7; 31, 93.

III. Titel.

Von dem Verfahren bei der Zwangsabtretung.

1. Das **Verfahren bei der ZE.** richtet sich

a) nach Art. XIII mit XVIII ZEG. (Hiebei sind die Art. XV und XVI geändert durch Art. 139 AG. BGB., vgl. Anm. 6 der Vorbemerkungen S. 23.)

b) Nach Art. 16 mit 26 ZPO. KO. i. F. d. Bek. vom 26. 6. 1899, GVBl. S. 401.

Ergänzend kommt bezüglich der Enteignungsfälle des Wasserrechts noch Art. 156 WG. in Betracht, siehe Anm. 8 zu Art. 22.

2. Im Verfahren sind **fünf Abschnitte** zu unterscheiden:

I. Das Einleitungsverfahren und die ZEermächtigung durch das Staatsministerium des Innern, Art. XIV.

II. Das Verfahren vor der Distriktsverwaltungsbehörde nach Art. XV abschließend mit der Tagfahrt.

III. Für den Fall der Bestreitung der Abtretungspflicht die Entscheidung über die Abtretungspflicht im Verwaltungsrechtsverfahren, Art. XVIII.

IV. Bei Anerkennung der Abtretungspflicht oder nach deren rechtskräftiger Feststellung das Verwaltungsschätzungsverfahren nach Art. 17 mit 20 AG. ZPO. KO.

V. Gegen den Beschluß der Distriktsverwaltungsbehörde im Verfahren zu Ziff. IV die Beschreitung des Rechtswegs und die endgültige Festsetzung der Entschädigung durch die Gerichte, Art. 21 AG. ZPO. KO.

3. Über den **Übergang des Eigentums** siehe Anm. 1 zu Art. 22 AG. und Ziff. IV zu Art. 26 AG.

Art. XIII.

Die Verhandlungen über Zwangsentäußerungen in den Art. I lit. A bezeichneten Fällen sind protokollarisch mündlich unter Zulassung von Anwälten und mit Ausschluß jedes Schriftwechsels zu führen; für die Kosten der ersten Verhandlung hat der anrufende Teil angemessenen Vorschuß zu leisten. Die Stellen und Behörden sind zur möglichsten Beschleunigung des Verfahrens verpflichtet.

1. Art. XIII hat nur noch Bedeutung für das Verwaltungsverfahren nach festgestellter Abtretungspflicht. Für das gerichtliche Verfahren entscheidet die ZPO., für das verwaltungsrichterliche Verfahren (und dazu gehört auch jener Teil des Verfahrens, welcher das verwaltungsrichterliche Verfahren vorbereitet) sind seit 1. 10. 1879 die Best. des VGHG. und seiner Vollz.-Vorschr. vom 25. 1. 1901, GVBl. S. 41, maßgebend.

2. Über das Verfahren in den Fällen der Notenteignung des Art. I Buchst. B siehe dort Anm. b S. 87.

3. Über die Kostenfrage siehe Anm. 1 zu Art. 23, über die Gebührenfrage dort Anm. 3 und Ziff. VI zu Art. 26.

Art. XIV.[1]

Jeder Antrag[2 3 4] auf Zwangsabtretung ist mit sämtlichen auf das Unternehmen bezüglichen Urkunden, Rissen und Kostenvoranschlägen[5] von den Antrag stellenden Behörden, Gemeinden, Gesellschaften oder Privaten der betreffenden Kreisregierung[6] vorzulegen, welche alsdann nach Einvernahme der einschlägigen Distriktspolizeibehörden, wo solche noch erforderlich, ohne Verzug die Weisung[7] des Staatsministeriums des Innern zur wirklichen Einleitung des Zwangsentäußerungsverfahrens erholt.

1. Art. XIV regelt das Verfahren abschließend mit der Ermächtigung zur Einleitung des ZEverfahrens durch das StMdJ.

2. Über die **Berechtigung zur Antragstellung** siehe Anm. 2 mit 7 zu Art. IV. Die erteilte Ermächtigung ist persönlich, sie ist ohne ministerielle Erlaubnis auf einen andern nicht übertragbar, vgl. Henle **Anm.** 5 S. 107. Über die rechtliche Bedeutung der Enteignungsbefugnis siehe Anm. 1 zu Art. IV und insbesondere hier Anm. 7 c und d.

3. Örtliche Zuständigkeit zur Entgegennahme des Antrags siehe hier Anm. 6.

4. a) Der **Antrag auf ZE.** ist gestellt, wenn er bei der zuständigen Kreisregierung eingelaufen ist. Damit beginnt das ZEverfahren im weiteren Sinne.

b) Das Verfahren **endigt** nach Erfüllung seines Zwecks, nämlich nach Übergang des Eigentums vom Enteignungspflichtigen auf den Enteigner oder der Entstehung der Dienstbarkeit für den Enteigner oder durch Zurücknahme des Antrags auf ZE. Der Antrag kann bis zur Beendigung des ZEverfahrens, also bis zum Übergang des Eigentums von dem Enteignungspflichtigen auf den Enteigner jederzeit zurückgenommen werden, siehe Anm. 7 b zu Art. XII. Die Bestimmung in Art. 17 Abs. 2 AG. bedeutet keine Ausnahme dieses Grundsatzes, siehe Anm. 7 zu Art. 17 AG. Dagegen erwächst für den Fall der Zurücknahme des Antrags die Pflicht auf Schadensersatz nach Art. XII Abs. 3, siehe Anm. 6 zu Art. XII ZEG.

c) Die Zurücknahme des ZEantrags ist auch durch konkludente Handlungen möglich. Wenn die Parteien hinsichtlich des ZEgegenstands durch privatrechtlichen Vertrag (Übereignung außerhalb des ZEverfahrens, hier Ziff. II zu Art. 26) den Zweck des ZEverfahrens erfüllen, so liegt in der Mitwirkung des Enteigners bei diesem privatrechtlichen Vertrag ein Verzicht auf die Durchführung der ZE., eine stillschweigende Zurücknahme des ZEantrags. Daraus ergibt sich durch Wegfall des Antrags eine Beendigung des ZEverfahrens, VGH. 20. 1. 1905 Nr 30 I/04. Das Gleiche gilt bei zweimaliger Versäumnis der ordnungsgemäß angesetzten Tagfahrt nach Art. XV Ziff. 1.

d) Die ZE. setzt voraus, daß sich der Antrag gegen fremdes Eigentum richtet, vgl. Anm 1a zu Art. I. Liegt bezüglich des ZEgegenstands ein privatrechtlicher obligatorischer Vertrag auf Eigentumsübertragung oder Dienstbarkeitsbestellung vor, dessen Wirksamkeit nur von der Zustimmung eines Dritten abhängig gemacht ist — (z. B das Straßen- und Flußbauamt hat die Wirksamkeit des mit dem Grundstückseigentümer abgeschlossenen notariellen Kaufvertrags von der Genehmigung der K. Regierung abhängig gemacht) — so muß zunächst feststehen, daß diese Genehmigung verweigert worden ist, denn das ZEverfahren ist nur insoweit zulässig, als feststeht, daß der Zweck desselben nicht etwa durch privatrechtlichen Vertrag schon erreicht ist.

5. Urkunden, Risse und Voranschläge.

a) Die Vorlage muß dem StMdI. ausreichende Möglichkeit geben, die Entscheidung zu treffen, welche ihm durch Art. XIV zugewiesen ist, siehe nachfolgende Anm. 7.

Für das Verfahren nach Art. XVIII (Feststellung der Abtretungspflicht durch den Verwaltungsrichter) sind genaue Pläne, aus denen sich die räumliche Ausdehnung der zu enteignenden Grundstücke und Grundstücksteile zweifelsfrei ergibt, und auf welche der Entscheidungssatz des verwaltungsrichterlichen Bescheids in einwandfreier Weise Bezug nehmen kann, unerläßlich. Bei Teilenteignungen ist die Vorlage eines Messungsverzeichnisses nicht notwendig, trotzdem dessen frühzeitige Herstellung, soweit möglich, zweckmäßig ist, da es ohnehin erstellt werden muß (vgl. §§ 318 ff., 177, 178 DA.; Henle-Schmitt 15, 538 ff., 458 ff.; Meikel GBO 83, 188; § 4 FinMBek. v 23. 2. 1905, FinMBl. 44). Es genügt für die verwaltungsrichterliche Entscheidung, wenn die zu enteignenden Grundstücke und Grundstücksteile aus den Plänen nach Lage, Plannummern, Umfang genau bezeichnet werden können.

Diese ohnehin zu erstellenden Grundlagen sind auch als Belege zur Erholung der Ermächtigung nach Art. XIV zu benützen. Jedenfalls dürfen die zur Erwirkung der Ermächtigung vorgelegten Pläne nicht nur das Projekt in allgemeinen Umrissen zeigen, sondern sie müssen einen genauen Überblick über die Ausführung des Unternehmens ermöglichen und ersehen lassen, welche Grundstücke oder Grundstücksteile von der ZE. erfaßt werden sollen. Es kann genügen, wenn dies aus den Plänen durch Hinterlegung dieser Flächen mit Farbe ersichtlich gemacht ist, wenn nur dadurch die Lage und der Umfang der zu enteignenden Grundstücksflächen genau bezeichnet sind, oder wenn z. B. aus der Vorlage sich ergibt, daß zur Verbreiterung einer Staats- oder Distriktsstraße die zwischen zwei Linien der Pläne liegende Fläche erworben werden soll. Notwendig ist jedoch unter allen Umständen, namentlich wenn trotz Vermessung die Richtigkeit der Vermessung durch die beteiligten Grundstückseigentümer bestritten wird, eine genaue Angabe, wieweit das Eigentum des Enteignungspflichtigen vom Enteigner in Anspruch genommen wird.

Diese dem StMdJ. zur Erteilung der Ermächtigung vorgelegten Pläne bilden die Grundlage für die Behandlung der Abtretungsfrage (vgl. VGH. 5. 4. 1907 Nr. 48 I/06). Eine nachträgliche Abweichung insofern, als weitere Grundstücke oder Grundstücksteile für das ZEunternehmen herangezogen werden, würde eine erneute Ermächtigung notwendig machen. Dagegen sind, wenn der ganze Besitz eines Enteignungspflichtigen für das Unternehmen herangezogen wird, nachträgliche Verschiebungen einzelner Anlagen und Bestandteile des Unternehmens innerhalb des von Anfang an in Aussicht genommenen Geländes (Veränderung der Stellung der einzelnen Bauten innerhalb des gleichen Geländegebiets) nicht ausgeschlossen. Durch eine solche Änderung des ursprünglichen Bebauungsplans würde eine neuerliche Erholung der Ermächtigung des StMdJ. und ein neuerliches Verfahren nicht notwendig werden (VGH. 14. 9. 1903, betreff. die Grunderwerbung zur Errichtung des Artilleriekasernements am Standort Landsberg und 5. 4. 1907 Nr. 48 I/06, im weiteren Teile abgedruckt 28, 107).

Bei Teilenteignungen, bei denen die Forderung der völligen Abtretung erhoben werden kann (Art. III), genügt die planmäßige Angabe der zu enteignenden Teilfläche und des Gesamtgegenstandes. Über die Berechtigung der Forderung der völligen Abtretung entscheidet ja (siehe folgende Anm. 7b) das StMdJ. bei der Erteilung der Ermächtigung nicht.

b) Insbesondere bei Gesuchen von Privaten ist notwendig, daß aus der Vorlage der gemeine Nutzen des Zwecks des Unternehmens, dann die genügende Sicherung der Ausführung des Unternehmens ersehen werden kann. Bei Gesuchen um ZEermächtigung für die Anlage der in Ziff. 16 Anm. 2 II und III, hier S. 75, 76 bezeichneten Unternehmen ist notwendig, daß aus der Vorlage die Eigenschaft des Unternehmens als eines öffentlichen Werkes sich ergibt. Es muß sich ersehen lassen, daß der Antragsteller, die Art seiner Projektierung, auch die zur Verfügung stehenden Kapitalien genügende Sicherheit für die zweckentsprechende Durchführung des Unternehmens gewähren. Hier wird insbesondere die Vorlage der Kostenvoranschläge, dann der mit den öffentlichen Zweckverbänden abgeschlossenen Verträge notwendig werden, gegebenenfalls auch die Pläne und Beschreibungen der Kraftquellen, selbst wenn das ZErecht nicht für deren Herstellung, sondern für die Überlandleitung der gewonnenen Kraft beansprucht wird.

c) Setzt das Unternehmen eine gewerbe- oder wasserpolizeiliche Erlaubnis, oder bei Privatbahnanlagen die Erteilung der Konzession der KVO. vom 20. 6. 1855 voraus, so sind die Erlaubnis- oder Konzessionsurkunden in Ausfertigung vorzulegen.

6. Örtliche Zuständigkeit.

a) Maßgebend für die Zuständigkeit ist die Behörde der gelegenen Sache. Es wird dagegen keine Einwendung zu erheben sein, daß für die ZEunternehmen, die sich über Grundstücke der Bezirke mehrerer Distriktsverwaltungsbehörden oder mehrerer Regierungen ausdehnen, das Vorverfahren bis zur Erteilung der Ermächtigung durch das StMdJ. von einer Regierung im Benehmen mit den örtlich weiter beteiligten Behörden betrieben wird. Dagegen ist für das weitere Verfahren nach Art. XV ff. daran festzuhalten, daß eine Übertragung oder Vereinigung behördlicher Befugnisse bei einem über mehrere Verwaltungsbezirke hinaus sich erstreckenden ZEunternehmen (z. B. Anlage eines großen Truppenübungsplatzes, einer Kraftleitung durch mehrere Distriktsverwaltungs- und Regierungsbezirke) auf eine Behörde mangels gesetzlicher Ermächtigung unzulässig ist (ME. vom 18. 7. 1904 Nr. 15722, auch vom 30. 6. 1903 Nr. 14769). Jede Distriktsverwaltungsbehörde und jede Kreisregierung ist für die in ihrem Verwaltungsbezirke gelegenen Grundstücke zur Tätigkeit nach Art. XV ff., insbesondere Art. XVIII allein zuständig. (Mit dieser Beschränkung auf das Vorverfahren nach Art. XIV ist die Anm. 4 bei Henle zu Art. XIV S. 106 wohl auch zu verstehen. Die von der Praxis teilweise vertretene, auch von Eymann II 423 anscheinend auch für die nicht wasserrechtlichen ZEfälle geäußerte gegenteilige Ansicht hat im Gesetz keine Grundlage.)

Anders liegt die Sache hinsichtlich der ZEfälle des Wasserrechts, vgl. die Vorbemerkungen S. 39 ff. und hier Anm. 7 d. Hier ist eine Sondervorschrift durch Art. 167 WG. gegeben:

> **Art. 167.** Ist in derselben Sache die erstinstanzielle Zuständigkeit mehrerer Behörden begründet, so hat die zunächst vorgesetzte Behörde eine der Behörden mit der Sachbehandlung und Beschlußfassung zu beauftragen.
>
> Abs. 2. Dieser Auftrag hat, wenn die mehreren zuständigen Behörden verschiedenen Kreisregierungen untergeordnet sind, von dem vorgesetzten Staatsministerium auszugehen.

b) Der Magistrat einer unmittelbaren Stadt ist auch in jenen Fällen zuständig, in welchen die Stadtgemeinde als Enteigner oder Abtretungspflichtiger auftritt, Kahr, VGHG. S. 188 Anm. 3, VGH. 2, 667.

7. Die Ermächtigung durch das Staatsministerium des Innern.

a) Die Ermächtigung des StMdJ. zur Einleitung des ZEverfahrens ist der für den Rechtsbestand der ZE. unerläßliche Ausgangspunkt. Ohne diese Ermächtigung gibt es kein gültiges ZEverfahren, VGH. 11 S. 64, 305; 12, 39, dann 18. 1. 1907 Nr. 149 I/06, Seydel II 364 Anm. 4. Diese Ermächtigung ist die unumgängliche Voraussetzung für den Beginn des ZEverfahrens, also auch für die Feststellung der Abtretungspflicht und die etwa im Verfahren vor der Distriktsverwaltungsbehörde sich vollziehende Grundstücksübereignung. Ist eine Ermächtigung des StMdJ. nicht ergangen, so ist ein ordnungsmäßiges ZEverfahren nicht im Lauf. Etwa abgegebenen Erklärungen der Beteiligten kommt die Bedeutung einer Erklärung im ZEverfahren nicht zu (vgl. VGH. 11, 308). Die etwa abgegebene Erklärung der Anerkennungspflicht hat nicht die Bedeutung der Anerkennung der Abtretungspflicht im Sinne des Art. 19 AG. Sie könnte die Bedeutung einer zivilrechtlichen Verpflichtung zur Übertragung des Grundeigentums nach § 313 BGB. nur haben, wenn sie der Formvorschrift des § 313 BGB. entsprechen würde, also notariell (Art. 141 EG. BGB., Art. 15 Abs. 2 AG. BGB., Art. 1 NotG.) abgeschlossen wäre. Die Beurkundung durch die Distriktsverwaltungsbehörde kann dieses Ergebnis nicht herbeiführen, da ein ordnungsmäßiges ZEverfahren, sonach die Ausnahmebefugnis der Distriktsverwaltungsbehörde zu dieser Beurkundung nicht gegeben ist, vgl. VGH. 11, 72, hier Ziff. III 3 zu Art. 26.

b) Das ministerielle Prüfungsrecht umfaßt die Würdigung, ob das Unternehmen zu denjenigen gehört, welche mit ZEmacht ausgestattet sind und ob das Unternehmen vom gemeinen

Nutzen gefordert wird. Durch die Ermächtigung wird der gemeine Nutzen des Zweckes des Unternehmens festgestellt, nicht der gemeine Nutzen des Unternehmens selbst in allen seinen Teilen, insbesondere der gemeine Nutzen der Art der Durchführung des Unternehmens, VGH. 31, 55. Die Ermächtigung hat lediglich die Bedeutung, daß das Verfahren eröffnet werden dürfe, nicht aber die Bedeutung einer Sachentscheidung darüber, daß die Voraussetzungen der Enteignung überhaupt oder daß sie in der Richtung gegen bestimmte Gegenstände vorliegen, Seydel II 364 Anm. 5, Henle 107 Anm. 5, Eymann II 424, Müller 234 Fußnote.

Die erteilte Weisung des StMdJ. entzieht sich den Angriffen der Beteiligten, VGH. 18. 1. 1907 Nr. 149 I/06. Hat der Abtretungspflichtige Einwände gegen das Unternehmen, so hat er diese im Verfahren über die Anerkennung der Abtretungspflicht vorzubringen. Die Einwände sind vom Verwaltungsrichter zu bescheiden. Wenn auch vom StMdJ. die formelle Zulässigkeit des ZEverfahrens festgestellt ist, ist z. B. gleichwohl der Einwand möglich und vom Verwaltungsrichter zu würdigen, daß das Unternehmen, insbesondere in seiner einzelnen Ausführung, nicht vom gemeinen Nutzen gefordert wird, VGH. 31, 55, vgl. Henle 63 Anm. 28.

Insbesondere trifft das StMdJ. keine Entscheidung, ob etwa eine zulässige Teilabtretung nach Art. III gegeben ist, ob die etwaige Einrede des Enteignungspflichtigen auf völlige Abtretung oder Teilabtretung statt der Belastung mit einer Dienstbarkeit nach Art. IIIa begründet ist. Die Erklärungen der Beteiligten können rechtsgültig erst nach Eröffnung des Verfahrens erfolgen. Ihre Würdigung ist ein Teil der Prüfung der Voraussetzungen der Abtretungspflicht und kommt dem Verwaltungsrichter zu.

c) Das StMdJ. prüft weiter die Sicherung der wirklichen Ausführung des Unternehmens (vgl. vorstehende Anm. 5b), wenn dies (siehe Anm. 7a zu Art. XII) auch vom Enteignungspflichtigen nicht als Voraussetzung der Anerkennung seiner Abtretungspflicht gefordert werden kann und etwa auf eine nicht genügende Prüfung eine Einrede gegen die Abtretungspflicht gestützt oder daraus sonst irgendwie eine Rechtsfolge abgeleitet werden kann.

Die Genehmigung zur Einleitung des Verfahrens kann nach freiem Ermessen erteilt oder versagt werden. Es besteht keinerlei Anspruch auf Erteilung der Ermächtigung, doch kann die rechtliche Notwendigkeit der Erteilung der Ermächtigung aus anderen Gesetzen (z. B. Art. 41 Abs. 1 der Reichsverfassung, siehe Anm. a) zu Ziff. 11 des Art. I A S. 64) oder aus Staatsverträgen sich ergeben. Die Genehmigung kann auch an Bedingungen geknüpft werden insbesondere bei Anträgen von Privaten, um die „Erreichung des Zwecks und seiner Gemeinnützigkeit", Art. IV Ziff. 2 ZEG., zu sichern (vgl. Anm. 8 zu Art. IV). Dem in der Petition der Vorstandschaft des Bayerischen Städtetags (vgl. Verh. KAbg. 1910 Bd. 12, 28) geäußerten Wunsch, daß der Unternehmer einer Anlage nach Art. I A Ziff. 16 innerhalb des Gemeindebezirks nur mit Genehmigung der Gemeinde elektrisches Licht, Kraft oder Wärme zur Versorgung fremder oder eigener Anlagen abgeben dürfe, kann auf diese Weise Rechnung getragen werden, daß die Ermächtigung zur Einleitung des ZEverfahrens nur unter der Bedingung erteilt wird, daß vorher die Interessen der Gemeinde durch ein entsprechendes Abkommen oder eine bindende Erklärung des Unternehmers genügend gesichert werden. Selbstverständlich kann es sich hierbei nur um berechtigte und greifbare Interessen der Gemeinde handeln. Ganz unbestimmte, vielleicht niemals eintretende Zukunftsmöglichkeiten können dabei ebensowenig berücksichtigt werden, als Wünsche, die über das Maß der berechtigten Interessen hinausgehen. Die Berücksichtigung der berechtigten gemeindlichen Interessen wurde vom Reg.-Vertr. ORR. Metz in den Verh. des XIII. Aussch. KAbg. zugesagt, siehe hierüber die Anm. f zu Art. I A Ziff. 16, S. 79.

d) Die Ermächtigung des StMdJ. ist unerläßliche Voraussetzung eines rechtsgültigen ZEverfahrens auch in den Enteignungsfällen des Wasserrechts.

Denn nach Art. 154 WG. finden die Bestimmungen des ZEG., also auch Art. XIV auf diese ZEfälle des Wasserrechts Anwendung, soweit nicht, was hier nicht zutrifft, Art. 155 und 156 anderes bestimmen. Auch hier besteht das freie ministerielle Prüfungsrecht uneingeschränkt. Es besteht keinerlei Anspruch auf Erteilung der Ermächtigung (ebenso Eymann II 416; a. M. Brenner Anm. 3 zu Art. 154 S. 364; der Wortlaut des § 260 Abs. V Vollz.-Vorschr. WG. ist mit dieser Auffassung vereinbar). Dies ist von Wichtigkeit, wenn für zwei Unternehmen gleicher Art, von denen eines das andere ausschließt, um die ZEbefugnis nachgesucht wird. Hier wird der ministeriellen Prüfung die Entscheidung zufallen, inwieweit der gemeine Nutzen das Zurücktreten des einen Unternehmens vor dem anderen erfordert.

Eine Sonderstellung nehmen die genossenschaftlichen Unternehmungen (Ziff. 4 u. 5 des Art. 153 WG.) ein. Hier gilt die Sonderbestimmung des Art. 191 (siehe hier S. 42). Danach ist für diese Sonderfälle eine ministerielle Enteignungsermächtigung nicht erforderlich (§ 260 Abs. 6 Vollz.-Vorschr. WG.). Die Entscheidung ruht hier nach Art. 189 Abs. 2 bei der Kreisregierung. Für den Fall der Versagung steht die Staatsaufsichtsbeschwerde nach Art. 172 WG. zum StMdI. offen. Dagegen gibt es auch in diesem Fall keinen Rechtsanspruch auf Erteilung der ZEermächtigung gegenüber der Staatsgewalt (ebenso Eymann II 416).

c) Die Weisung des StMdI. wird nicht dadurch ersetzt, daß das Projekt, zugunsten dessen enteignet werden soll, von einer staatlichen, auch einer Zentralbehörde, ja selbst vom StMdI., genehmigt worden ist. Ebensowenig kann die Erteilung der Konzession durch den König oder durch eine Zentralbehörde oder untere Instanz diese unumgängliche Voraussetzung ersetzen (vgl. VGH. 11, 303). Die Auslegung, welche Art. IV ZEG. bei Eymann II 423 Anm. 1 β zu Art. 154 WG. findet, daß für Unternehmungen des Staates und der Kreise eine besondere Ermächtigung durch das StMdI. nicht notwendig sei, muß in Übereinstimmung mit der ständigen Praxis entgegengehalten werden, daß eine Ausnahme in Art. XIV ZEG. zugunsten der Unternehmungen des Staates oder der Kreise nicht gemacht ist.

f) Die Notwendigkeit der Erholung der Ermächtigung des StMdJ. ist auch dann erforderlich, wenn das Unternehmen, zugunsten dessen die ZE. beansprucht wird, für den Gesuchsteller eine verwaltungsrichterlich festgestellte Verpflichtung darstellt oder im Vollzuge der Bedingung eines rechtskräftigen Erlaubnisbeschlusses nach Art. 76, 79 WG. zu betätigen ist. Es ist z. B. einer Gemeinde die wasserpolizeiliche Erlaubnis erteilt, zur Herstellung einer Wasserleitung Uferarbeiten an einem öffentlichen Fluß vorzunehmen. Da es sich hier um Arbeiten handelt, welche zu den Maßnahmen der Herstellung der Wasserleitung gehören, wird auch für sie und mit Recht das ZErecht in Anspruch genommen. Trotzdem hier nur eine Bedingung eines rechtskräftigen Beschlusses vollzogen wird, ist zur Einleitung des ZEverfahrens besondere Ermächtigung des StMdJ. notwendig, das nach freiem Ermessen zu erwägen hat, ob die Ermächtigung zu erteilen ist. Würde diese aus Gründen des öffentlichen Wohls nicht erteilt, so wird allerdings der Erlaubnis der Wasserpolizeibehörde und dem Unternehmen selbst die Möglichkeit der Durchführung genommen, wenigstens insoweit, als beim Widerspruch des Grundeigentümers, dessen Grundstücke für die Uferarbeiten in Anspruch genommen werden sollen, das Unternehmen nur durch ZE. durchgeführt werden kann.

g) Wird die Ermächtigung der ZE. durch das StMdJ. versagt, so ist damit die Unzulässigkeit des Unternehmens entschieden. Das Verfahren ist, wenigstens in der beantragten Art, beendet (Seydel II 364, Henle 107 Anm. 5, Eymann II 424). Etwa trotzdem vorgenommene Handlungen der Distriktsverwaltungsbehörde haben nicht die rechtliche Bedeutung der Handlungen nach dem ZEG. Dies gilt insbesondere für etwa erfolgende gütliche Einigung.

Art. XV.*)

Im Falle bejahender Weisung [1] hat die einschlägige Distriktspolizeibehörde [2] sämtliche Beteiligte [3] im Benehmen mit den betreffenden Rent- und Hypothekenämtern [4] sorgfältig zu ermitteln. Sie bestimmt sofort eine Tagsfahrt zur Verhandlung der Sache,[5] erläßt die Ladung [6] hiezu unter genauer Bezeichnung der Zeit und des Ortes der Tagsfahrt, und bringt dieselbe 14 Tage [7] vor dem anberaumten Termine durch Veröffentlichung [8] in dem ihr zu amtlichen Kundmachungen dienenden Blatte und durch Anheftung in den beteiligten Gemeinden,[9] dann durch schriftliche Mitteilung an jeden einzelnen Beteiligten und an die Antragsteller oder deren Vertreter mit dem Bemerken zur allgemeinen Kenntnis, daß die Pläne [10] bei Amte zur Einsicht bereit liegen.[11] [12] Die in dem Ladungsdekrete gleichfalls zu erwähnende rechtliche Folge des Nichterscheines ist: [13]

1. für die Anrufenden Wiederaufnahme der Tagsfahrt auf ihre Kosten und Schadloshaltung der erschienenen Beteiligten in bezug auf Auslagen und Versäumnisse mit Androhung des Rechtsnachteiles, daß bei abermaligem Ausbleiben die Verzichtleistung auf die angesprochene Zwangsabtretung werde angenommen werden;
2. für die Abtretungspflichtigen, in der Voraussetzung des Erschienenseins der Anrufenden, Wiederaufnahme der Tagsfahrt auf ihre Kosten und Schadloshaltung der erschienenen Anrufenden mit Androhung des Rechtsnachteiles,

*) Fassung nach Art. 139 AG. BGB.

daß bei wiederholtem Ausbleiben derselben die Einwilligung in die angesprochene Abtretung würde angenommen werden;[14]

3. für die übrigen Beteiligten, in der Voraussetzung des Erschienenseins der Anrufenden, Ausschließung mit den etwaigen Einwendungen gegen die angesprochene Abtretung.[15]

Die schriftliche Mitteilung an die Beteiligten und die Antragsteller oder deren Vertreter ist durch die Gemeindebehörde oder durch die Post gegen Nachweis zuzustellen. Die Zustellung unterbleibt, wenn der Wohnort der zu ladenden Person nicht bekannt ist.[16]

Soweit die im Art. XI bezeichneten Beteiligten nicht im Grundbuch eingetragen sind, werden sie nur berücksichtigt, wenn sie Erben eines eingetragenen Berechtigten sind oder wenn ihre Rechte angemeldet und auf Verlangen der Distriktspolizeibehörde glaubhaft gemacht sind.[17] Die Rechtswirksamkeit der Ladung ist bei den im Art. XI bezeichneten Beteiligten von der Zustellung der schriftlichen Mitteilung nur abhängig, wenn der Beteiligte sich zur Teilnahme an dem Verfahren gemeldet und erforderlichenfalls sein Recht glaubhaft gemacht hat.[18]

1. Siehe Art. XIV insbes. Anm. 7.

2. Einschlägige Distriktspolizeibehörde siehe Anm. 6 zu Art. XIV.

3. Beteiligte.

a) Der Begriff ist nach der Absicht des Gesetzgebers möglichst weitgehend auszulegen (vgl. BGH. 11, 308). Umfaßt werden zunächst der Antragsteller selbst, sodann alle, welche am ZEgegenstand ein im ZEverfahren zu berücksichtigendes Recht (öffentliches oder privates, dingliches oder persönliches Recht) besitzen. Vor allem kommen in Betracht die grundbuchmäßigen Eigentümer oder im Grundbuch eingetragenen Berechtigten. Liegt Miteigentum oder Eigentum zur gesamten Hand (Gütergemeinschaft, Erbengemeinschaft usw.) vor, so sind sämtliche Berechtigte beteiligt, wie sie der zu erholende Grundbuchauszug ausweist. Die Eigentümer von Grundstücken, welche nicht buchungspflichtig sind, sind aus dem Grundsteuerkataster zu ermitteln. Beteiligt sind die in den Art. II, V Nr. 3, VI, X und XI getroffenen Berechtigten: Gläubiger der Hypotheken, Grundschulden, Rentenschulden, Nießbraucher, Pächter usw., auch diejenigen, für welche Vormerkungen nach § 883 BGB. eingetragen sind, die Berechtigten eines Leibgedingsvertrags Art. 32 bis 48 AG. BGB., die Berechtigten einer Dienstbarkeit an dem zu enteignenden Grundstücke, dann bei Lehens-, Fideikommiß- und Stammgütern die Fideikommiß- und Lehens-Anwärter (vgl. BGH. 11, 309); Inhaber des Forstrechts, das auf dem Grundstück lastet (vgl. ObLG. nF. 9, 301) usw.

Ist über das Vermögen des Berechtigten das Konkursverfahren eröffnet, so ist der Konkursverwalter Vertreter des Gemeinschuldners in Ausübung der Verwaltung und Verfügung hinsichtlich der Konkursmasse und deshalb zu laden (siehe hier Anm. 3 zu Art. X). Ist über den ZEgegenstand die Zwangsverwaltung angeordnet (§§ 146 ff. ZVG.), so ist der Zwangsverwalter, der nach §§ 150, 152 ZVG. das Grundstück in seinem wirtschaftlichen Bestande zu erhalten hat, „als Verwalter fremden Guts kraft öffentlichrechtlicher Gewalt" (von der Pfordten 458 Anm. 2) zu laden (vgl. Steiner 354 Anm. 3). Ist vor dem in Art. XII Abs. 1 ZEG. bezeichneten Zeitpunkt das Zwangsversteigerungsverfahren angeordnet und wirksam (§ 22 ZVG.), so ist auch der persönliche Gläubiger Beteiligter; denn zu seinen Gunsten ist eine Verfügungsbeschränkung im Grundbuch eingetragen, § 23 ZVG., von der Pfordten 75 Anm. 1 zu § 23 (hier Anm. 1 zu Art. X, vgl. Henle 108 Anm. 3, Hartmann 66 Anm. 1, Müller 211). Ist über den ZEgegenstand Zwangsversteigerung oder Zwangsverwaltung angeordnet, oder ist über das Vermögen des Eigentümers des ZEgegenstands das Konkursverfahren eröffnet, so erscheint eine Mitteilung der angeordneten ZE. durch die Distriktsverwaltungsbehörde auch an das Versteigerungsgericht und Konkursgericht notwendig. Sie wird durch die Mitteilung an das Grundbuchamt nach Art. XVI ZEG. wohl nicht ersetzt.

Bei Enteignung von Grund- und Quellwasser sind die Triebwerksbesitzer, Wässerungsberechtigten, Fischereiberechtigten, welche ein Recht auf ungehinderten Quellenabfluß geltend machen, als Beteiligte zu erachten, VGH. 26, 234.

b) Die Entscheidung, ob ein geltend gemachtes Recht im ZEverfahren anzuerkennen und zu berücksichtigen ist, ist im verwaltungsrechtlichen Verfahren (Art. XVIII) zu treffen, VGH. 26, 236, vgl. hier Anm. 9 zu Art. II.

4. Im Benehmen mit den Rent- und Hypothekenämtern.

Der Zweck der Vorschrift verlangt eine über § 11 GBO. hinausgehende Tätigkeit des Grundbuchamts. Das Grundbuchamt ist landesgesetzlich verpflichtet, zur Ermittelung der Beteiligten mitzuwirken. Eine Weisung auf Einsichtnahme des Grundbuchs erscheint nicht angängig, sondern das Grundbuchamt ist verpflichtet, im ordnungsmäßigen Dienstwege die erforderlichen Aufschlüsse zu erteilen und die vom ZEunternehmer aufgestellten Verzeichnisse der Grundstückseigentümer auf Ersuchen der Distriktsverwaltungsbehörde zu prüfen und gegebenenfalls zu berichtigen. Insbesondere wird die Erteilung eines Grundbuchauszugs gefordert werden können (ebenso Eymann II 424, 425). Die Einsicht des Wasserbuchs hat von Amts wegen zu erfolgen.

5. Die Wahl des Ortes der Tagsfahrt ist dem Ermessen der Distriktsverwaltungsbehörde überlassen. Es wird sich meist die Ansetzung der Tagsfahrt an Ort und Stelle empfehlen. Für die Kosten der ersten Tagsfahrt ist nach Art. XIII ZEG. vom Enteigner Kostenvorschuß zu leisten.

6. Ladung, siehe nachfolgende Anm. 12 und über den Nachweis Anm. 16; Ladung der dinglich Berechtigten siehe Abs. III, hier Anm. 17 und 18.

Ist der Staat der Enteigner, so ist diejenige Behörde zu laden, der die Enteignungsermächtigung erteilt ist (vgl. Anm. 4 zu Art. IV) oder die von der ermächtigten Behörde bevollmächtigte Unterbehörde. Ist der Fiskus als Enteignungspflichtiger oder sonst Entschädigungsberechtigter zu laden, so ist zu beachten, daß nicht die Fiskale oder das Regierungsfiskalat, sondern die K. Regierungen, Kammern der Finanzen, in Ansehung der ihrer Verwaltung anvertrauten Teile des Staatsvermögens, im übrigen die betreffenden Zentralstellen (vgl. für den Militärfiskus VGH. 23, 125 ff., für den bayerischen Eisenbahn- und Postfiskus BayZfR. 3, 408 ff.), die gesetzlichen Vertreter des Fiskus sind (VGH. 13, 287 ff.; Dyroff 1. Aufl. 334, 2. Aufl. 402). Die Fiskale haben (abgesehen von den Fällen, in welchen ihnen durch Gesetze und Verordnungen z. B. Art. 33 Abs. 3 des Heimatgesetzes die unmittelbare Vertretung des Staatsärars eingeräumt ist) nur die Stellung eines Prozeßbevollmächtigten, allerdings mit der Besonderheit, daß sie zur Übernahme der prozessualen Vertretung nicht einer besonderen Vollmacht bedürfen, sondern hiezu nach den einschlägigen Organisationsbestimmungen durch ihre Anstellung und kraft ihres Amtes von selbst berufen sind (VO. v. 27. 11. 1825, die Auflösung des Generalfiskalats betr., VGH. 13, 288; 23, 125; 25, 356; Stahl in BladmPr. 45 S. 129, 130; vgl. § 4 Abs. 4 VB. zum VGHG. v. 25. 1. 1901; Dyroff 1. Aufl. 376, 2. Aufl. S. 451, 452).

Untersteht also, wie im Regelfalle, das Staatsvermögen der Verwaltung der K. Regierungsfinanzkammer, so ist die Ladung an diese zu richten. Dies gilt trotz der KV. v. 15. 12. 1908 GVBl. 1087 ff. auch wenn es sich um die Vertretung des K. Forstärars handelt (VGH. 25, 356). Die Zustellung hat an den Regierungspräsidenten zu erfolgen (Seydel I S. 566, 567). Sein Stellvertreter im Verhinderungsfalle ist der Direktor der Regierung, Kammer des Innern (§ 122 der Formationsverordnung v. 17. 12. 1825 und KAB. v. 21. 9. 1854 in Weber II 315 Fußnote 156).

7. Notfrist! vgl. hier Anm. 12.

8. Auch wenn außer dem Antragsteller nur ein weiterer Beteiligter vorhanden ist, Seydel II 364 Anm. 10.

9. In den beteiligten Gemeinden d. i. in den Gemeinden, in welchen eines der beteiligten Grundstücke liegt, nicht auch in den Gemeinden, in welchen die einzelnen Beteiligten ihren Wohnsitz haben (Henle Anm. 9 S. 109).

10. Pläne siehe Anm. 5 zu Art. XIV.

11. Die Auflage der Pläne an einem zweiten Orte z. B. in der Kanzlei der Gemeinde der Grundstücke ist zweckmäßig, vermag aber die Auflage der Pläne bei Amt nicht zu ersetzen.

12. Formverletzungen.

Wird die vierzehntägige Notfrist nicht gewahrt oder liegt ein wesentlicher Fehler in der Veröffentlichung vor, oder wird (abgesehen von den Fällen des Abs. 3) die Ladung eines Beteiligten unterlassen, so sind wesentliche Förmlichkeiten verletzt und das Verfahren ist ungültig. „Die Nichtbeachtung der im Art. XV getroffenen Anordnung involviert um so mehr eine Verletzung einer wesentlichen Förmlichkeit als gerade bei der Enteignung mit Rücksicht auf die einschneidende, in wohl erworbene Rechte eingreifende Natur derselben das Verfahren eine vorzugsweise wichtige Rolle zu spielen hat," VGH. 15. 7. 1889 Nr. 77 II S. 41, 42. Die Einhaltung der wesentlichen Förmlichkeiten ist vom Verwaltungsrichter nach Art. XVIII nachzuprüfen. Die Verletzung dieser Förmlichkeiten und dadurch bedingte Nichtigkeit des Verfahrens nach Art. XV ist von Amts wegen zu berücksichtigen (angef. VGH. 15. 7. 1889 Nr. 77 II und v. 13. 7. 1910 Nr. 114 II/09); ist dagegen der Beteiligte trotz Mangel der Ladung tatsächlich im Termin erschienen und hat er ohne Vorbehalt verhandelt, so ist der Mangel geheilt, VGH. 2. 10. 1908 Nr. 77 I/08.

Insbesondere hat sich aus der Ladung zu ergeben, ob die aufgeführten Grundstücke ganz oder teilweise enteignet werden sollen (Art. III ZEG., VGH. 15. 5. 1908 betr. die Grunderwerbung zur Erbauung der Bahnverbindung von Miltenberg nach Stadtprozelten, dann v. 13. 7. 1910 Nr. 114 II/09). Hinsichtlich des Umfangs der Teilenteignung genügt die Bezugnahme auf die bei Amte aufgelegten Pläne.

Über den Ladungsnachweis siehe nachfolgende Anm. 15.

13. Ausbleiben bei der ersten Tagsfahrt.

a) Bleiben beide Teile aus, so ruht das Verfahren, Seydel II 364, Henle 110 Anm. 13, Hartmann 67 Anm. 3.

b) Bleibt ein Teil der Enteignungspflichtigen aus, so ist nur hinsichtlich der Ausgebliebenen Wiederholung der Tagsfahrt notwendig. Dagegen kann ohne weiteres mit den Berechtigten derjenigen Grundstücke verhandelt werden, deren Beteiligte erschienen sind (Henle Anm. 14 S. 110).

c) Gesetzliche Vertreter haben ihre Vertretungsbefugnis (Vormünder durch Vorlage der Bestallung, § 7 der JMBek. vom 19. 1. 1900, JMBl. S. 184, Formblatt ebenda S. 221), Bevollmächtigte durch schriftliche Vollmacht nachzuweisen (§ 4 Abs. 3 VV. VGHG., vgl. VGH. 11, 72), siehe jedoch für den Fall, daß ein Antrag zum Grundbuchamt gestellt werden muß, die Anm. 1c zu Art. 22 AG. und Ziff. IV B 5e zu Art. 26 AG. Bezüglich der gesetzlichen Vertretung des Fiskus siehe vorstehende Anm. 6 und Ziff. III, 5 zu Art. 26.

14. Ausbleiben bei der zweiten Tagsfahrt.

Das erneute Ausbleiben des Enteigners stellt einen Verzicht auf die ZE. dar, vgl. Anm. 4c zu Art. XIV. Bleibt ein Abtretungspflichtiger trotz ordnungsmäßiger Ladung bei der zweiten Tagsfahrt aus, so ist die Abtretungspflicht als anerkannt anzusehen. Es bedarf keiner weiteren Feststellung im verwaltungsrichterlichen Verfahren und es ist sofort zum weiteren Abschnitt des Verfahrens, dem Schätzungsverfahren, zu schreiten. Die Rechtsgrundsätze über Wiedereinsetzung in den vorigen Stand bei unverschuldeter Versäumnis des Termins (Art. 22 Abs. 6 BGHG., §§ 233 ff. ZPO., hierüber Dyroff Anm. 21 zu Art. 22, 3. Aufl. S. 398, 4. Aufl. S. 478) werden auch hier entsprechend anzuwenden sein.

15. Bleiben z. B. die Hypothekgläubiger aus, so sind sie mit etwaigen Einwendungen gegen die Abtretung ausgeschlossen. Jedoch wirkt eine Einigung über die Abtretungspflicht und die zu leistende Entschädigung zwischen Eigentümer und Enteigner für sie nur dann, wenn sie ausdrücklich zugestimmt haben, andernfalls ist hinsichtlich der Hypothekgläubiger das Schätzungsverfahren weiterzuführen, ObLG. nS. 7 S. 553, 557, siehe hier Ziff. IV A 2b und Ziff. IV B 6 zu Art. 26 AG.

16. Abs. II. Ladungsnachweis.

Ob der Ladungsnachweis durch die Gemeindebehörde der gelegenen Sache oder durch Postzustellungsurkunde erbracht wird, ist gleichgültig. Persönliche Zustellung ist notwendig bei allen Personen, deren Wohnsitz bekannt ist, wenn auch dieser im Ausland liegt. Selbstverständlich genügt in jedem Falle eine Zustellung an den Bevollmächtigten, der ordnungsmäßige Vertretungsmacht besitzt. Ist der Wohnsitz, nicht die Wohnung, unbekannt, so unterbleibt die Zustellung. Man wird mit Eymann II 425 und der Praxis es als genügend ansehen müssen, wenn die mit der Zustellung betraute Gemeindebehörde oder Postanstalt bestätigt, daß der Wohnort unbekannt ist.

Bezüglich der Ladung der dinglich Berechtigten siehe Abs. 3, hier Anm. 17 und 18.

17. Abs. III. Ladung der dinglich Berechtigten.

Abs. 3 trifft die dinglich Berechtigten nach Art. XI. Hier ist entscheidend der Eintrag im Grundbuch und zwar am Tage der Bekanntmachung. Sind diese dinglich Berechtigten nicht eingetragen, so bedarf es besonderer Anmeldung und Glaubhaftmachung der Rechte oder des Nachweises, daß das Recht auf dem Wege der Erbfolge übergegangen ist, wenn auch Grundbuchberichtigung noch nicht erfolgt ist. Im letzteren Falle ist die Vorlage eines Erbscheins (§§ 2353 ff. BGB.) zu fordern. In Betracht kommen weiter insbesondere die Gläubiger der Briefhypotheken, dann diejenigen Personen, denen Pfandrechte an Briefhypotheken zustehen (ebenso Henle-Schneider, AG. BGB. Anm. 5 zu Art. 139 S. 222; a. M. Böhm-Klein, AG. BGB. Anm. 2d zu Art. 139 S. 231). Die Glaubhaftmachung wird durch Vorlage des Hypothekenbriefs zu erfolgen haben.

18. Eine besondere Ladung der dinglich Berechtigten des Art. XI ist sonach nur erforderlich, wenn sich diese zur Teilnahme am Verfahren besonders gemeldet und gegebenenfalls mangels Grundbucheintrags ihre Rechte glaubhaft gemacht haben.

Dagegen fallen nicht unter Abs. III Satz 2 die in Art. V Nr. 3 und Art. X aufgeführten Beteiligten (z. B. Mieter, Pächter) und die in Art. II getroffenen dinglichen Berechtigten z. B. die Berechtigten eines Wohnungsrechts, eines Leibgedings- (Leibzucht-, Altenteils-, Auszugs-)vertrags oder einer Dienstbarkeit. Unverständlicherweise hat man bei der Erlassung des AG. BGB. die Vorschrift des Abs. III Satz 2 auf die in Art. XI getroffenen Gläubiger der Hypotheken, Grundschulden und Rentenschulden beschränkt. Dagegen ist eine besondere Ladung der Berechtigten nach Art. V Nr. 3, Art. II und X schlechthin notwendig. Daraus ergeben sich unliebsame Folgerungen, welche einen erheblichen Mangel des Gesetzes zeigen. Nach den in vorstehender Anm. 12 angeführten Entscheidungen des VGH. v. 15. 7. 1889 Nr. 77 II S. 41 und 42 und v. 13. 7. 1910 Nr. 114 II/09 S. 16 und 17 ist das Verfahren beim Mangel der Ladung eines Beteiligten nichtig. Wenn es sich, wie im Falle der letzten Entscheidung um Außerachtlassung eines anscheinend Leibgedingsberechtigten handelt, wird man das Ergebnis noch erträglich finden. Anders ist es, wenn Dienstbarkeiten in Frage stehen. Nach Art. 10 des Gesetzes betr. Übergangsvorschriften zum BGB. v. 9. 6. 1899 müssen Grunddienstbarkeiten, die zu der Zeit bestehen, zu welcher das Grundbuch als angelegt anzusehen ist, zwar zur Erhaltung der Wirksamkeit gegenüber dem öffentlichen Glauben des Grundbuchs in das Grundbuch eingetragen werden. Allein auch wenn die Grunddienstbarkeiten nicht eingetragen sind, bleiben sie, wenn auch ohne den Schutz des öffentlichen Glaubens, bestehen (vgl. Henle-Schneider Anm. 2 zu Art. 10, 1. Aufl. 406, 2. Aufl. 401). Auch diese Grunddienstbarkeitsberechtigten sind Beteiligte des Verfahrens, die von der Distriktsverwaltungsbehörde zu ermitteln und zu laden sind. Hiedurch wurde den Distriktsverwaltungsbehörden eine den Gang des Verfahrens entgegen dem Willen des Art. XIII Satz 2 ZEG. unnötig aufhaltende Pflicht auferlegt, und beim Fehlen des Eintragungszwangs hinsichtlich dieser Grunddienstbarkeiten setzt sich die Distriktsverwaltungsbehörde in vielen Fällen trotz erfolgter Prüfung der Gefahr aus, daß ein derartiger Beteiligter übersehen und das Verfahren nichtig ist.

Art. XVI.*)

Die Distriktspolizeibehörde hat, sobald die Ladung erfolgt ist,[1] bezüglich der in Anspruch genommenen Gegenstände die Vormerkung der durch Art. XII ausgesprochenen Dispositionsbeschränkung im Hypothekenbuche zu veranlassen.[2]

1. Sobald die Ladung an den Enteignungspflichtigen (Art. XII Abs. 1 ZEG.) erfolgt ist, also erst nach Einlauf des Zustellungsnachweises.

2. Eintragung der Vormerkung.

a) Die Eintragung soll den Rechtserwerb auf Grund des öffentlichen Glaubens des Grundbuchs auszuschließen (vgl. ObLG. nF. 7, 557), nicht aber selbst die Möglichkeit eines solchen Rechtserwerbs auf Grund des guten Glaubens gewähren. Es ist deshalb keine Eintra-

---

*) Fassung nach Art. 139 AG. BGB. Bezüglich des Ausdrucks „im Hypothekenbuche" siehe Anm. 1 zu Art. XI.

gung im Sinne des § 71 Abs. 2 Satz 1 GBO., Henle-Schmitt 201 Anm. 5a. Wird die Eintragung abgelehnt, so ist Beschwerde nach § 71 Abs. 1 gegeben. Beschwerdeberechtigt ist die Distriktspolizeibehörde, Henle-Schmitt 199 Anm. 4c Abs. 2.

b) Der Vermerk ist in der zweiten Abteilung des Grundbuchs einzutragen. Dem Grundbuchamt hat der Antrag der Distriktsverwaltungsbehörde zu genügen. Ein Nachweis der erfolgten Ladung gegenüber dem Grundbuchamt ist nicht erforderlich.

c) § 61 der DA. vom 27. 2. 1905 für die Grundbuchämter rechts des Rheins (JMBl. S. 88), die auch entsprechend für die Pfalz anzuwenden ist, bestimmt: Nach der Eintragung der aus der Einleitung der ZE. sich ergebenden Verfügungsbeschränkung ist die Distriktspolizeibehörde von den Eintragungen zu benachrichtigen, von denen die Grundstücke betroffen werden, auf die der Vermerk sich bezieht.

d) Wird der Eintrag im Grundbuch unterlassen, so sind gutgläubige Erwerber an die Verfügungsbeschränkung nicht gebunden (vgl. Oertmann 156). Das ist besonders auch hinsichtlich der Hypotheken wichtig. Der Gläubiger einer bei verspätetem Eintrag des Vermerks vor diesem eingetragenen Hypothek kann sich auf § 892 BGB. berufen, und ist, wenn ihm diese Bestimmung zur Seite steht, Beteiligter des Verfahrens. Es soll eben der Vermerk (vgl. vorstehende Anm. 1) den Rechtserwerb auf Grund des öffentlichen Glaubens des Grundbuchs entgegen dem Zwecke des ZEverfahrens ausschließen.

e) Mit der Durchführung des ZEverfahrens und der Eintragung des Enteigners als neuen Eigentümers (siehe Anm. 1 zu Art. 22 AG.) verliert der Vermerk jede Bedeutung. Die Löschung der Eintragung dieses Vermerks enthält keine Rechtsänderung, sondern macht nur die Folge ersichtlich, die sich aus der Eintragung des Enteigners als nunmehrigen Eigentümers ohne Weiteres ergibt. Sie erfordert deshalb keine rechtsgeschäftliche Erklärung des Enteigners, ObLG. nS. 8, 557.

f) Soll ein Recht nach Art. II enteignet werden (über die Möglichkeit siehe Anm. 2 zu Art. II), so ist auf dem Grundbuchblatt des Anwesens, welchem das Recht (z. B. ein Forstrecht) zusteht, ein Enteignungsvermerk nicht einzutragen; denn in dem gewählten Beispiele des Forstrechts tritt an dem Recht selbst keine Veränderung ein, wenn das berechtigte Grundstück verkauft wird, da es dem jeweiligen Eigentümer des Grundstücks zusteht, und durch die Einleitung des ZEverfahrens hört das Recht nicht auf gemäß § 96 BGB. Bestandteil des Grundstücks zu sein, dessen jeweiligem Eigentümer es zukommt, ObLG. nS. 9, 299.

Art. XVII.

Bei der Tagsfahrt hat die Distriktspolizeibehörde vor allem eine gütliche Vereinigung [1] der Beteiligten über die Abtretungsfrage und [2] über die zu leistende Entschädigung zu versuchen,[3] und im Falle des Gelingens [4] für den alsbaldigen rechtsförmlichen Abschluß des Vergleiches zu sorgen.[5] Kommt eine Übereinkunft nichtzustande,[6] so wird unter allseitigen Beteiligten nach Art. XIII protokollarisch verhandelt,[7] und es werden sodann nach allenfallsiger Einvernahme der betreffenden Gemeinde und vollzogenem Augenscheine die geschlossenen Akten mit Bericht der zuständigen Kreisregierung, Kammer des Innern, vorgelegt.

1. Gütliche Einigung.

Der Gesetzgeber hat dieser Anordnung der Bemühung zum Zustandekommen einer gütlichen Einigung eine besondere Bedeutung beigelegt. Er wollte, daß auf diese Weise weitläufige Verhandlungen abgeschnitten werden. Die Vornahme des Versuchs ist eine wesentliche Förmlichkeit des Verfahrens und die Unterlassung macht das Verfahren ungültig, VGH. 31, 57 und v. 13. 7. 1910 Nr. 114 II/09.

2. Und.

Der Versuch der gütlichen Einigung ist hinsichtlich der beiden Fragen der Anerkennung der Abtretungspflicht wie der zu gewährenden Entschädigung notwendig. Tatsächlich laufen ja beide Fragen als Leistung und Gegenleistung wirtschaftlich ineinander. Die Abtretungspflicht wird oft nicht bestritten werden, wenn bekannt wird, welche Entschädigung vom Enteigner gewährt werden will. Bei Meidung der Ungültigkeit des Verfahrens ist über beide Fragen die Einigung zu versuchen, VGH. 31, 57. Es empfiehlt sich, dies ausdrücklich in der Niederschrift festzulegen.

3. Der Vertreter der Distriktsverwaltungsbehörde kann und darf sich als nichts anderes fühlen als ein unabhängiges Staatsorgan zum Vollzug des Gesetzes (auch wenn einer Staatsbehörde, ja selbst wenn der vorgesetzten K. Regierung die Enteignungsermächtigung erteilt ist, und deren Bevollmächtigter als Vertreter des Enteigners auftritt). Der Beamte „hat über den Parteien zu stehen und ist verpflichtet, die Interessen aller gegenüberstehenden Parteien zu berücksichtigen", VGH. 13. 7. 1910 Nr. 114 II/09. Ein Dienstbefehl im Sinne des Art. 12 des Beamtengesetzes an den Beamten zu einseitiger Stellungnahme ist unzulässig.

4. Das **Nähere über die gütliche Einigung** siehe Ziff. III zu Art. 26 AG.

5. Niederschrift.

Aus der Niederschrift muß insbesondere klar ersichtlich sein, ob die Abtretungspflicht bedingungslos anerkannt wird (Ziff. III 1 zu Art. 26). Es muß sich klar ergeben, ob bei Teilabtretung die Einrede auf völlige Abtretung (Art. III ZEG.), bei Zwangsbelastung mit einer Dienstbarkeit die Einrede auf völligen Grunderwerb oder Teilgrunderwerb (Art. III a ZEG.) vorgebracht wurde, oder ob die Abtretungspflicht ohne Geltendmachung dieser Einreden anerkannt worden ist. (Über die Möglichkeit des Widerrufs auf den Verzicht dieser Einreden siehe Anm. 13 zu Art. III, Anm. 5 zu Art. III a). Ebenso muß die Art und Höhe der Entschädigung zweifellos klargestellt sein, siehe Ziff. III zu Art. 26 AG. Es muß weiter genau ersichtlich sein, ob bei gütlicher Einigung die Eigentumsübertragung im Wege der Zwangsenteignung (Ziff. IV A zu Art. 26 AG.) erfolgen soll, oder ob der Erwerb des Eigentums durch Rechtsgeschäft innerhalb des ZEverfahrens (Ziff. IV B zu Art. 26 AG.) sich vollziehen soll, siehe hier Ziff. IV B 2 zu Art. 26.

Über die Formvorschriften der Auflassung siehe Ziff. IV B 5 zu Art. 26.

6. Über die Zuständigkeit zur Entscheidung, ob eine gütliche Einigung zustande gekommen ist siehe Ziff. III 6 zu Art. 26.

7. Für die Niederschrift sind nunmehr die Bestimmungen maßgebend, welche für das verwaltungsrechtliche Verfahren erlassen sind, denn es handelt sich, soweit die Anerkennung oder Bestreitung der Abtretungspflicht in Frage kommt, um die Vorbereitung einer Verwaltungsrechtssache (vgl. Seydel II 365 Anm. 14). Maßgebend sind Art. 27, 29, 30 VGHG., §§ 8, 9 insbesondere der nachfolgende § 10 der VV. hiezu vom 25. 1. 1901, GVBl. S. 47.

> **§ 10.** Das über die mündliche Verhandlung aufzunehmende Protokoll soll keine nach der Zeitfolge fortlaufende Wiedergabe der Erklärungen und Gegenerklärungen sein, sondern außer den erforderlichen Angaben über den äußeren Verlauf der Verhandlung eine möglichst bündige Darlegung des Ergebnisses derselben enthalten. Insbesondere soll daraus ersichtlich sein, was von den Beteiligten als feststehend anerkannt ist und was sie bestreiten, nebst den desfalls vorgebrachten Gründen und Beweismitteln.
>
> Schriftliche Ausführungen zu Protokoll einzulegen oder Erklärungen zu Protokoll zu diktieren, ist den Beteiligten nicht zu gestatten.
>
> Die Zuziehung eines Protokollführers ist zulässig, aber nicht geboten.
>
> Das Protokoll ist den anwesenden Beteiligten vorzulesen oder zur Durchsicht vorzulegen und sodann

von denselben sowie von dem die Verhandlung leitenden Beamten und von dem etwa beigezogenen Protokollführer zu unterschreiben. Können die Beteiligten wegen Schreibensunkunde oder aus anderen Gründen nicht unterschreiben oder nur mit einem Handzeichen unterzeichnen, oder verweigern dieselben die Unterschrift, so ist dies unter Beifügung des Grundes am Schlusse des Protokolls zu bemerken.

Art. XVIII.

Die Kreisregierung, Kammer des Innern, entscheidet über die Abtretungsfrage [1 2 3 4 5] gemäß Art. I, II und III in erster und der versammelte Staatsrat [6] in zweiter und letzter Instanz. Hinsichtlich des Verfahrens [7] bleibt es bei den bestehenden Bestimmungen über das Verfahren in administrativ-kontentiösen Sachen, jedoch ist jedes Erkenntnis mit Entscheidungsgründen zu versehen und auf eine Berufungssumme keine Rücksicht zu nehmen. [8 9]

1. Durch Art. XVIII und Art. 8 Ziff. 10 VGHG. ist die Entscheidung über die Abtretungsfrage den Verwaltungsrechtsinstanzen zugewiesen. Die Entscheidung über die Abtretungsfrage umfaßt die Würdigung

I. ob die ZE. überhaupt zulässig ist, ob das Unternehmen zu den in Art. IA Ziff. 1—16 Aufgeführten gehört (vgl. insbesondere die Anm. 13, 14, 15 vor Ziff. 1 S. 35 und Anm. 3 der Vorbemerkungen S. 21).

II. Ob es in allen seinen Teilen dem gemeinen Nutzen entspricht, VGH. 26, 239; 31, 55, siehe Anm. 5 S. 82ff.

III. ob die Abtretung oder Belastung des angesprochenen Eigentums zur zweckmäßigsten Verwirklichung notwendig ist siehe Anm. 6

S. 84 ff. [Der VGH. entscheidet nicht, ob das Unternehmen selbst notwendig ist, siehe Anm. 6 zu Art. I S. 32, z. B. ob ein Schulhausneubau notwendig ist oder nicht, auch ein Aufbau auf dem alten Hause genügt. Diese Würdigung gehört in das schulaufsichtliche Ermessen der Verwaltungsbehörden, VGH. 27. 7. 1910 Nr. 23/10].

VI. Ob und in welchem Umfang die Einreden der Art. III und IIIa gegeben sind, siehe Anm. 7 zu Art. III und 10 zu Art. IIIa, endlich die Beurteilung der Abtretungspflicht im Falle des Art. II, insbes. ob ein geltend gemachtes Recht im ZEverfahren anzuerkennen und zu berücksichtigen ist, VGH. 26, 236, siehe Anm. 9 zu Art. II. Dagegen ist der Verwaltungsrichter nicht zur Entscheidung zuständig, wer Inhaber des Rechtes ist (Seydel II 365 Anm. 17), ebensowenig zur Entscheidung eines etwa während des Verfahrens entstehenden Streites über das Eigentum an dem zu entwehrenden Grundstücke oder Grundstücksteile (Henle 115).

2. Zur Stellung des **Antrags auf verwaltungsrichterliche Entscheidung** über die Abtretungspflicht sind sämtliche Beteiligte (siehe Anm. 3 zu Art. XV) berechtigt, insbes. auch die Hypothekengläubiger, ObLG. nS. 7, 556. Der VGH. hat dies gleichfalls in Bd. 26, 236 anerkannt; das Nähere siehe Anm. 5 zu Art. 17 AG.

3. Umgrenzung der Zuständigkeit.

Die ordnungsmäßige Feststellung der Abtretungspflicht ist die Voraussetzung für das Schätzungsverfahren, sowohl das Verwaltungsschätzungsverfahren nach Art. 17 mit 20 AG. wie die endgültige Festsetzung der Entschädigung durch die Gerichte, Art. 21 AG. Die Feststellung der Abtretungspflicht setzt aber ihrerseits wieder voraus zunächst das Vorhandensein des unerläßlichen Ausgangspunkts jedes ZEverfahrens, nämlich die Ermächtigung durch das StMdJ. (siehe Anm. 7 zu Art. XIV), wie die Einhaltung der in Art. XV gegebenen Vorschriften über die Weiterführung des ZEverfahrens vor Niederlegung der Erklärung über die Abtretungspflicht (siehe Anm. 12 zu Art. XV).

Daraus ergibt sich für die Zuständigkeit der Verwaltungsrechtsinstanzen:

a) sie sind zur Würdigung befugt, ob alle Voraussetzungen des rechtsgültigen Ausspruchs der Abtretungspflicht gegeben sind, so insbesondere, ob die Ermächtigung des StMdI. ordnungsmäßig erholt ist (VGH. 11 S. 303, 309; 25, 395), ob die wesentlichen Förmlichkeiten des Art. XV eingehalten sind (VGH. 15. 7. 1889 Nr. 77 II, hier Anm. 12 zu Art. XV), ob eine bedingungslose Anerkennung der Abtretungspflicht, eine gütliche Einigung über die Abtretungspflicht erfolgt ist (VGH. 11 S. 70, 236; 17, 329; 21, 197, Seydel II 365 Anm. 21, hier Ziff. III, 5 zu Art. 26 AG.).

Der VGH. ist jedoch nicht zur Entscheidung berufen, wenn das ZEverfahren noch gar nicht so weit gediehen ist, daß die Pflicht zur Abtretung in rechtsgültiger Weise bei der Tagsfahrt bestritten werden konnte. Er ist unzuständig zur Beurteilung, ob ein vor Beginn der ersten Tagsfahrt gestelltes Ablehnungsgesuch gegen einen Beamten der Distriktsverwaltungsbehörde berechtigt ist (VGH. 26. 3. 1900 Nr. 9 III, Bd. 21, 120).

Die Verwaltungsrechtsinstanzen entscheiden auch über den Umfang der Abtretung. Es ist z. B. möglich, daß eine Gemeinde verpflichtet wird, ein Quellgrundstück abzutreten, daß jedoch aus Gründen des öffentlichen Interesses vom Enteigner (einer anderen Gemeinde) gefordert wird, daß bei der Quellfassung ein Pumpbrunnen angelegt wird, dessen Benützung in bestimmten Monaten für jedermann freisteht (VGH. 24. 3. 1905 Nr. 65 I/04). Diese Entscheidung stellt durchaus keinen Übergriff der Verwaltungsrechtsinstanzen in die Frage der Gegenleistung, der Entschädigung, dar, vielmehr bedeutet sie nichts anders, als die Festsetzung einer Grenze, bis zu welcher der ZEgegenstand abzutreten ist, hervorgehend aus der in Anm. 5b S. 83 ausgeführten Abwägung der auf beiden Seiten stehenden öffentlichen Interessen.

b) Die Verwaltungsgerichte sind nicht befugt zur Entscheidung über die Entschädigungsfrage, die Feststellung der Höhe und Art der Entschädigung. Es vermag der VGH. sonach im Hinblick auf Art. 13 Abs. 1 Ziff. 2 VGHG., wenn die Abtretungspflicht unbestritten feststeht, die Ordnungsmäßigkeit des Schätzungsverfahrens nach Art. 17—20 AG. nicht nachzuprüfen, wenn der Streitstoff erst nach Durchführung dieses Verfahrens an ihn gelangen sollte. Denn da er zur Sachentscheidung nicht befugt ist, ist er auch nicht zuständig, die Rechtmäßigkeit des über die Vornahme der Schätzung geübten Verfahrens zu prüfen (VGH. 25, 396, vgl. 19, 43, dann Menzinger, BladmPr. Bd. 58 S. 14).

4. Diese Zuständigkeit der Verwaltungsgerichte und der Umfang ihrer Würdigungspflicht gilt nicht nur für die reinen ZEfälle, sondern ebenso für die wasserrechtlichen ZEfälle: Art. 153 Ziff. 1—6, Art. 4, 18, Art. 31 Abs. 2, Art. 43 Abs. 3, Art. 60 Abs. 2, Art. 81 Abs. 2 WG. (VGH. 10. 11. 1909 Nr. 112 II/09, vgl. hier Anm. 2 der Vorbemerkungen vor Ziff. 4 ff. des Art. I A S. 40 und 41).

5. Die Zuständigkeit der Verwaltungsgerichte besteht unabhängig von der Würdigung des StMdJ. bei Erteilung der Ermächtigung zur ZE., siehe Anm. 7, b zu Art. XIV. Der Entscheidung der Verwaltungsgerichte wird durch die Weisung des StMdJ. in keiner Weise vorgegriffen.

6. Gemäß Art. 8 Ziff. 10 VGHG. ist nunmehr seit 1. 10. 1879 (Art. 51 VGHG.) der VGH. zuständig. Eine Sonderstellung nehmen nach Art. 47 VGHG. Abtretungen und Belastungen für Zwecke der Landesverteidigung ein. Hier wird die Entscheidung gemäß Art. 47 seit 1. 10. 1879 in erster und letzter Instanz durch Beschluß des Gesamtstaatsministeriums getroffen. Die Zuständigkeit des Gesamtstaatsministeriums erstreckt sich auf die Vorfrage, ob ein Zweck der Landesverteidigung vorliegt, sowie auf die Frage des gemeinen Nutzens und der zur zweckmäßigen Verwirklichung des Unternehmens not-

wendigen Eigentumsabtretung oder Belastung. Alle übrigen Fragen sind im Verwaltungsrechtswege auszutragen, Seydel II 365. Die Entscheidung des Gesamtstaatsministeriums braucht nicht mit Gründen versehen zu werden, Seydel II 365 Anm. 20.

Der Begriff „Zwecke der Landesverteidigung" ist eng auszulegen. Er umfaßt allerdings nicht nur Befestigungen, sondern alle Unternehmungen zu Verteidigungszwecken z. B. auch reine Militärbahnen, Seydel II 365 Anm. 18, jedoch nicht die Bereitstellung von Grundstücken und Gebäuden, welche nur der militärdienstlichen Ausbildung oder allgemeinen militärischen Zwecken dienen. Für Anlage von Kasernen, Truppenübungsplätzen usw. trifft deshalb Art. 47 nicht zu, VGH. 12, 58, Seydel II 365 Anm. 18, Dyroff Anm. zu Art. 47.

7. Für das **Verfahren** sind nunmehr die Bestimmungen des VGHG. maßgebend. Der Entscheidungssatz des Bescheids des Regierungssenats — (nur der Entscheidungssatz wird ja rechtskräftig) — muß klar ausführen, welche Person zur Abtretung oder Belastung verpflichtet erscheint, und bezüglich welcher genau zu bezeichnender Gegenstände die Abtretungs- oder Belastungspflicht festgestellt wird (vgl. Müller S. 236, 237 und das Beispiel dort S. 237). Eine Bezugnahme des Entscheidungssatzes auf die Lagepläne, in welchen die abzutretenden oder zu belastenden Flächen genau eingezeichnet und durch Farbe oder Schraffierung nach ihrer räumlichen Ausdehnung genau ersichtlich sind, ist zulässig, bei Teilenteignungen meist sogar nicht zu umgehen, vgl. Müller S. 241, hier Anm. 5a zu Art. XIV.

Der Entscheidungssatz hat zu lauten, daß der Enteignungspflichtige verpflichtet ist, die näher zu bezeichnenden Grundstücke „gegen vorgängige volle Entschädigung" abzutreten. Der VGH. legt mit Recht (z. B. in den E. v. 11. 10. 1907 Nr. 79 I/07, 24. 5. 1907 Nr. 15 I/07) darauf Wert, daß die Gegenleistung entsprechend den Worten des Gesetzes ausdrücklich im Entscheidungssatz aufgeführt wird.

8. Wird die Entscheidung des Regierungssenats rechtskräftig oder dessen Bescheid vom VGH., wenn auch unter

Abänderungen des Entscheidungssatzes bestätigt, so endigt damit das Verfahren über die Feststellung der Abtretungspflicht. Nunmehr ist nach Art. 17 ff. AG. zu verfahren.

9. Die **Kosten** des erstinstanziellen Verfahrens über die Abtretungspflicht bei der K. Regierung fallen dem Abtretungspflichtigen zur Last, VGH. 12, 32; 15, 258, insbes. 22, 50. Dagegen hat die Kosten des Verfahrens vor dem VGH. nach den allgemeinen Grundsätzen der unterliegende Teil zu tragen, VGH. 12, 37; 22, 56. Bezüglich der Kosten der Anwälte siehe Anm. 2 zu Art. 23 AG.

Art. XIX—XXI.

Sie wurden gemäß Art. 45 AG. ZPO. KO. v. 23. 2. 1879 (siehe Anm. 6 der Vorbemerkungen) ersetzt durch Art. 46 mit 55 dieses Gesetzes.

Maßgebend ist nunmehr (siehe Anm. 6 der Vorbemerkungen) der Abschnitt „Zwangsenteignung" des Gesetzes zur Ausführung der Reichs-Zivilprozeßordnung und Konkursordnung in der Fassung der Bekanntmachung vom 26. 6. 1899.

Zwangsenteignung.

Zur Überschrift vgl. Ziff. III 4a zu Art. 26 AG.

Art. 16 (45).*)

An Stelle der Art. XIX, XX, XXI und XXII Ziff. 5 und 6 des Gesetzes vom 17. November 1837, die Zwangsabtretung von Grundeigentum für öffentliche Zwecke betreffend, treten nachstehende Bestimmungen.

*) Die Nummern des AG. ZPO. KO. älterer Fassung sind in Klammern beigefügt.

Art. 17 (46).[1]

Wird die Abtretung des angesprochenen Grundeigentums nicht verweigert oder ist über die Verpflichtung zur Abtretung von der zuständigen Administrativjustizstelle ein rechtskräftiges Erkenntnis erlassen, so hat auf Antrag des Abtretungsberechtigten[2] die Feststellung der Entschädigung im Wege der Schätzung durch die zuständige[3] Distriktsverwaltungsbehörde zu erfolgen. Der Antrag hat die genaue Bezeichnung des abzutretenden Grundstücks sowie die Angabe des Abtretungspflichtigen und der sonstigen Beteiligten zu enthalten. Der Antrag soll[4] soweit tunlich für die in demselben Verwaltungsbezirke belegenen Grundstücke gleichzeitig gestellt werden.

Wird die Einleitung des Schätzungsverfahrens bezüglich eines zur Abtretung ausgesprochenen Gegenstandes nicht binnen sechs Monaten von der freiwilligen Anerkennung der Abtretungspflicht oder dem hierüber ergangenen rechtskräftigen Erkenntnis an von Seite des Abtretungsberechtigten beantragt, so ist der Abtretungspflichtige[5] zur Stellung des Antrags befugt.[6]

1. a) Art. 17 mit 20 stellen das sogenannte administrative Schätzungsverfahren dar. Es ist ein summarisches Verfahren und bedingt einen endgültigen Abschluß des Verfahrens nur unter dem Vorbehalt, daß nicht binnen der in Art. 21 bezeichneten Frist die Entscheidung der Gerichte angerufen wird. Das Verfahren setzt voraus, daß die Abtretungspflicht feststeht, entweder in gütlicher Einigung zu Protokoll der Distriktsverwaltungsbehörde ausdrücklich bedingungslos anerkannt worden ist (Ziff. III 1 b zu Art. 26), oder rechtskräftig ausgesprochen ist (Anm. 8 zu Art. XVIII).

b) Es ist kein notwendiger Bestandteil des Enteignungsverfahrens. Wenn in der Tagsfahrt nach Art. XVII nicht nur über die Abtretungspflicht sondern auch über die Höhe und Art der Entschädigung Einigung erzielt und diese Einigung nach Art. 26 AG. niederschriftlich festgelegt wird, so schließt das Verfahren mit der Protokollierung der gütlichen Einigung.

c) Es ist sehr wohl auch eine Teilerledigung des Verfahrens möglich. Wenn hinsichtlich einzelner Beteiligter oder hinsichtlich einzelner Grundstücke, ja hinsichtlich eines Teils eines Grundstücks eine gütliche Einigung erzielt wird, scheiden diese nicht mehr im Streit befindlichen Grundstücke oder Grundstücksteile aus dem Verfahren aus (vgl. Eymann II 429). Es steht auch nichts im Wege, das Entschädigungsverfahren hinsichtlich einzelner Grundstücke dann zunächst auszusetzen, wenn eine Vereinbarung zwischen dem Abtretungspflichtigen und dem Enteigner dahin erzielt wurde, daß der Durchschnittspreis der Schätzungen anderer Grundstücke oder der von den Schätzern für ein Vergleichsgrundstück zu ermittelnde oder für dieses gerichtlich festzustellende Preis zugrunde gelegt werden soll (Eymann II 429).

2. Auf Antrag des Berechtigten, also nicht von Amts wegen. Eine Form ist für den Antrag nicht vorgeschrieben.

3. Zuständige. Siehe Anm. 6 zu Art. XIV.

4. Soll gestellt werden. Seit der Novelle von 1899 ist dies nur Ordnungsvorschrift, siehe vorstehende Anm. 2c. Ob die Trennung gerechtfertigt ist, entscheidet das Ermessen der Distriktsverwaltungsbehörde, Henle-Schneider Anm. 8 zu Art. 166, 1. Aufl. S. 311, 2. Aufl. S. 313.

5. Abtretungspflichtige, d. i. jeder andere Entschädigungsberechtigte, Seydel II 366 Anm. 25, Henle 123 Anm. 10, Hartmann 76 Anm. 1, Henle-Habel 35 Anm. 6.

Die Entsch. des VGH. v. 13. 7. 1910 Nr. 114 II/09 S. 16 will unter Bezugnahme auf Art. XV durch das

12*

Wort „Abtretungspflichtiger" in Art. 17 (und dann wohl auch in Art. 21) nur den Eigentümer, nicht auch die sonstigen Entschädigungsberechtigten (z. B. Hypothekgläubiger) getroffen wissen. Dieser Rechtsauffassung kann nicht zugestimmt werden. Die Auslegung hat allerdings, wenn man nur den Art. XV ZEG. heranzieht, den Wortlaut dieser Bestimmung für sich. Allein sie ist mit der Entstehungsgeschichte des Gesetzes und dem Willen des Gesetzgebers (siehe Henle 132, 133 Anm. 2 zu Art. 50) unvereinbar. Das Wort „Abtretungspflichtiger" bedeutet in Art. 17 und 21 AG. nur den Gegensatz zum „Abtretungsberechtigten" und will sowohl den in Art. XV Ziff. 2 getroffenen Eigentümer, wie die in Art. XV Ziff. 3 gemeinten übrigen Entschädigungsberechtigten zusammenfassen. Getroffen sind insbesondere auch die Hypothekengläubiger (ObLG. nS. 7, 556). Es ist auch nicht einzusehen, warum die übrigen Entschädigungsberechtigten [wie der VGH. 26, 236 anerkennt, vgl. hier Anm. 2 zu Art. XVIII] zwar neben dem Eigentümer das selbständige Recht auf Bestreitung der Abtretungspflicht haben sollen, dagegen nicht den Weg zur Verfolgung ihres Anspruchs auf die Gegenleistung, die Entschädigung, in der durch Art. 17 und 21 gegebenen Art.

6. Vorausgesetzt ist jedoch stets, daß der Antrag auf ZE. aufrecht erhalten bleibt. Der Antrag kann (siehe Seydel II 359, hier Anm. 7b zu Art. XII, Anm. 4b zu Art. XIV) jederzeit bis zur Durchführung der ZE., also bis zum Eigentumsübergang oder der Besitzeinweisung zurückgenommen werden. Wird der ZEantrag zurückgenommen, so bleibt dem Enteignungspflichtigen nur der Anspruch auf Schadensersatz nach Art. XII Abs. III, siehe Anm. 7a zu Art. XII.

Art. 18 (47).

Die Distriktsverwaltungsbehörde bestimmt sofort einen Termin zur Abschätzung der in dem Antrage bezeichneten Gegenstände. Nach Lage der Sache können zur Abschätzung einzelner Gegenstände oder bestimmter Gruppen derselben gesonderte Termine bestimmt werden.[1]

Zu dem Termine sind die Beteiligten[2] zu laden[3] sowie drei[4] Sachverständige als Schätzleute entweder für alle zur Abschätzung bestimmten Gegenstände oder für einzelne Gegenstände oder einzelne Arten derselben beizuziehen.[5] Auf die Ladung finden die Vorschriften des Art. XV Abs. 1 Satz 2, Abs. 2, 3 des Gesetzes vom 17. November 1837 entsprechende Anwendung,[6] schriftliche Mitteilung erfolgt nur an den Abtretungsberechtigten, die Abtretungspflichtigen und die sonstigen Beteiligten, die sich zur Teilnahme an dem Schätzungsverfahren bei der Distriktsverwaltungsbehörde gemeldet haben.[7] Die Schätzleute sind, sofern sich nicht die Beteiligten über deren Wahl geeinigt und spätestens eine Woche vor dem Termine hievon Anzeige gemacht haben, von der Distriktsverwaltungsbehörde zu ernennen.[8] Personen, welche als Entschädigungsberechtigte von der Enteignung betroffen sind oder welche an der Feststellung der Entschädigungssumme sonst ein rechtliches Interesse haben,[9] können nicht als Schätzleute bestimmt werden.[10]

1. Vergl. Anm. 2c zu Art. 17. Getrennte Termine werden sich insbes. dann empfehlen, wenn es sich um wirtschaftlich verschiedenartige Gegenstände wie gewerbliche Anlagen, städtische, ländliche Grundstücke handelt.

2. Beteiligten. Soweit die Grundstücke in Betracht kommen, hinsichtlich der sie Rechte geltend zu machen haben. Über den Begriff und Umfang der Beteiligten siehe Anm. 3 und 18 zu Art. XV.

3. Form der Ladung siehe den 2. Satz dieses Absatzes und Anm. 12 zu Art. XV. Über den Ladungsnachweis Anm. 16 zu Art. XV. Die Abschätzung findet statt, ob die Beteiligten erscheinen oder nicht. Dem Ausgebliebenen erwachsen keine Rechtsnachteile. Über die Bevollmächtigung siehe Anm. 13c zu Art. XV. Vertretung durch Rechtsanwälte steht frei.

4. Es müssen immer drei Schätzleute sein.

5. a) Nicht erforderlich ist, daß die drei Schätzleute alle Gegenstände zu schätzen haben. Es können für ländliche Grundstücke andere Schätzleute wie für städtische gewählt werden. Es können besondere drei Schätzleute für einen Gegenstand bestimmt werden, dessen Wertung besondere technische Kenntnisse voraussetzt. Soll jedoch die Abschätzung der verschiedenartigen Gegenstände in einem Termin vorgenommen werden, so sind für jede Art drei Sachverständige der geeignet erscheinenden Berufsgruppe beizuziehen (vgl. Henle-Habel 36 Anm. 3).

b) Eine Pflicht zur Übernahme des Schätzeramtes besteht nicht, Seydel II 366 Anm. 27, Harster 666 Anm. 4 Ziff. 2. Die Bestimmungen des Art. 20 Abs. 6 VGHG. sind, da es sich hier um keine Verwaltungsrechtssache nach Art. 20 Abs. 1, auch nicht um eine Streitsache nach Art. 45 VGHG. handelt, nicht anwendbar. Eine entsprechende Anwendung erscheint unzulässig, da darauf wohl eine Zwangspflicht nicht begründet werden kann, a. M. Henle 125 Anm. 6 und Henle-Habel 37 Anm. 3.

Unentschuldigtes Ausbleiben der Schätzleute wird für diese nur dann die Kosten der vereitelten Tagsfahrt nach sich ziehen können, wenn die Schätzleute bereits die Annahme ihres Amtes erklärt haben. Es ist deshalb zweckmäßig, insbesondere, wenn die Schätzleute durch die Distriktsverwaltungsbehörde bestimmt werden, über die Annahme des Schätzeramts einen Nachweis zu den Akten zu bringen (a. M. Henle-Habel 37 Anm. 3; mit dem gleichen Ergebnis wie hier Meikel AG. Anm. 3 S. 479).

c) Die Gebühren der Schätzleute bemessen sich nach der VO. vom 22. 9. 1879 (GVBl. S. 141) betr. die Gebühren der Zeugen und Sachverständigen und demgemäß nach der Reichsgebührenordnung für Zeugen und Sachverständige i. F. d. Bek. v. 20. 5. 1898 (beide abgedruckt bei Dyroff 3. Aufl. 134 ff., 4. Aufl. 141 ff.).

6. Siehe die Anm. 6, 12, 16, 17 und 18 zu Art. XV.

7. Es müssen also nur der Enteigner und die Eigentümer (die Hauptbeteiligten) besonders schriftlich geladen werden, die übrigen Entschädigungsberechtigten (Nebenbeteiligten) nur, wenn sie sich besonders gemeldet haben. Für diejenigen, welche sich nicht gemeldet haben, genügt die öffentliche Bekanntmachung der Schätzungstagsfahrt. Es empfiehlt sich jedoch, wenn man eine gütliche Einigung zu erzielen hofft und wesentlich beteiligte andere Entschädigungsberechtigte, z. B. Hypothekgläubiger vorhanden sind, auch diese ohne Rücksicht auf ihre Unterlassung der Meldung besonders zu laden und zum Erscheinen zu veranlassen. Denn die gütliche Einigung zwischen Enteigner und Eigentümer ist für die nicht erschienenen Hypothekgläubiger nicht bindend, siehe Anm. 3 zu Art. 19 und Ziff. IV A 2b, dann Ziff. IV B 6 zu Art. 26.

8. Nach ihrem Ermessen, siehe jedoch Anm. 9. Ein Vorschlagsrecht eines der Beteiligten besteht nicht. Eine Benachrichtigung der Beteiligten über die Bestimmung der Schätzleute braucht nicht stattzufinden (Henle-Habel 38 Anm. 7). Die Beteiligten haben kein Recht der Ablehnung der ernannten Sachverständigen. Es können die für die amtliche Feststellung des Werts von Grundstücken von den Amtsgerichten nach der Bek. des StM. der Justiz und des Innern vom 14. 7. 1909, JMBl. 307 ff., ernannten Schätzer gewählt werden. Es können ebensogut andere geeignete Persönlichkeiten bestimmt werden.

9. Z. B. Hypothekgläubiger, Pächter, die ja selbst Beteiligte des Verfahrens sind. Wenn dagegen mit einem im Verfahren Beteiligten sowohl über die Abtretungspflicht wie über die Entschädigung Einigung erzielt ist,

steht der Bestimmung dieses Beteiligten als Schätzmann durch die Distriktsverwaltungsbehörde kein rechtliches Bedenken entgegen (ebenso Eymann II 430).

10. Bestimmt werden.

Ist also eine Schätzung durch Schätzleute vorgenommen worden, die durch die zwingende Vorschrift nicht bestimmt werden durften, so ist die Schätzung ungültig. Mit Seydel II 366 Anm. 26 und Henle Anm. 12 S. 127 gegen Henle-Habel 38 Anm. 7 und Harster 666 Anm. 4 Ziff. 2 wird anzunehmen sein, daß das Verbot des letzten Satzes des Art. 18 nur für die Schätzleute gilt, welche von der Distriktsverwaltungsbehörde ernannt, nicht für diejenigen, welche von den Parteien gewählt werden.

Art. 19 (48).

In dem Abschätzungstermine hat zunächst mit Zuziehung der Schätzleute Einnahme des Augenscheins und Vernehmung der Beteiligten[1] über etwaige besondere auf die Wertsbestimmung Einfluß äußernde Verhältnisse sowie über die von den Abtretungspflichtigen beanspruchten und von dem Abtretungsberechtigten angebotenen Summen zu Protokoll zu erfolgen[2] und ist unter den Beteiligten eine gütliche Einigung[3] zu versuchen. Im Falle des Nichtzustandekommens derselben wird sodann nach Beeidigung[4] und entsprechender Belehrung der Schätzleute zur protokollarischen Aufnahme[5] der Schätzungen geschritten. Für die Schätzung sind die in Tit. II des Gesetzes vom 17. November 1837 aufgestellten Grundsätze maßgebend.[6]

Den Schätzleuten kann nach Lage der Sache auch eine kurze Frist zur schriftlichen Abgabe der Schätzung eröffnet werden. In diesem Falle sind die zu beantwortenden Fragen zum Protokolle festzustellen und den Schätzleuten in Abschrift zu übergeben.[7]

1. Den Schätzern ist aus den Akten alles mitzuteilen, was für die Wertsbestimmung von Einfluß sein kann. Auch den Beteiligten, die sich durch Rechtsanwälte vertreten lassen können, ist Gelegenheit zu geben, alle Umstände hervorzuheben, welche für die Schätzung von Bedeutung sein können. Eine Pflicht zur Niederlegung des Ergebnisses des Augenscheins besteht nicht (Henle 128), doch ist die Niederlegung insbesondere, wenn besondere Umstände geltend gemacht worden sind, zweckmäßig.

2. Die Erklärung der Beteiligten muß im Protokoll niedergelegt sein und es muß ausdrücklich festgestellt sein, welche Summe vom Abtretungspflichtigen begehrt und welche vom Enteigner angeboten worden ist. Für die Form der Niederschrift sind, da es sich hier nicht mehr um die Vorbereitung eines verwaltungsrechtlichen Verfahrens handelt, die Bestimmungen des VGHG. (Anm. 7 zu Art. 17) nicht maßgebend, jedoch zweckmäßig zu beachten. Es ist endlich zweckmäßig (vgl. Anm. 4 zu Art. 22), die Enteignungspflichtigen zur Angabe der ihnen erwachsenen Kosten zu veranlassen.

3. Gütliche Einigung, siehe Ziff. III zu Art. 26 AG. Kommt die gütliche Einigung zustande, so wird sie mit ihrer Protokollierung rechtswirksam, Art. 26 Satz 1 AG. Wird eine Einigung unter allen hinsichtlich eines Grundstücks Beteiligten erzielt, so ist natürlich für eine Schätzung kein Raum mehr; anders dagegen, wenn nur eine gütliche Einigung des Eigentümers und des Enteigners ohne Zustimmung der Hypothekengläubiger erfolgt, siehe hier Ziff. IV A 2 b und Ziff. IV B 6 zu Art. 26.

4. Für die Beeidigung sind die Bestimmungen der Beeidigung der Sachverständigen §§ 410, 411 ZPO. entsprechend anzuwenden, vgl. Eduard Meyer in BladmPr. 46 S. 33 ff. insbes. S. 42. Die Bestimmungen in Art. 20

VGHG., § 5 der VV. hiezu treffen hier nicht, da weder eine Verwaltungsrechtssache, noch eine Verwaltungsstreitsache nach Art. 45 VGHG. in Frage steht. Mangels ausdrücklicher Bestimmung wird die Berufung des Sachverständigen auf den allgemeinen geleisteten Eid (§ 410 Abs. 2 ZPO., § 5 Abs. VV. zum VGHG.) nicht genügen. Der Ort der Beeidigung steht im Ermessen des Beamten (vgl. § 11 VV. VGHG.).

5. Vgl. hier Anm. 2.

6. Die Schätzleute sind auf die Grundsätze der Entschädigung im wesentlichen, soweit sie für den einzelnen Fall von Bedeutung sind, ausdrücklich hinzuweisen. Insbesondere darf der Rechtsgrundsatz des Art. IX nicht übersehen werden, ebensowenig die Notwendigkeit der Vorteilsausgleichung siehe Anm. 1 zu Art. IX. Der Verwaltungsbeamte hat sofort berichtigend einzugreifen, sobald er merkt, daß diese Grundsätze verkannt oder unrichtig aufgefaßt werden. (Henle-Habel Anm. 3 S. 39.)

7. Sind die Gutachten unvollständig, so sind sie bis zu ordnungsmäßiger Erstellung zurückzugeben, vgl. Anm. 3 zu Art. 20.

Art. 20 (49).

Auf Grund der von den Schätzleuten abgegebenen Erklärungen hat die Distriktsverwaltungsbehörde die Entschädigungssummen für die einzelnen Abtretungsgegenstände auszusprechen.[1] Hiebei ist dieselbe, falls die Wertsbestimmungen der Schätzleute übereinstimmen, an den hienach sich ergebenden Betrag gebunden.[2] Besteht Meinungsverschiedenheit unter den Schätzleuten, so ist die Entschädigungssumme unter Würdigung der Begründung der verschiedenen Wertsangaben, jedoch innerhalb der Grenze derselben, festzustellen.[3 4 5]

1. Sind mehrere ZEgegenstände, auch desselben Eigentümers, vorhanden, so ist die Schätzungssumme, wenn auch in einem Beschluß, gesondert festzusetzen. Der mit hinreichenden Gründen zu versehende Beschluß, der auch nach dem Schätzungstermin erlassen werden kann, ist kein Verwaltungsrechtsbeschluß. Es ist jedoch zweckmäßig, ihn in der Art der verwaltungsrechtlichen Beschlüsse zu erlassen, die Rechtsfolge des Art. 21 ausdrücklich aufzunehmen und insbesondere ihn zur Erlangung eines rechtsgültigen Nachweises des Beginns der Frist des Art. 21 förmlich zuzustellen, ebenso Eymann II, 430. Ein Ausspruch im Gebühren- und Kostenpunkt ist nicht notwendig, jedoch zweckmäßig. Die Kosten fallen dem Enteigner zu, das Verfahren ist gebührenfrei (Art. 23 AG.). Eine Eröffnung an die Beteiligten zu Protokoll ist zulässig.

2. Auch wenn die Schätzung offensichtlich den gesetzlichen Vorschriften nicht entspricht, vorausgesetzt, daß die Schätzung klar auf einen bestimmten Betrag lautet, vgl. Henle-Habel Anm. 4 S. 40.

3. Sind bei schriftlicher Begutachtung (Art. 19 Abs. 2) die abgegebenen Äußerungen unbrauchbar, so steht zunächst der in Anm. 7 zu Art. 19 erwähnte Weg zur Ergänzung frei. Ob eine neue Schätzung selbst mit Zustimmung und Beiziehung der Beteiligten möglich ist, möchte fraglich erscheinen (a. M. Henle 131, der die Frage für den Fall der Zustimmung und Beiziehung der Beteiligten bejaht und Hartmann 76 Anm. 2, der die Frage ohne weiteres bejaht).

4. Die Entschädigungssumme ist nach pflichtmäßigem Ermessen innerhalb der gegebenen Grenzen, der höchsten und niedersten Schätzung unter freier Würdigung der Begründung der einzelnen Wertangaben, festzusetzen, nicht etwa nur das arithmetische Mittel aus den verschiedenen Schätzungen auszurechnen (ebenso Harster 666 Anm. 5 Ziff. 4, Henle-Habel 40 Anm. 5).

5. Gegen den Beschluß ist nur das Rechtsmittel der Anrufung der gerichtlichen Entscheidung (Art. 21 AG.) gegeben und nur die Gerichte, nicht die Verwaltungsgerichte (VGH. 13, 558; 25, 396), sind in der Lage, die Richtigkeit der Schätzung, wie die Ordnungsmäßigkeit des Schätzungsverfahrens (vgl. folgende Anm. 4b) nachzuprüfen (vgl. Anm. 3b zu Art. XVIII), allerdings nur mit dem Ergebnis, daß die Schätzung berichtigt wird, nicht etwa, daß ein erneutes Verwaltungsschätzungsverfahren einzusetzen hätte. Anders steht die Sache, wenn trotz des stattgehabten Schätzungsverfahrens und erfolgten Beschlusses der Distriktsverwaltungsbehörde behauptet wird, daß eine bedingungslose Anerkennung der Abtretungspflicht, eine rechtswirksame Einigung über die Abtretungspflicht, nicht zustande gekommen sei. Zwar sind die Verwaltungsgerichte nicht befugt, die Ordnungsmäßigkeit des Schätzungsverfahrens nachzuprüfen, aber die Durchführung des Schätzungsverfahrens gibt für sie kein Hindernis, die Abtretungspflicht im Umfang der ihr zugewiesenen Zuständigkeit (Anm. 1 und 3 zu Art. XVIII) zu würdigen, VGH. 11 S. 64, 236; 21, 197.

Art. 21 (50).

Gegen die Feststellung der Entschädigungssumme[1] durch die Distriktsverwaltungsbehörde steht sowohl den Abtretungspflichtigen[2] als auch dem Abtretungsberechtigten innerhalb einer von Bekanntgabe der festgestellten Beträge an laufenden Ausschlußfrist von einem Monate[3] die Betretung des Rechtswegs behufs richterlicher Entscheidung über den Betrag der zu leistenden Entschädigung offen.

Für die Klage ist das Gericht ausschließlich zuständig, in dessen Bezirke das abzutretende Grundstück liegt.[6]

Auf Verlangen einer Partei ist eine neue Schätzung [6] vorzunehmen. Die Schätzleute, welche den Abtretungsgegenstand im Verfahren vor der Distriktsverwaltungsbehörde geschätzt haben, dürfen ohne Zustimmung der Parteien nicht als Sachverständige ernannt werden.

1. „Gegen die Feststellung der Entschädigungssumme", also völlig scheidet die Frage der Abtretungspflicht aus. Die Einreden der Art. III und IIIa können im gerichtlichen Schätzungsverfahren nicht mehr erhoben werden (hier Anm. 6 und 13b zu Art. III, Anm. 5 zu Art. IIIa). Für die Weiterverfolgung des öffentlichrechtlichen Anspruchs auf Entschädigung ist durch die besondere Vorschrift des Art. 21 die Zuständigkeit der Gerichte begründet (vgl. Anm. 2c der Vorbemerkungen S. 20), jedoch nur in der durch Art. 21 gegebenen Art insofern, als gegen den Feststellungsbeschluß der Distriktsverwaltungsbehörde (nicht etwa vor der Erlassung desselben) der Rechtsweg betreten werden kann.

2. Abtretungspflichtige. Wie in Art. 17 Abs. 2 (siehe dort Anm. 5) ist darunter jeder Entschädigungsberechtigte zu verstehen (Seydel II 367 Anm. 31, Henle 133 Anm. 2, Hartmann 76, Meikel AG. 481 Anm. 1, Henle-Habel 42 Anm. 2), nicht nur der Eigentümer, sondern auch die Art. II, V Nr. 3, XI aufgeführten Entschädigungsberechtigten, insbesondere die Hypothekgläubiger (ObLG. nS. 7, 556, auch BayZfR. 1, 371). Jeder Entschädigungsberechtigte kann selbständig für sich wie der Enteigner den Rechtsweg, insbesondere (vgl. die folgende Anm. 3) durch Klage und Widerklage, betreten. Dagegen ist es selbstverständlich ausgeschlossen, daß das Gericht eine Erhöhung der Entschädigung eines Berechtigten vornimmt, der den Rechtsweg gar nicht betreten hat (vgl. Henle-Habel 42 Anm. 5; Schierlinger 300).

3. Ausschlußfrist von einem Monate. Die Frist beginnt für jeden Berechtigten vom Beginn der Bekanntgabe des

Beschlusses nach Art. 20 (Henle 134 Anm. 5). Die Frist ist eine Präklusivfrist und gilt auch für eine etwaige Widerklage. Sie bemißt sich nach § 222 ZPO., § 187 Abs. 1, § 188 Abs. 2 BGB.

Über die Form, in welcher der Rechtsweg betreten werden muß, ist eine besondere Bestimmung nicht getroffen. Die Beteiligten sind daher nicht auf den Weg der Klage beschränkt, sondern es genügt, wenn sie die gerichtliche Entscheidung in prozeßrechtlich zulässiger Weise beim zuständigen Gericht beantragen (ObLG. nS. 2, 63). Wenn also bereits vor dem Verwaltungsschätzungsverfahren ein Rechtsstreit über den Bestand eines Rechtes, dessen Entscheidung dann im Verwaltungsschätzungsverfahren festgesetzt wurde, anhängig war und in der Zwischenzeit ruhte, genügt die Zustellung eines Schriftsatzes, daß der Entschädigungsprozeß wieder aufgenommen wird und der Beklagte zu dem auf Antrag zu bestimmenden Termin geladen wird (ObLG. nS. 2, 63).

4. Betrag der Entschädigung.

a) Das Gericht hat über die Höhe der Entschädigung nach freier richterlicher Beweiswürdigung zu entscheiden, siehe Anm. 5 zu Art. V. Für das Gericht sind nur die Grundsätze der Art. V ff. bindend. Das Gericht kann die Gutachten des Verwaltungsschätzungsverfahrens zugrunde legen, auch eine neue Schätzung vornehmen oder sonst nach Maßgabe der ZPO. den Wert ermitteln. Eine Einschränkung in den Beweismitteln ergibt jedoch Abs. 3, ohne daß jedoch das Gericht sachlich an das Ergebnis dieser neuerlichen Abschätzung irgendwie gebunden wäre, siehe nachfolgende Anm. 6a, ObLG. aS. 5, 960; 13, 44; 16, 135; nS. 2, 125.

b) Auch neue Tatsachen, welche im Verwaltungsschätzungsverfahren nicht geltend gemacht worden sind, können ohne jeden Rechtsnachteil von den Parteien betont werden. Fehler im Verwaltungsschätzungsverfahren können von den Parteien gerügt werden, (vgl. VGH. 13, 558; 25, 396, hier Anm. 5 zu Art. 20, a. M. Henle 137 Anm. 6, Harster 666 Anm. 4 Ziff. 4). Allerdings kann die

Rüge nur das Ergebnis haben, daß die Schätzung berichtigt wird, nicht etwa, daß ein erneutes Verwaltungsschätzungsverfahren einzusetzen hätte. Auch die Frage, ob eine rechtsgültige Einigung, nicht über die Abtretungspflicht, aber über die Art und Höhe der Entschädigung nach Art. 26 AG. zustande gekommen ist, kann gegebenenfalls der richterlichen Würdigung unterstehen (vgl. Ziff. III, 5 zu Art. 26 AG.). Dagegen entzieht sich der richterlichen Prüfung völlig die Frage der Abtretungspflicht und damit auch jede Möglichkeit der Prüfung der Gesetzmäßigkeit des verwaltungsrichterlichen Verfahrens und der vor dieser Entscheidung liegenden Abschnitte des ZEverfahrens. Würde im gerichtlichen Prozesse vorgebracht, daß eine gütliche Einigung über die Abtretungspflicht nicht erfolgt sei, so ist das Verfahren auszusetzen und zunächst die Entscheidung durch die zur Bescheidung dieses Streitpunkts allein zuständigen Verwaltungsgerichte zu veranlassen. Denn „die Liquidität der Abtretungspflicht bildet die unerläßliche Voraussetzung für die Eröffnung des Entschädigungsverfahrens und ist für die zivilrichterliche Entscheidung über die Entschädigungsfrage präjudiziell", VGH. 11, 70.

c) Wie neue Tatsachen vorgebracht werden können, kann auch der vom Enteigner bisher bewilligte Betrag erniedrigt, der vom Entschädigungsberechtigten geforderte Betrag erhöht werden. Auch während des Rechtsstreits ist im Rahmen des § 268 ZPO. Klageerweiterung möglich. Dagegen darf das Gericht Nachteile und Schäden, welche von den Parteien nicht geltend gemacht sind, nicht ohne weiteres berücksichtigen. Wenn der Entschädigungsberechtigte einen Verlust z. B. nach Art. V Ziff. 2, c oder d nicht beansprucht hat, so kann kein Ersatz zugesprochen werden (§ 308 ZPO., Henle 136, 137 Anm. 6 b, vgl. ObLG. a S. 2, 348).

5. Zuständigkeit.

a) Für die örtliche Zuständigkeit ist ausschließlich der Gerichtsstand der gelegenen Sache gegeben. Ein vereinbarter Gerichtsstand ist unzulässig, § 40 Abs. 2 ZPO. Wenn sich ein Grundstück über die Grenzen mehrerer

Gerichtsbezirke erstreckt oder der Fall des § 890 BGB. vorliegt, so ist nach § 36 Ziff. 4 ZPO. zu verfahren (Henle-Schneider Anm. 10 zu Art. 166, 1. Aufl. 312, 2. Aufl. 314, Böhm-Klein 326; Schierlinger S. 177, 299).

b) Die sachliche Zuständigkeit bemißt sich nach den allgemeinen Grundsätzen: §§ 23, 70, 71, 123 GVG. Der Streitwert ist zu bemessen nach dem Unterschiede zwischen der von der Distriktsverwaltungsbehörde festgesetzten und der im Prozeßweg geltend gemachten höheren oder niederen Summe: ObLG. aS. 13, 481, Henle 135, Henle-Habel Anm. 5, a. M. Seydel II 367 Anm. 35, welcher die ganze Entschädigungssumme als maßgebend erachtet.

c) Gebühren: Art. 24 GebG. i. F. d. Bek. v. 13. 7. 1910, GVBl. 318.

6. Neue Schätzung.

a) Hierin liegt eine Bindung des Gerichts, das Beweismittel ohne weiteres auf Forderung einer Partei zuzulassen. Diese Bindung gilt aber nur für die erste Instanz, ObLG. nS. 2 S. 125, 131. Das Ergebnis untersteht freier richterlicher Beweiswürdigung. Das Gericht hat das Ergebnis des gesamten Verfahrens seinem Urteil zugrunde zu legen. Ob und welcher Schaden entstanden ist, entscheidet das Gericht unter Würdigung aller Umstände nach freier Überzeugung. Ob und inwieweit eine beantragte Beweisaufnahme über die erwähnte Bindung des Gerichts hinaus oder die Begutachtung durch weitere Sachverständige von Amts wegen anzuordnen sei, steht im Ermessen des Gerichts. § 287 ZPO. ist auch für dieses Verfahren maßgebend; ObLG. aS. 13, 44 ff., 610 ff.; 16, 135 ff.; nS. 2, S. 125, 130, Harster 666 Anm. 4 Ziff. 4, vgl. Anm. 2 zu Art. V.

b) Wie viel Schätzleute aufgestellt werden, steht im Ermessen des Gerichts. Eine Bindung an eine Zahl ist nicht gegeben. Ebenso steht, abgesehen vom letzten Satze des Abs. 3, die Auswahl völlig im Ermessen des Gerichts, vgl. ObLG. nS. 2, 125. Die Zulässigkeit der Ablehnung eines Sachverständigen, die Pflicht zur Gutachtensabgabe, die Beeidigung, die Gebühren der Sachverständigen bemessen sich nach den Bestimmungen der §§ 402—414 ZPO., §§ 3 ff. der Gebührenordnung für Zeugen und Sachverständige vom 30. 6. 1878.

c) Unbenommen bleibt es dem Gericht, nach Maßgabe der ZPO. (vgl. insbes. § 412) seinerseits weitere Sachverständige zu hören.

d) Gebühren, siehe Art. 24 Abs. 1 GebG. i. d. F. d. Bek. v. 13. 7. 1910, GVBl. S. 318.

Art. 22 (51).[1]

Nach Feststellung der Entschädigungssumme durch die Distriktsverwaltungsbehörde ist der Abtretungsberechtigte ohne Rücksicht darauf, ob die Frist zur Betretung des Rechtswegs noch läuft oder derselbe betreten wurde,[2] befugt, gegen Erlage[3] der festgestellten Entschädigungssumme und des Betrags der dem Abtretungspflichtigen erwachsenen Kosten[4] die Einweisung in den Besitz der Abtretungsgegenstände durch die Distriktsverwaltungsbehörde zu erwirken[5] und sodann über dieselben nach Maßgabe der Zweckbestimmung frei zu verfügen,[6] insoweit dies nicht auf Antrag des Abtretungspflichtigen nach Anordnung des angerufenen Gerichts[7] von vorheriger Sicherheitsleistung für den Fall der Erhöhung der Entschädigungssumme durch richterliches Urteil abhängig gemacht wird. Ist der Abtretungsberechtigte der Staat, so kann an Stelle der Einweisung in den Besitz die sofortige Zwangsabtretung[8] erwirkt werden; zu einer Sicherheitsleistung ist der Staat nicht verpflichtet.[9]

1. Zeitpunkt des Eigentumsübergangs.

a) Über den Zeitpunkt des Eigentumsübergangs enthält weder das ZEG. noch das AG. eine Bestimmung. Auszugehen ist von dem Grundsatz, daß die Entwehrung nur gegen vorgängige volle Entschädigung (Art. I A Buchst. b) erfolgen darf. Das Eigentum kann also nicht eher übergehen, das belastende Recht nicht eher zur Entstehung kommen, als bis dem entwehrten Eigentümer zuvor volle Entschädigung gewährt worden ist. Zum gleichen Ergebnis führt die Bestimmung im Art. 22 Satz 1. Hier wird ausgeführt, daß unter der Voraussetzung der Erlegung der einstweilen festgestellten Entschädigungssumme die Einweisung in den Besitz durch besonderen Beschluß der Distriktsverwaltungsbehörde erwirkt werden kann. Die Bestimmung setzt sonach voraus, daß das Eigentum noch bis zur endgültigen Festsetzung und Erlegung der Entschädigungssumme dem Enteignungspflichtigen verbleibt, selbst wenn Besitzeinweisung nach Art. 22 AG. erfolgt sein sollte. Dieses rechtliche Ergebnis (a. M. Henle 141 Anm. 2, Hartmann 81 Anm. 3) wurde auch durch die Novelle von 1899 und die danach erfolgte Änderung des Satzes 2 klargestellt. Hier wird ausdrücklich gesagt, daß an Stelle der Einweisung in den Besitz die sofortige Abtretung, also der Übergang des Eigentums, erwirkt werden kann, wenn der Staat der Enteigner ist.

b) Der Eigentumsübergang vollzieht sich sonach, abgesehen von dem Falle des Art. 22 Satz 2 bei völlig durchgeführtem ZEverfahren, in dem eine gütliche Einigung nicht zustande gekommen ist, in dem Augenblick, in welchem nach festgestellter Entschädigung der Entwehrte die Entschädigungssumme erhält oder, wenn zulässig, diese Entschädigungssumme für ihn hinterlegt wird (vgl. ObLG. nS. 8, 556; § 13 Abs. 1 der FinMBek. v. 23. 2. 1905, Fin.-MBl. 43).

Die Entschädigung ist festgestellt, wenn entweder die einmonatliche Frist des Art. 21 unbenützt abgelaufen oder die Summe durch rechtskräftiges Urteil nach Art. 21 AG. festgesetzt ist.

Die Entschädigung muß dem Entwehrten zugegangen sein. Zahlt der Enteigner die Entschädigung, ohne sich eine öffentlich beurkundete oder öffentlich beglaubigte Empfangsbestätigung erteilen zu lassen, so wird er zwar Eigentümer des Grundstücks. Um aber die Berichtigung des Grundbuchs erwirken zu können, muß er dem Grundbuchamt eine den Vorschriften der GBO. (§ 29) entsprechende Quittung in öffentlicher oder öffentlichbeglaubigter Urkunde vorlegen: ObLG. nS. 8, 556.

Der Übergabe der Entschädigungssumme an den Entwehrten steht die Hinterlegung an amtlicher Stelle dann gleich, wenn dies, wie in Art. X und XI ZEG. ausdrücklich im Gesetze vorgesehen ist, weiter, wenn der Gläubiger (Enteignungspflichtige) im Verzug der Annahme ist (vgl. §§ 293 ff. BGB.) und endlich, wenn bereits die Hinterlegung in vollem Umfang der Entschädigung als Sicherheitsleistung zur Erlangung der Besitzeinweisung im Vollzug des Art. 22 Satz 1 erfolgt ist.

c) Bezüglich des Eigentumsübergangs bei gütlicher Einigung im Falle des Art. 26 siehe dort Ziff. IV.

d) Die Pflicht, die Entschädigungssumme zu verzinsen, beginnt mit dem Zeitpunkt der Besitzeinweisung.

e) Das **Grundbuchamt** hat selbständig zu prüfen, ob die Enteignung (der Eigentumsübergang durch die ZE.) vollzogen ist, und zu diesem Zwecke muß ihm in der Form des § 29 GBO. nachgewiesen werden, daß die Voraussetzungen des Eigentumsübergangs erfüllt sind, ObLG. nS. 8 S. 348, 552, 555. Der Nachweis muß durch öffentliche oder öffentlich beglaubigte Urkunden erfolgen. Liegt eine gütliche Einigung der Parteien nach Art. 26 AG. nicht vor, sondern vollzieht sich der Übergang des Eigentums durch rechtskräftige Feststellung der Entschädigungssumme und Gewährung der Entschädigung an den Entwehrten, so muß sowohl die rechtskräftige Feststellung der Entschädigung, wie die Befriedigung des Entschädigungsberechtigten durch öffentliche oder öffentlich beglaubigte Urkunden nachgewiesen werden (ObLG. nS. 8, 348). Das erstere ist ohne Schwierigkeit, da die Vorlage einer Ausfertigung des Urteils mit Rechtskraftbestätigung genügt. Für das zweite muß die öffentliche oder öffentlich beglaubigte Urkunde entweder in der Weise beschafft werden, daß der Empfang der Entschädigung vom Enteignungspflichtigen in öffentlicher oder öffentlich beglaubigter Urkunde bestätigt wird oder im Falle der bereits nach Art. 22 Satz 1 erfolgten oder sonst zulässigen Hinterlegung die Bescheinigung der (öffentlichen) Hinterlegungsstelle vorgelegt wird.

f) Bezüglich der Löschung der Verfügungsbeschränkung nach Art. XVI siehe dort Anm. 2e.

2. Also selbst wenn bereits Klage nach Art. 21 erhoben wurde.

3. Erlage.

a) Zu erlegen ist die im Verwaltungsschätzungsverfahren (Art. 20) durch Beschluß der Distriktsverwaltungsbehörde festgestellte Entschädigungssumme. Der Enteigner kann über den Empfang Quittung in öffentlicher Urkunde (auch zu Protokoll der Distriktsverwaltungsbehörde) verlangen. Weigert sich der Enteignungspflichtige, den Betrag in dieser Form anzunehmen, so ist die Hinterlegung und zwar auf Kosten des Enteignungspflichtigen zulässig (vgl. §§ 293 ff. BGB., Henle Anm. 3 S. 142). Die Kosten der Quittung in öffentlicher Urkunde treffen den Enteigner.

b) Zur Annahme der Hinterlegung im Falle des Art. 22 ist die Distriktsverwaltungsbehörde berechtigt und verpflichtet. A. M. Meikel AG. S. 483 Anm. 2 zu Art. 22, welcher ausschließliche Hinterlegung bei Gericht nach Maßgabe des § 372 BGB. und der Hinterlegungsordnung annimmt. Dem muß entgegengehalten werden, daß dann auch § 376 Abs. 2 BGB. zu gelten hätte und der Enteignungspflichtige durch die Erklärung der Annahme die Zurücknahme ausschließen könnte, sonach dem Enteigner den Weg der Klage auf eine niedrigere Summe als die im Verwaltungsschätzungsverfahren festgesetzte Summe verwehren könnte. Das kann sicherlich nicht Absicht des Gesetzgebers gewesen sein. Selbst wenn man zugibt, daß der Enteigner hinsichtlich desjenigen Teils der hinterlegten Summe, welcher die vom Gerichte endgültig zugesprochene Entschädigung übersteigt, auf Grund der Bestimmungen über ungerechtfertigte Bereicherung, §§ 812 ff. BGB., die Einwilligung des Entschädigungsberechtigten in die Rücknahme verlangen kann (vgl. Staudinger Anm. III zu § 376), ist folgendes zu beachten: Die Hinterlegung hat zur Befriedigung eines öffentlichrechtlichen Anspruchs (siehe Anm. 2c der Vorbemerkungen S. 19 ff.) zu erfolgen. Art. 4 EG. BGB. hat für das Zwangsenteignungsrecht gemäß Art. 109 EG. BGB. nur insofern Bedeutung, als nicht das (abgesehen von Art. 52 und 53 EG. BGB.) unberührt gebliebene Landesrecht Anderes bestimmt. Eine besondere Zuweisung der Hinterlegung wie in Art. XI ist hier nicht ausgesprochen. Im Falle der Hinterlegung des Art. XI sind auch die Gerichte zu der an die Hinterlegung sich anschließenden Tätigkeit des Verteilungsverfahrens ausdrücklich berufen. Hier ist die Amtshandlung des öffentlichen Rechts, die Besitz- oder Eigentumsübertragung kraft öffentlichen Rechts, welche die Hinterlegung zur Voraussetzung hat, bei den Verwaltungsbehörden geblieben. In Frage steht also eine sogenannte administrative Hinterlegung, und die Grundsätze des bürgerlichen Rechts über Hinterlegung können nur insoweit Anwendung finden, als sie mit den Bestimmungen des ZErechts vereinbar sind.

Für die Hinterlegung ist maßgebend die Depositenordnung vom 22. 12. 1840 (Weber 3, 351 ff.), vgl. MBek. v. 24. 6. 1862, RegBl. 1439, Weber 3, 351 Fußnote 1; Pechmann-Brettreich 1, 33. Nach § 28 der Depositenordnung und dem Gesetze v. 25. 7. 1850, die Überweisung der Depositen und Einstandskapitalien von der K. Staatsschuldentilgungsanstalt an die K. Bank zu Nürnberg betr. (GVBl. 409; Weber 4, 180; vgl. MBek. v. 12. 9. 1875, GVBl. 576) sind bare Gelder unverzüglich der K. Bank oder den K. Filialbanken (im Regelfall der nächsten K. Filialbank) einzusenden. (Die KAB. v. 5. 5. 1905, GVBl. 461; MABl. 201 und die MBek. v. 13. 5. 1905, MABl. 203 ff., gelten nur für die Anlegung von Gemeinde- und Stiftungsgeldern.) Über die Art der Anlegung siehe die Bek. der K. Bankdirektion Nürnberg v. 11. 5. 1887, MABl. 197 ff., abgeändert durch die Bek. v. 15. 3. 1907, MABl. 196, FinMBl. 160, und bezüglich der Anlage auf verzinslichem Scheckkonto die Bek. v. 2. 5. 1907, MABl. 293 ff., FinMBl 211 ff.

Die Pfalz ist durch die Depositenordnung vom 22. 12. 1840 nicht getroffen worden. Mangels anderer Regelung wird man jedoch die Grundsätze dieser Verordnung entsprechend anzuwenden haben. Das angeführte Ges. v. 25. 7. 1850 ist nach Art. 1 dieses Gesetzes für das ganze Königreich erlassen (wenn auch die erste Filiale der K. Bank, Ludwigshafen, erst 1851 gegründet worden ist).

Keinem Bedenken wird es unterliegen, wenn der Enteigner mit Zustimmung des Entschädigungsberechtigten die Hinterlegung (unter der Bedingung der Rückzahlung an den Enteigner im Falle der Abminderung der im Verwaltungsverfahren festgesetzten Entschädigungssumme durch das Gericht) sofort bei der K. Bank oder Filialbank vornimmt.

Soweit eine Entschädigung nicht an den Eigentümer und an die in Art. II genannten Entschädigungsberechtigten, sondern an die in Art. XI getroffenen Hypothek-, Grundschuld- und Rentenschuldgläubiger in Frage kommt, hat die Erlage (im Betrage der Hypotheken und Zinsen, siehe Art. XI) bei Gericht oder bei der nach Art. 76 AG. GVG. für gerichtliche Hinterlegungen geschaffenen öffentlichen Hinterlegungsstelle (der K. Bank) zu erfolgen. Dies ergibt sich aus der in Art. XI gegebenen ausdrücklichen Vorschrift des Gesetzes, das ja auch die an die Hinterlegung anschließende Amtstätigkeit des Verteilungsverfahrens (Art. 24 AG.) den Gerichten zuweist. Eine Kollision kann durch die bei der Distriktsverwaltungsbehörde erfolgende Hinterlegung nicht eintreten, da es sich um getrennte Entschädigungsansprüche mit verschiedenen Rechtsfolgen handelt. Die Sicherheitsleistung im Falle der Anordnung des Gerichts (siehe folgende Anm. 7) hat selbstverständlich wie jede andere gerichtliche Sicherheitsleistung zu erfolgen.

c) Das Wort Erlage umfaßt auch die im Falle der Art. X und XI ZEG. erfolgende Hinterlegung bei Gericht.

d) Die Zinsen der hinterlegten Summe fallen, soweit der Rechtsweg nicht betreten wird, oder die gerichtliche Festsetzung der Entschädigung mit der durch die Distriktsverwaltungsbehörden erfolgten Festsetzung sich deckt, dem Entschädigungsberechtigten, im übrigen derjenigen Partei zu, die aus dem Rechtsstreit als Sieger hervorgeht (vgl. Henle Anm. 3 S. 142).

4. Kosten.

Wie in Anm. 2 zu Art. 19 bemerkt, ist es zweckmäßig, wenn die Distriktsverwaltungsbehörde im Abschätzungstermine die Enteignungspflichtigen zur Angabe ihrer Kosten, soweit möglich, veranlaßt. Ist dies nicht der Fall gewesen, so steht es dem Enteigner frei, selbst oder durch Vermittelung der Distriktsverwaltungsbehörde den Abtretungspflichtigen zur Angabe der Kosten zu veranlassen. Kommt der Enteignungspflichtige binnen angemessener Frist der Aufforderung nicht nach, so wird anzunehmen sein, daß zunächst ein besonderer Kostenersatz nicht begehrt wird (Henle Anm. 4 S. 142).

5. Besitzeinweisung.

a) Die Distriktsverwaltungsbehörde hat zu prüfen, ob die Voraussetzungen des Art. 22 Satz 1 gegeben sind, ob die Entschädigungssumme und die etwa begehrten oder nach den Akten erwachsenen Kosten erlegt sind, und weist dann durch Beschluß den Enteigner in den Besitz ein.

b) Nach Seydel II 367, Henle 143 Anm. 5, Harster 667 Anm. 4 Ziff. 5, Henle-Habel Anm. 4 S. 45 ist gegen den Beschluß ein Rechtsmittel nicht gegeben. Hartmann 81 erachtet die gewöhnlichen Rechtsmittel für zulässig und ihm folgt Müller 243. Zweifellos ist gemäß Art. 8 Ziff. 10 VGHG. eine Beschwerde im verwaltungsrechtlichen Verfahren ausgeschlossen. Dagegen wird man die Zulässigkeit der Anrufung der Oberaufsicht (Kreisregierung, Staatsministerium des Innern) auch nicht aus dem Umstande ausschließen können, daß das ZEG. und AG. über die Zulässigkeit eines Rechtsmittels schweigt. Danach erscheint die unbefristete Aufsichtsbeschwerde zulässig, vgl. Müller 245. Dagegen kann der Beschwerde keinerlei aufschiebende Wirkung zukommen.

6. Frei zu verfügen, also nunmehr zum ZEunternehmen zu verwenden. Etwaiger Widerstand des Enteigneten ist mit Art. 20 PStGB. zu brechen. Der Art. 46 BGHG. trifft nicht nicht zu. Art. 4 AG. ZPO. hilft nicht, da Art. 6 AG. ZPO. versagt (a. M. Schierlinger 300.

7. **Anordnung des Gerichts.**

Das nach Art. 21 angerufene Gericht kann den weiteren Besitz und die freie Verfügung über das Grundstück von vorgängiger höherer Sicherheitsleistung (§§ 108 ff. ZPO.) abhängig machen. Die Entscheidung erfolgt durch einstweilige Verfügung, §§ 935, 940 ZPO., Henle-Habel 46 Anm. 5. Die Worte „durch richterliches Urteil" gehören unmittelbar zu den vorangehenden Worten „für den Fall der Erhöhung der Entschädigungssumme", Henle 143 Anm. 7. Die Sicherheitsleistung hat wie jede andere gerichtlich angeordnete Sicherheitsleistung beim Amtsgerichte oder der K. Bank (Filialbank) zu erfolgen, soweit letzterer das Hinterlegungswesen zugewiesen ist. Bezüglich der Gebühren siehe Art. 24 GebG. i. F. d. Bek. v. 13. 7. 1910, GVBl. 318.

8. **Sofortige Abtretung.**

a) Für den Fall, daß der Staat der Enteigner ist, fällt jede Sicherheitsleistung auf Anordnung des Gerichts weg. Es wird eben als selbstverständlich erachtet, daß der Staat als Träger der Rechtsidee und als der Leistungsfähigste aller Rechtspersönlichkeiten die Gewißheit gibt, daß dem Entwehrten volle Entschädigung werde, auch für den Fall, daß durch richterliches Urteil eine höhere Summe festgesetzt wird, als im Verwaltungsverfahren ermittelt worden ist.

In diesem Fall kann durch den Beschluß der Distriktsverwaltungsbehörde nicht nur die Einweisung in den Besitz, sondern die Übertragung des Eigentums erfolgen. Voraussetzung ist allein die Erlage der im Verwaltungsschätzungsverfahren festgestellten Summe und der Kosten des Enteignungspflichtigen. Mit der Erlassung (Verkündung oder Zustellung) des Beschlusses [gegen den zwar die Staatsaufsichtsbeschwerde, jedoch ohne aufschiebende Wirkung zulässig ist (siehe vorstehende Anm. 5b)], geht das Eigentum auf den Enteigner über, ohne daß Eintragung im Grundbuch notwendig wäre (§ 13 Abs. 1 FinMBek. v 23. 2 1905, FinMBl 43, § 355 Ziff. 12 DA. v 27 12. 1905, Meikel GBO. 176 Anm 2n zu § 20).

b) Der Antrag auf Berichtigung des Grundbuchs ist vom Enteigner zu stellen, jedoch kann sich dieser der Vermittlung der Distriktsverwaltungsbehörde bedienen, siehe Ziff. IV 2a zu Art. 26. Die Distriktsverwaltungsbehörde wird zweckmäßig bei gegebener Gelegenheit stets den Antrag auf Grundbuchberichtigung aufnehmen und dann dem Grundbuchamt zum Vollzug übersenden. § 12 Abs. 2 der angef. FinMBek v. 23. 2. 1905, FinMBl. 47, weist ihr dies als Dienstpflicht zu.

Über die Pflicht der Distriktsverwaltungsbehörde zur Entgegennahme der Hinterlegung siehe vorstehende Anm. 3b, über die Gebühren siehe Ziff. VI zu Art. 26 S. 234.

Zur Berichtigung des Grundbuchs wird allein erforderlich sein: die Vorlage einer Ausfertigung des Beschlusses der Distriktsverwaltungsbehörde und entsprechender Eintragungsantrag, welcher der Form des § 29 GBO entspricht. Eine Nachprüfung, ob die Voraussetzungen des Beschlusses der Distriktsverwaltungsbehörde (Erlage der Entschädigungssumme und Kosten) gegeben sind, steht dem Grundbuchamte nicht zu. Denn das Grundbuchamt hat nur die Voraussetzungen der Zwangsenteignung (des Eigentumsübergangs) zu prüfen. Hier vollzieht sich der Eigentumsübergang allein durch den Beschluß der Distriktsverwaltungsbehörde, ohne daß es auf dessen Voraussetzungen etwas ankommt.

9. Duldungspflichten vor der Besitzeinweisung.

a) Für die ZEfälle des Wasserrechts gilt Art. 156 WG.:

Art. 156. In den Fällen, in denen die Zwangsenteignung zulässig ist, muß auf Anordnung der Verwaltungsbehörde jeder Besitzer auf seinem Grund und Boden alle Handlungen, die zur Vorbereitung des Unternehmens erforderlich sind, gegen Entschädigung vornehmen lassen.

Abs. 2. Auf Verlangen des Besitzers hat die Verwaltungsbehörde dem Unternehmer, sofern dieser nicht der Staat ist, die vorgängige Leistung einer entsprechenden Sicherheit aufzuerlegen.

Siehe hierüber Brenner 366, Eymann II 434 Harster 669, auch von Braun in BladmPr. 60 S. 297, 298.

b) Dagegen läßt sich in den anderen nicht wasserrechtlichen Fällen die Zulässigkeit von Handlungen zur Vorbereitung des ZEunternehmens (z. B. Benützung der Grundstücke bei der allgemeinen Projektierung einer Bahnlinie, einer Straße insbes. zu Zwecken der Vermessung: Betreten, Einschlagen von Richtlatten, Niederlegen von Zäunen usw.) vor der Besitzeinweisung ohne Einwilligung des Eigentümers auch nicht aus der allgemeinen Bestimmung des Art. I ZEG. herleiten [a. M. LG. München II BlfRA. 63, 217. Die Gründe des Urteils sind abgedruckt in BladmPr. 48 S. 21 ff. Den Ausführungen des Urteils kann im entscheidenden Teile in keiner Weise beigetreten werden. Die Besitzeinweisung hat den Zweck, dem Enteigner die Befugnisse zu gewähren, vor der Eigentumsübertragung das Grundstück für die Zwecke des Unternehmens zu benützen. Eine weitergehende Eigentumsbeschränkung über Art. XII ZEG. hinaus, insbesondere zugunsten von Handlungen vor der Einleitung des ZEverfahrens, müßte im Gesetze selbst ausgesprochen sein, wie dies in Art. 156 WG. erfolgt ist. Richtig ist, daß dieser Mangel des Gesetzes insbesondere die Beschaffung der erforderlichen Pläne sehr erschwert; aber die Unzweckmäßigkeit der jetzigen Regelung darf nicht dazu führen, bei der Anwendung des Gesetzes „den Gesetzgeber zu spielen", vgl. die Ausführungen des Präsidenten des VGH. RR. Dr. von Kahr bei der Gedächtnisfeier zum 25 jährigen Bestehen des VGH., Allgemeine Zeitung vom 3. 10. 1904, drittes Blatt Nr. 450]). Vor der Besitzeinweisung ist jedes Betreten und jede sonstige Benützung des zu enteignenden Grundstücks ohne Einwilligung des Eigentümers verbotene Eigenmacht (§§ 858, 903 BGB.) und rechtfertigt eine Klage nach §§ 862, 1004 und 823 BGB. Zur Entscheidung sind, da es sich hier um reine Tatbestände des bürgerlichen Rechts handelt, die Gerichte zuständig.

Art. 23 (52).

Die Kosten des nach Art. XIII bis XVII des Gesetzes vom 17. November 1837 und nach vorstehenden Art. 16 bis 22 stattfindenden Administrativverfahrens[1] sowie die Vergütung der den Beteiligten hiedurch verursachten notwendigen Auslagen[2] fallen dem Abtretungsberechtigten zur Last. Das Administrativverfahren[3] ist gebührenfrei.

Über Tragung der durch die anhängig gemachten Prozesse erwachsenden Kosten haben die Gerichte nach Maßgabe der Bestimmungen der Zivilprozeßordnung[4] zu entscheiden.

1. Kosten des Administrativverfahrens.

a) Dem Enteigner fallen zur Last die Kosten des Verfahrens der Verwaltungsbehörde bis zur Feststellung der Abtretungspflicht durch die Verwaltungsgerichte, dann die Kosten des erstinstanziellen Verfahrens über die Abtretungspflicht bei der K. Reg. KdJ. (ständige

Rechtsprechung des VGH. z. B. 12 S. 32, 37; 15, 258; 22, 50), nicht dagegen die Kosten des Verfahrens vor dem VGH. selbst. Diese fallen dem unterlegenen Teile zu.

Weiter treffen den Enteigner die Kosten des Verfahrens im Verwaltungsschätzungsverfahren. Es sind deshalb vom Enteigner insbes. zu tragen die Reisekosten des Distriktsverwaltungsbeamten und seines Protokollführers (über die Beiziehung des letzteren siehe § 10 Abs. 3 der hier S. 171 abgedruckten VB. zum VGHG.), dann die Gebühren der Schätzleute (siehe Anm. 5c zu Art. 18 AG.), auch die Kosten der vom Abtretungspflichtigen im Regierungssenat persönlich aufgeführten und vom Regierungssenat auch vernommenen Zeugen und Sachverständigen (VGH. 15, 258). Für die Kosten der ersten Tagsfahrt hat der Enteigner angemessenen Vorschuß zu leisten (Art. XIII ZEG.).

b) Über die Festsetzung der Kosten im verwaltungsrichterlichen Verfahren siehe Dyroff 3. Aufl. S. 362 ff., 366 ff., 4. Aufl. S. 434 ff., 438 ff. Davon abgesehen obliegt die Festsetzung der Kosten des Verwaltungsverfahrens der Distriktsverwaltungsbehörde (Henle Anm. 4 zu Art. 23). Über die Streitfrage der rechtlichen Natur und der Zuständigkeit zur Entscheidung des Anspruchs auf Ersatz der Kosten des Verwaltungsverfahrens nach Zurücknahme des ZEantrags und die zur Entscheidung berufene Behörde siehe Anm. 8 zu Art. XII.

2. Notwendige Auslagen.

Darunter fallen alle Kosten „die vom Standpunkt eines guten Hausvaters im Interesse der Angelegenheit veranlaßt erscheinen" VGH. 15, 258, auch die Kosten (Reisekosten, Entschädigung für Zeitversäumnis, Auslagen), welche durch Abordnung eines Vertreters zur Verhandlung vor dem Verwaltungsrichter entstanden sind, wenn die Abordnung bei der Wichtigkeit der Sache zur Abgabe der nötigen Erklärungen und um Einwendungen des Gegners sofort zu erwidern, notwendig erscheint (VGH. 1. 4. 1910 Nr. 18 I/10). Abzulehnen sind dagegen die Kosten, wenn der gemachte Aufwand zur Rechtsverfolgung nicht notwendig war (z. B.

die Kosten der Abordnung eines Vertreters zur Verhandlung über die Kostenfestsetzung, VGH. angef. E. v. 1. 4. 1910 Nr. 18 I/10).

Zu den notwendigen Auslagen zählen auch die Kosten der Heranziehung eines Rechtsbeistands, wenn bei der Schwierigkeit der Rechtslage dessen Beiziehung notwendig erscheint (VGH. 15, 258). Über die Gebühren der Rechtsanwälte siehe die VO. v. 26. 3. 1902, GVBl. 144, abgedruckt bei Dyroff 4. Aufl. S. 153 ff.

3. Gebühren.

Das Administrativverfahren ist gebührenfrei, also sind gebührenfrei, abgesehen vom Sonderfall des Art. 25 GebG., alle Amtshandlungen der Verwaltungsbehörden und der Verwaltungsgerichte einschließlich des VGH. (Art. 3 Ziff. 3 GebG. i. d. F. d. Bek. v. 13. 7. 1910, GVBl. 311).

Nicht dagegen sind gebührenfrei die Amtshandlungen der über die Entschädigung endgültig erkennenden Gerichte, des Gerichts im Verteilungsverfahren und des Grundbuchamts (siehe Art. 24 des angef. GebG., vgl. hier Ziff. VI zu Art. 26 AG.). Nach Art. 25 GebG. ist die Amtshandlung der Distriktsverwaltungsbehörde im Fall einer gütlichen Einigung über die Abtretung nicht gebührenfrei, sondern es ist die Gebühr des Art. 146 GebG. zu erheben. Über die Besitzveränderungsgebühr und den Reichsstempel siehe Anm. 2 und 3 der Ziff. IV zu Art. 26 AG. S. 234, 235.

4. §§ 91 ff. ZPO.

Art. 24 (53).[1]

An der Entschädigungssumme stehen den Beteiligten, deren Rechte nach Art. XI des Gesetzes vom 17. November 1837 auf die Entschädigungssumme übergegangen sind, dieselben Rechte zu, die sie im Falle des Erlöschens ihrer Rechte durch Zwangsversteigerung an dem Erlöse haben würden.[2] Der bisherige Eigentümer und jeder Berechtigte kann die Eröffnung eines Verteilungsverfahrens nach den für die Verteilung des Erlöses im Falle der Zwangsversteigerung geltenden Vorschriften beantragen.[3]

Das Gericht[4] hat bei der Eröffnung des Verfahrens[5] von Amts wegen das Grundbuchamt um die im § 19 Abs. 2 des Gesetzes über die Zwangsversteigerung und die Zwangsverwaltung bezeichneten Mitteilungen zu ersuchen.[6]

Als Beteiligte im Sinne des § 9 Nr. 1 des Gesetzes über die Zwangsversteigerung und die Zwangsverwaltung gelten diejenigen, für welche zur Zeit der Erteilung der beglaubigten Abschrift des Grundbuchblatts ein Recht im Grundbuch eingetragen oder durch Eintragung gesichert ist;[7] die infolge der Zwangsabtretung erfolgten Rechtsänderungen bleiben außer Betracht.[8] Als Beschlagnahme im Sinne des § 13 des angeführten Gesetzes ist die Zwangsabtretung,[9] im Falle der Einweisung des Abtretungsberechtigten in den Besitz die Einweisung[10] anzusehen.[11] [12]

1. Nach Art. 109 EG. BGB. bleiben die landesgesetzlichen Vorschriften über ZE. unberührt. Auf die nach landesgesetzlicher Vorschrift wegen eines Eingriffs in das Privateigentum zu gewährende Entschädigung finden die Vorschriften der Art. 52 und 53 EG. BGB. Anwendung, soweit nicht die Landesgesetze Anderes bestimmen (Art. 109 Satz 2 EG. BGB.). Ist eine Entschädigung zu gewähren, und steht einem Dritten ein Recht an einer Sache zu, so hat der Dritte, soweit sein Recht beeinträchtigt wird, an der Entschädigungssumme dieselben Rechte, die ihm im Falle des Erlöschens seines Rechtes durch Zwangsversteigerung aus dem Erlöse zustehen würden. Die Hy-

potheken und Verfügungsbeschränkungen erlöschen mit dem Augenblick des Übergangs des Eigentums auf den Enteigner. Damit gehen die aus der Pfandhaft oder der Verfügungsbeschränkung folgenden Rechte der Berechtigten auf die Entschädigungssumme über, siehe Anm. 4 und 5 zu Art. XI. Der Enteigner hat die Beträge der Rechte und die unverjährten Zinsen beim Gericht zu hinterlegen. Art. 24 schafft nun ein gerichtliches Verteilungsverfahren nach den Vorschriften des ZVG.

Vom 1. 10. 1910 ab ist Art. 24 in ganz Bayern maßgebend, siehe Anm. 1 zu Art. XI. Der Art. 24 ist auch die Ausführungsvorschrift zu Art. 190 des Berggesetzes, siehe diesen Artikel, GVBl. 1910 S. 864.

2. Für den Fall einer gütlichen Einigung zwischen Eigentümer und Enteigner ohne Zustimmung der Hypothekgläubiger siehe Ziff. IV A 2b und Ziff. IV B 6 zu Art. 26 AG.

3. Vgl. § 92 ZVG. Das Verfahren findet nur auf Antrag des Enteignungspflichtigen und der Berechtigten nach Art. XI (siehe Anm. 2 zu Art. XI) statt, dann ist es von Amts wegen durchzuführen.

4. Zuständig ist das Gericht, in dessen Bezirk das enteignete Grundstück liegt, § 1 ZVG.

5. Sobald die Voraussetzungen nach Art. XI erfüllt sind, insbes. die Hinterlegung seitens des Enteigners stattfand.

6. Die Bestimmung eines Termins zur Verteilung des Erlöses (§§ 105 ff. ZVG.) ist den in Abs. III genannten Personen zuzustellen.

7. Es sind die in Art. XI ZEG. bezeichneten dinglichen Berechtigten einschließlich der durch Vormerkung Gesicherten.

8. Mit dem Übergang des Eigentums auf den Enteigner sind ja für den Regelfall (Ausnahme: bei gütlicher Einigung des Eigentümers und des Enteigners ohne Zustimmung der Hypothekengläubiger, hier Anm. 2) alle

Hypotheken usw. erloschen. Es soll die Verteilung so erfolgen, als wenn diese Rechte nicht erloschen wären.

9. Zwangsabtretung, also der Übergang des Eigentums (Zahlung oder wenn zulässig Hinterlegung der festgesetzten Entschädigungssumme oder Beschluß nach Art. 22 Satz 2 AG.).

10. Art. 22 Satz 1 AG. siehe Anm. 4 zu Art. 22.

11. Eine Ausführung des Plans durch Forderungsübertragung gibt es nicht, es ist nur ein Erlös zu verteilen, der bereits gerichtlich hinterlegt ist.

12. Gebühren, siehe Art. 24 Abs. 3 GebG. i. d. F. d. Bek. v. 13. 7. 1910, GVBl. 318. Die Kosten des Verteilungsverfahrens sind aus der hinterlegten Summe vorweg zu nehmen (§ 109 ZVG.). Der Enteigner ist bei diesem Verfahren (vgl. vorstehende Anm. 3) nicht beteiligt. Ihm können deshalb weder die Kosten zur Last fallen, noch können die Verteilungsberechtigten nach Art. 24 auf ihn zurückgreifen.

Art. 25 (54).[1]

Vorstehende Bestimmungen finden entsprechende Anwendung, wenn es sich um zwangsweise Beschwerung des Grundeigentums mit einer Dienstbarkeit für öffentliche Zwecke oder um Rechte handelt, welche mit dem zu entwehrenden Grundeigentume verbunden sind. (Art. II des Gesetzes vom 17. November 1837.)[2,3]

1. Zur **Entstehung der Dienstbarkeiten** (Anm. 11 zu Art. I) ist, soweit **rein privatrechtliche Verträge** in Betracht kommen, nach § 873 BGB. nötig die Einigung des Berechtigten und des anderen Teiles (des Enteignungspflichtigen und des Enteigners) und die Eintragung der Rechtsänderung in das Grundbuch (vgl. Staudinger-Kober III, 507 Anm. IV, 590 Anm. III, Planck III 358 Anm. 4). Die Einigung ist formfrei (Staudinger-Kober

a. a. O. 507). Sie kann also auch in Form der gütlichen Einigung des Art. XVII ZEG. und des Art. 26 AG. erfolgen. Ist dies der Fall, so stellt sie die Niederlegung in einer öffentlichen Urkunde dar. Dem Grundbuchamt gegenüber genügt die Eintragungsbewilligung des Eigentümers des dinglichen Grundstücks, also hier des ZEgegenstands, § 19 GBO., Staudinger-Kober a. a. O. 506 Anm. IV 2 a γ. Doch muß die Eintragungsbewilligung durch öffentliche oder öffentlich beglaubigte Urkunde nachgewiesen werden, § 29 GBO. Diesem Erfordernis entspricht auch die Niederschrift der Distriktsverwaltungsbehörde über die gütliche Einigung. Denn sie ist von einer öffentlichen Behörde innerhalb der Grenzen ihrer Amtsbefugnis aufgenommen (§ 415 ZPO.). Wenn Art. 26 AG. auch nur von Abtretungen spricht, so wird dennoch die Bestimmung auch für die gütliche Einigung für die Bestellung einer Grunddienstbarkeit zu gelten haben, zumal Art. XVII ZEG. nicht nur die gütliche Einigung bei Eigentumsabtretung, sondern die gütliche Einigung schlechthin, also auch bei Zwangsbelastung mit einer Dienstbarkeit umfaßt. Es wird sonach zur Eintragung ins Grundbuch nur des Antrags des Enteignungsberechtigten in der Form des § 29 GBO. [auch zu Protokoll der Distriktsverwaltungsbehörde] und der Vorlage der über die gütliche Einigung der Belastung der Dienstbarkeit aufgenommenen Niederschrift bedürfen. Die Grunddienstbarkeit kommt mit der Eintragung im Grundbuch zur Entstehung.

2. a) Soll jedoch die Grunddienstbarkeit nicht durch privatrechtlichen Vertrag innerhalb des ZEverfahrens, sondern **auf dem Wege der Zwangsenteignung** zur Entstehung kommen, so ist gemäß Art. 109 EG. BGB., § 83 GBO. zur Entstehung der Dienstbarkeit Eintragung im Grundbuch nicht erforderlich. Dagegen ist auch hier zu betonen, daß die ZE. (hier die Zwangsbelastung mit der Dienstbarkeit) vorgängige volle Entschädigung voraussetzt.

Wenn die Pflicht der Zwangsbelastung vom Enteignungspflichtigen anerkannt und über die zu gewährende Entschädigung eine Einigung erzielt und ordnungsmäßig von der Distriktsverwaltungsbehörde protokolliert wird, so kommt die Grunddienstbarkeit mit der Gewährung oder (wenn zulässig) der Hinterlegung der Entschädigung zur Entstehung. Wenn auch für den Fall des § 1028 BGB. die Vorschrift des § 892 ausdrücklich beseitigt ist, so ist doch die Eintragung der Dienstbarkeit ins Grundbuch zweckmäßig, da für die nach 1. 1. 1900 entstandenen Grunddienstbarkeiten der öffentliche Glaube des § 892 BGB. nur im Umfang und in Beschränkung auf § 1028 beseitigt ist. Zur Grundbuchberichtigung (Eintragung der im ZEverfahren entstandenen Grunddienstbarkeit) sind die Nachweise der Entstehung dem Grundbuchamt durch Belege zu erbringen, welche der Form des § 29 GBO. entsprechen (öffentliche Urkunden oder öffentliche Beglaubigungen, §§ 148, 149 DA. v. 27. 2. 1905). In diesem Falle ist (vgl. Anm. 1e zu Art. 22) außer der Urkunde über die gütliche Einigung der Nachweis der Zahlung der Entschädigung in öffentlicher oder öffentlich beglaubigter Form erforderlich.

b) **Auch Art. 22 AG. ist entsprechend anwendbar.** Gegen Erlage der im Verwaltungsschätzungsverfahren festgestellten Entschädigungssumme und der Kosten ist Einweisung durch die Distriktsverwaltungsbehörde in die Berechtigung der Ausübung der Dienstbarkeit möglich. Damit erlangt der Enteigner ohne daß ihm die Einrede der verbotenen Eigenmacht (vgl. Anm. 9b zu Art. 22) entgegengehalten werden kann, im Umfang der zu bestellenden Dienstbarkeit die Befugnis des Eingriffs in das Eigentum des Abtretungspflichtigen. Ist der Enteigner der Staat, so kann unter der Voraussetzung der Hinterlegung der im Verwaltungsschätzungsverfahren festgesetzten Entschädigungssumme und der Kosten (vgl. Anm. 3 zu Art. 22) durch Beschluß der Distriktsverwaltungsbehörde die Grunddienstbarkeit für den Enteigner in voller Wirksamkeit zur rechtlichen Entstehung kommen, ohne daß im Rechtswege der Bestand oder die Wirksamkeit der Dienstbarkeit von der Sicherheitsleistung einer höheren Summe, als dem im Verwaltungsschätzungsverfahren festgesetzten und hinterlegten Betrag, abhängig gemacht werden kann.

3. Zur Begründung einer Dienstbarkeit an einem **nicht eingetragenen vom Buchungszwang befreiten Grundstück** ist nach allgemeinen privatrechtlichen Grundsätzen die Einigung des Bestellers und des Erwerbers darüber, daß das Grundstück mit der Dienstbarkeit belastet werden soll, erforderlich und genügend, Art. 84 Abs. 1 Satz 1 AG. BGB. Die Erklärung des Bestellers muß öffentlich beurkundet oder in öffentlich beglaubigter Form abgegeben werden, Art. 84 Abs. 1 Satz 2 AG. BGB., Henle-Schneider Anm. 4 zu Art. 84, 1. Aufl. S. 141, 2. Aufl. S. 150. Nicht erforderlich ist die Erklärung der Einigung bei gleichzeitiger Anwesenheit beider Teile und endlich die Eintragung in das Grundbuch, vgl. Henle-Schmitt 247, Meikel GBO. 418. Ist die Erklärung in einer öffentlichen Urkunde enthalten, so bedarf diese keiner weiteren Beglaubigung. Denn die öffentlich beglaubigte Form wird durch die öffentliche Beurkundung ersetzt. § 129 Abs. II BGB. steht diesem Ergebnis nicht im Wege (Henle-Schneider Anm. 4 zu Art. 84, 1. Aufl. S. 142, 2. Aufl. S. 150). Daher erfüllt z. B. die vorschriftsmäßig ausgefertigte Erklärung eines Stadtmagistrats über die Bestellung einer Dienstbarkeit an einem buchungsfreien und nicht gebuchten Grundstück der Stadtgemeinde die Formvorschrift des Art. 84 AG. BGB., Henle-Schneider a. a. O. Diesen Erfordernissen genügt auch die nach Art. XVII ZEG. erfolgende gütliche Einigung des Bestellers und des Erwerbers. Soll jedoch die Entstehung der Dienstbarkeit nicht im Wege eines innerhalb des ZEverfahrens vor der Distriktsverwaltungsbehörde abgeschlossenen privatrechtlichen Vertrags, sondern durch Zwangsenteignung gewollt werden, so ist auch in diesem Falle zur Entstehung der Grunddienstbarkeit vorgängige volle Entschädigung erforderlich.

Art. 26 (55).

Eine gütliche Einigung der Beteiligten über die Abtretung oder über die zu leistende Entschädigung wird mit der Protokollierung durch die Distriktsverwaltungsbehörde rechtswirksam. Vor dieser kann auch die Auflassung erklärt werden.

I.

Art. XVII ZEG. enthält keine Bestimmung über die Form der gütlichen Einigung. Diesem Mangel wurde durch die Vorschrift des Art. 55 AG. ZPO. KO. v. 23. 2. 1879 abgeholfen und es wurde namentlich die seit Einführung des Notariatsgesetzes bestehende Meinungsverschiedenheit, ob nicht zur Rechtsgültigkeit von Vergleichen über die Abtretung von Grundeigentum unter allen Umständen notarielle Verlautbarung notwendig sei, gesetzlich dahin entschieden, daß durch die Protokollierung der Vereinbarung durch die Distriktsverwaltungsbehörde die notarielle Verbriefung ersetzt werde (vgl. BGH. 11, 71).

Hieran hat sich durch Art. 166 Ziff. XI AG. BGB. und Art. 26 AG. ZPO. KO. in nunmehriger Fassung sachlich nichts geändert. Es ist nur hinzugefügt, daß nicht nur das Kausalgeschäft der Übereignung, — [zu dessen Beurkundung, wenn es zivilrechtlicher Natur wäre, nach § 313 BGB., Art. 141 EG. BGB., Art. 167 Abs. 1 AG. BGB., Art. 15 AG. GBG., Art. 1 Abs. 1 NotG. ausschließlich die Notare zuständig wären], — sondern auch die Einigung über den Übergang des Eigentums, der dingliche Vertrag, die Auflassung (§ 873, 925 BGB.) — [die entweder nach § 925 vor dem Grundbuchamt oder nach Art. 143 EG. BGB., Art. 81 AG. BGB. vor einem bayerischen Notar zu erfolgen hat], — vor der Distriktsverwaltungsbehörde erklärt werden kann.

II.

Uebereignung außerhalb des Zwangsenteignungsverfahrens.

1. Auch ein anhängiges ZEverfahren schließt (siehe hier Anm. 4c zu Art. XIV) nicht aus, daß der Enteigner und der Enteignungspflichtige zur Erreichung des Zwecks des ZEverfahrens **die Eigentumsübertragung oder Bestellung**

der Dienstbarkeit in der allgemeinen Form und vor der **Behörde vornehmen, welche** nach den allgemeinen bürgerlichrechtlichen Vorschriften dazu berufen ist. Das begonnene ZEverfahren hindert nicht, daß die Beteiligten vor dem in Bayern berufenen Notar hinsichtlich der Übertragung des Grundeigentums den obligatorischen und dinglichen Vertrag abschließen (Henle-Schneider AG. BGB Anm. 16 zu Art. 166, 1. Aufl. S. 312, 2. Aufl. S. 315, Böhm-Klein AG. BGB. S. 328 zu Ziff. 11). Darin liegt (angef. Anm. 4c) allerdings die stillschweigende Zurücknahme des ZEantrags. Damit ist das ZEverfahren insbesondere jedes weitere verwaltungsrechtliche Verfahren nach Art. XVIII ZEG. erledigt (siehe hier Anm. 4c zu Art. XIV. BGH. 20. 1. 1905 Nr. 30 I/04). Für die Übereignung oder die Dienstbarkeitsbestellung sind allein die Grundsätze des bürgerlichen Rechts maßgebend. Über die Pflicht der Zahlung des Reichsstempels in solchen Fällen siehe die folgende Ziff. VI, 3.

2. Häufig wird in solchen Fällen, namentlich bei Tausch, Ersatzgewährung bei Wegänderungen, die **Übertragung des Eigentums an nicht gebuchten buchungsfreien Grundstücken** in Frage kommen und es mögen deshalb kurz die Rechtsgrundsätze hierüber angeführt werden.

Bleibt das Grundstück auch nach der Übereignung buchungsfrei, weil es an eine der in § 90 GBO., § 1 der VO. v. 1. 7. 1898, GVBl. 377 bezeichneten Personen übereignet wird, so ist nach Art. 83 AG. BGB. zur Übereignung nur die Einigung des Veräußerers und der Erwerbers darüber, daß das Eigentum übergehen soll, und die öffentliche Beurkundung der Erklärung der beiden Teile erforderlich. Der obligatorische Vertrag bedarf immer der notariellen Beurkundung (Art. 141 EG. BGB., Art. 15 Abs. 2 AG. GBG., Henle-Schneider Anm. 3c, 1. Aufl. S. 140, 2. Aufl. S. 149, Meikel GBO. S. 147, 518). Dagegen die nach Art. 83 sich vollziehende Einigung, die nur den dinglichen Vertrag zum Gegenstand hat, kann in jeder öffentlichen Urkunde erfolgen; nur soweit dies nicht der Fall ist, ist notarielle Beurkundung erforderlich (Henle-Schneider Anm. 3, 1. Aufl. S. 139, 2. Aufl. S. 148, Henle-Schmitt

246 aa γ, zu § 81). Wie Henle-Schneider a. a. O. betont, geben die Behörden, die öffentliches Vermögen zu verwalten haben, die zu dieser Verwaltung — [und dazu gehört auch die Verfügung, über die etwa erforderliche staatsaufsichtliche Genehmigung siehe Art. 159 GemO., Art. 91 PfGemO.] — erforderlichen rechtsgeschäftlichen Erklärungen innerhalb der Grenzen ihrer Amtsbefugnisse ab. Deshalb sind schriftliche, in der vorgeschriebenen Form abgegebene Erklärungen einer Rechtsänderung öffentliche Urkunden (§ 415 ZPO.). Das Eigentum an einem öffentlichen, nicht gebuchten Weg kann deshalb z. B. dadurch von der Gemeinde auf den Staat übertragen werden, daß die Gemeindeverwaltung die Übertragung und die K. Regierungsfinanzkammer oder zuständige staatliche Zentralbehörde die Annahme in amtlichem Schreiben erklären.

Wird dagegen das buchungsfreie Grundstück durch die Übereignung buchungspflichtig (weil das Eigentum an einen buchungspflichtigen Erwerber, Privaten, übertragen werden soll), so ist die Anlegung eines Grundbuchblatts für das in buchungspflichtiges Eigentum übergehende Grundstück zu erwirken. Auf dem Grundbuchblatt ist zunächst der bisherige Eigentümer einzutragen und dann nach der Regel zu verfahren (Henle-Schneider Anm. 2c, 1. Aufl. S. 139 Anm. 2c und 3b, 2. Aufl. S. 148, 149, Henle-Schmitt 246, Meikel GBO. 418).

III.

Die gütliche Einigung nach dem ZEG. und AG. ZPO. KO.

1. a) Die Entscheidung über die Abtretungspflicht durch den Verwaltungsrichter kann entfallen, wenn zwischen dem Enteigner und dem Enteignungspflichtigen eine gütliche Einigung über die Abtretungspflicht zustande kommt. Die gütliche Einigung über die Abtretungspflicht, die bedingungslose Unterwerfung des Enteignungspflichtigen unter die anerkannte rechtliche Notwendigkeit (Seydel II 354 Anm. 5) ist das öffentlichrechtliche Kausalgeschäft der Übereignung. Daran kann sich der privatrechtliche dingliche übereignungsvertrag, die Auflassung, anschließen (hier Ziff. IV B). Es muß das aber nicht sein; der Eigentumsübergang kann sich auch im weiteren im Wege des öffentlichen Rechts durch Enteignung vollziehen (Ziff. IV A). Es wäre rechtlich denkbar, daß im Vollzug des öffentlichrechtlichen Kausalgeschäfts der Einigung über die Abtretungspflicht der privatrechtliche Vertrag der Auflassung vorgenommen wird, ohne daß über die Gegenleistung, die Entschädigung, eine Einigung erzielt oder diese endgültig festgesetzt ist. Dagegen ist der Eigentumsübergang kraft ZErecht ohne gütliche Einigung (oder endgültige Festsetzung der Entschädigung) und Hingabe der Entschädigung ausgeschlossen, da der Eigentumsübergang nach dem ZErecht, abgesehen von den Fällen der Notenteignung, nur gegen vorgängige volle Entschädigung erfolgen kann (siehe hier unter Ziff. IV A 1).

b) **Die Anerkennung der Abtretungspflicht muß bedingungslos erfolgen.** Wenn das Unternehmen mit ZE-befugnis durch das Gesetz ausgestattet ist, wenn es in der Art seiner Ausführung vom gemeinen Nutzen gefordert wird und die geplante Ausführung zur zweckmäßigsten Verwirklichung notwendig ist, dann sind die gesetzlichen Voraussetzungen der ZE. gegeben und es kann die Unterwerfung unter die öffentlichrechtliche Pflicht nicht von einer Bedingung abhängig gemacht werden (VGH. 17, 329). Die Entschädigung ist nicht Bedingung der Abtretung, sondern gesetzlich bestimmte Gegenleistung. Ist die Abtretungspflicht nur unter einer Bedingung anerkannt, so hat der Verwaltungsrichter die Voraussetzungen der Abtretungspflicht ohne Rücksicht auf die gestellte Bedingung zu prüfen und im Falle der Bejahung der Abtretungspflicht diese ohne Rücksicht auf die gestellte Bedingung auszusprechen (VGH. 17, 329, vgl. auch die E. v. 17. 6. 1896 Nr. 49 II/96). Ist sonach eine Bedingung an die Anerkennung der Abtretungspflicht angefügt, so sind die Akten der K. Regierung, Kammer des Innern, zur verwaltungsrichterlichen Entscheidung vorzulegen (Art. XVII Satz 2).

In dem Beisatz einer Bedingung an die Anerkennung der Abtretungspflicht liegt zudem meist nicht die Setzung einer echten Bedingung, einer Bestimmung, wonach die Wirkungen des Rechtsgeschäfts von einem zukünftigen jetzt ungewissen Tatbestand abhängig gemacht werden sollen (Staudinger-Riezler I 493 Anm. 2), sondern eine Verschiebung der Begriffe, nämlich die Hereinziehung der Entschädigung in die Frage der Anerkennung der Abtretungspflicht. Die Entschädigung ist ja die Gegenleistung für die Anerkennung der Abtretungspflicht und Übertragung des Eigentums, die gesetzlich bestimmte Voraussetzung des Übergangs des Eigentums vom Abtretungspflichtigen auf den Enteigner. Erkennt der Enteignungspflichtige die Abtretungspflicht an, so ist gesetzlich die Folge gegeben, daß, falls nicht besondere Vereinbarungen über die Gegenleistung der Entschädigung getroffen werden, diese nach Maßgabe des ZEG. und AG. ZPO. KO. ermittelt werden muß und erst nach Erlegung dieser Entschädigung das Eigentum auf den Enteigner übergehen kann.

Andererseits braucht die Gegenleistung des Enteigners bei gütlicher Einigung nicht notwendig in Geld zu bestehen, sie kann auch in Leistungen des Enteigners anderer Art z. B. Eigentumsübertragung an einem anderen Grundstück, Errichtung einer Schutzmauer, Anlage einer Zufahrt, eines Ersatzweges usw. erfolgen. Alle diese Leistungen sind ebensowenig Bedingungen der Anerkennung der Abtretungspflicht, als die Gewährung der gewöhnlichen Geldentschädigung selbst als Bedingung der Anerkennung der Abtretungspflicht gelten kann. Es handelt sich hier um Teile der Gegenleistung, nicht um Bedingungen der Anerkennung der Abtretungspflicht.

c) Für die Beurkundung des privatrechtlichen Vertrags der gütlichen Übereignung, der Auflassung, ist zwar durch die ausdrückliche Vorschrift in Art. 26 Satz 2 AG. die Distriktsverwaltungsbehörde zuständig erklärt. Der Vertrag selbst ist aber rein privatrechtlich und nach den Rechtsgrundsätzen des bürgerlichen Rechts zu beurteilen (siehe hier Ziff. IV B 5).

2. Das Verwaltungsschätzungsverfahren und die auf rechtzeitiges Anrufen jedes Beteiligten notwendige gerichtliche Festsetzung der **Entschädigung** entfällt, wenn die sämtlichen Beteiligten über die Entschädigung eine gütliche Einigung getroffen haben. Diese gütliche Einigung ist ein privatrechtlicher Vertrag im Vollzug der öffentlichrechtlichen Pflicht auf Entschädigung (Anm. 2c, d vor Art. I A S. 21). Die Rechtsgültigkeit und die Wirkungen des Vertrags beurteilen sich wie bei der Auflassung nur nach den Grundsätzen des bürgerlichen Rechts. Bleibt der Enteigner mit den vereinbarten Leistungen (Zahlung der Geldsumme, Unterlassung der vertraglich festgestellten Leistungen) trotz Auflassung und Eintragung im Grundbuch im Verzug, so sind dem Enteignungspflichtigen die gleichen Wege gegeben, wie bei jedem andern Schuldverhältnisse des bürgerlichen Rechts, insbesondere der Weg der Klage auf Erfüllung bei den ordentlichen Gerichten. Dagegen ist eine Zwangsvollstreckung aus dem Protokolle der Distriktsverwaltungsbehörde ausgeschlossen. Hier treffen weder § 794 Ziff. 1 und 5 ZPO. zu, noch hat die Landesgesetzgebung nach § 801 ZPO. dem Protokoll den Charakter eines vollstreckungsfähigen Schuldtitels ausdrücklich verliehen.

3. a) Die gütliche Vereinbarung und besondere Art der Übereignung nach Art. 26 AG. setzt jedoch ein **rechtsgültiges ZEverfahren** voraus, also eine förmliche Eröffnung und ordnungsmäßigen Gang des Verfahrens vor dem Zeitpunkt, in welchem nach Art. XVII ZEG. eine gütliche Vereinigung der Beteiligten zu versuchen ist, also insbesondere die Einhaltung der Bestimmungen der Art. XIV und XV ZEG. Vor allem ist nötig, daß die Ermächtigung des Staatsministeriums des Innern, der „unerläßige Ausgangspunkt für den Rechtsbestand des Enteignungsverfahrens" erwirkt ist (VGH. 11 S. 64, 234, 303; 12, 39). Nur unter dieser Voraussetzung ist die Distriktsverwaltungsbehörde zur Vornahme der gütlichen Einigung wie zur Beurkundung der Auflassung zuständig; denn ihre besondere Ausnahmszuständigkeit gründet sich ja auf den

besonderen Fall der ordnungsmäßigen Eröffnung des ZEverfahrens. (Ebenso für das alte Recht Staudinger BlfRA. 51, neue Folge 31, 404. Dies muß der Auffassung von Henle-Habel Anm. 1 S. 51 und Meikel GBO. 178 Anm. 4a β zu § 20 GBO. — Meikel hält den Zeitpunkt, in welchem die Auflassung vorgenommen wird „ob vor der Einleitung oder erst nach der Durchführung des ZEverfahrens", für „gleichgültig" — entgegengehalten werden. Die Ansicht Meikels dürfte auch mit Meikel AG. 477 Anm. 2 nicht vereinbar sein).

b) Einem Vertrag, der über die Abtretung vor ordnungsmäßiger Einleitung des ZEverfahrens abgeschlossen wird (z. B. in Grunderwerbsverhandlungen des später als Zwangsenteigner auftretenden Stadtmagistrats, der zugleich Distriktsverwaltungsbehörde im Sinne des Art. XV u. XVII ZEG. ist) kann niemals die Bedeutung einer gütlichen Einigung nach Art. 26 zukommen, VGH. 11 S. 235, 236.

c) Ebenso ist eine gütliche Einigung und Auflassung nach Art. 26 unmöglich, wenn wesentliche Förmlichkeiten des ZEverfahrens verletzt worden sind, wenn z. B. entgegen Art. XV die Pläne zum ersten Termin des ZEverfahrens nicht bei Amt zur Einsicht der Beteiligten bereit gelegen waren. VGH. 21 S. 198, 199.

d) Das Gleiche gilt endlich, wenn wegen der begründeten Vermutung einer gütlichen Vereinbarung außerhalb des ZEverfahrens der Zwangsenteignungsantrag zurückgenommen und damit das ZEverfahren beendet ist. Hier bleibt, wenn nicht erneut das ZEverfahren eingeleitet werden will, nur der Weg der allgemeinen bürgerlichrechtlichen Übertragung von Grundeigentum.

4. a) Die Zuständigkeit der Distriktsverwaltungsbehörde zur Protokollierung der gütlichen Einigung und der Auflassung ist gegeben, sobald das ZEverfahren ordnungsmäßig eingeleitet ist (hier Anm. 3a). Es ist belanglos, ob der Beurkundung ein Streit unter den Beteiligten über die Abtretungspflicht oder die Höhe der Entschädigung vorausgegangen ist oder nicht. Dies ist durch Streichung der Überschrift „Verfahren bei Streitigkeiten über Entschädigung bei ZE." vor Art. 16 AG. ZPO. KO. klargestellt (Henle-Schneider AG. BGB. Anm. 6, 7 zu Art. 166, 1. Aufl. S. 311, 2. Aufl. S. 313, Meikel AG. 477 Anm. 2).

b) Nicht erforderlich ist, daß die Einigung und Auflassung gerade bei der nach Art. XV festgesetzten Tagsfahrt zustande komme. Die Einigung und Auflassung kann auch nach diesem Termin (nicht vorher, siehe vorstehende Anm. 3a) geschehen. Eine bestimmte Form für die gütliche Einigung — [über die Auflassung siehe folgende Ziff. IV B 5] — ist nicht vorgeschrieben. Erforderlich ist nur, daß die gütliche Einigung vor der Distriktsverwaltungsbehörde erfolgt. Nicht notwendig ist — [anders bei der Auflassung, siehe folgende Ziff. IV B 5a] —, daß die Einigung bei gleichzeitigem Erscheinen der Parteien sich vollzieht. Es genügt auch die Übereinstimmung zeitlich getrennter Erklärungen. Zwar ist § 128 BGB. für die öffentlichrechtliche Anerkennung der Abtretungspflicht nicht unmittelbar anwendbar, doch ergibt sich das Ausgeführte aus dem Mangel einer besonderen Forderung im Gesetze.

In der bedingungslosen Zurücknahme des Antrags auf verwaltungsrichterliche Entscheidung (vgl. Anm. 2 zu Art. XVIII) ist die nachträgliche, freiwillige Anerkennung der Abtretungspflicht zu erblicken. Erhält, falls der Antrag vor der mündlichen Verhandlung des Regierungssenats zurückgenommen wird, der Enteigner durch die Distriktsverwaltungsbehörde, an welche die Akten zurückfolgen, Kenntnis, so ist die gütliche Einigung über die Abtretungspflicht ersetzt. Von einem Vergleiche vor den Verwaltungsgerichten kann nicht gesprochen werden. Denn die Anerkennung der Abtretungspflicht muß bedingungslos erfolgen (siehe vorstehende Ziff. III, 1, b), wenn die verwaltungsrichterliche Prüfung entfallen soll. Eine gütliche Einigung über die Entschädigung ist der Zuständigkeit der hier gegebenen Verwaltungsrechtsinstanzen entrückt, sie kann nur vor der Distriktsverwaltungsbehörde erfolgen. Selbstverständlich ist eine Auflassung vor dem Regierungssenat oder VGH. ausgeschlossen.

Andererseits unterliegt es keinem rechtlichen Bedenken, wenn die Parteien auch nach Beschreitung des Verwaltungsrechtswegs vor der Distriktsverwaltungsbehörde die gütliche Einigung über die Abtretungspflicht wie auch über die Entschädigung vornehmen und im Vollzuge dieser Einigung die Auflassung erklären. In der gütlichen Einigung über die Abtretungspflicht liegt dann die Zurücknahme des Antrags auf verwaltungsrichterliche Entscheidung.

Die gütliche Einigung über die Entschädigung und die Auflassung vor der Distriktsverwaltungsbehörde kann auch nach der Beschreitung des Rechtswegs (Art. 21 AG.) erfolgen. Der abweichenden Meinung Henles 151 Anm. 2 wird man den wohl analogen Fall entgegenhalten können, daß auch bei anhängigem Eigentumsstreite und anhängiger Schadensersatzklage nichts die Parteien hindert, außerhalb des gerichtlichen Prozesses einen Vergleich über die Entschädigung zu schließen und vor Notar und Grundbuchamt das in Streit befindliche Grundstück vom Kläger auf den Beklagten zu übereignen. Ausgeschlossen ist der Ersatz der Auflassung vor der Distriktsverwaltungsbehörde — oder außerhalb des ZEverfahrens vor dem Notar oder Grundbuchamt, siehe vorstehende Ziff. II, 1 — durch Aufnahme der Einigung in einem vor dem Prozeßgericht (Art. 21) abgeschlossenen Vergleiche (ObLG. nS. 4, 232).

c) Die Zuständigkeit der Distriktsverwaltungsbehörde erstreckt sich nicht nur auf Auflassung von Grundstücken von dem Abtretungspflichtigen auf den Abtretungsberechtigten, sondern wenn die Entschädigung ebenfalls in Grundstücken geleistet wird (siehe hier Ziff. II, 2), wenn also ein Grundstückstausch stattfindet, auch auf die Auflassung der als Entschädigung übereigneten Grundstücke (ObLG. nS. 6, 636, auch Bay. ZfR. 1905, 452, BlfRA. 71 S. 393, 394, Recht 1906, 1014. Der Beschluß erging zwar für das Recht vor Anlegung des Grundbuchs, entscheidet in seinen Gründen jedoch die Frage auch für das Grundbuchrecht).

5. Die gütliche Einigung durch Stellvertreter ist zulässig. Jedoch sind die in Anm. 6 und 13c zu Art. XV ausgeführten Grundsätze über die **Vertretungsmacht** zu beachten; bezüglich der Auflassung siehe die folgende Ziff. IV B 5e.

Weiter ist zu betonen, daß die Anerkennung der Abtretungspflicht eine Verfügung über das Grundstück darstellt und nur rechtswirksam ist, wenn die bürgerlichrechtlichen Voraussetzungen der Verfügungsbefugnis gegeben sind oder erfüllt werden. Gehört das Grundstück im gesetzlichen Güterrecht zum eingebrachten Gut der Frau, so ist zur Verfügung des Mannes die Zustimmung der Frau erforderlich (§§ 1374, 1375); andererseits bedarf die Frau nach § 1395 zur Verfügung über eingebrachtes Gut der Einwilligung des Mannes. Die Wirksamkeit ihrer Erklärung hängt nach § 1396 von der Genehmigung des Mannes ab. Das Gleiche gilt für die Errungenschaftsgemeinschaft (§ 1525 Abs. 2). Steht Gesamtgut der allgemeinen Gütergemeinschaft in Frage, so bedarf der Mann der Einwilligung der Frau (§ 1445). Das Gleiche gilt für das Gesamtgut der Errungenschaftsgemeinschaft (§ 1519) und der Fahrnisgemeinschaft (§ 1549). Hinsichtlich der fortgesetzten Gütergemeinschaft nach §§ 1483ff. siehe § 1487. Gehört das Grundstück oder das Recht am Grundstück zum Vermögen des unter elterlicher Gewalt stehenden Kindes, so bedarf der Vater (oder die Mutter, wenn dieser die elterliche Gewalt zusteht), der Genehmigung des Vormundschaftsgerichts (§§ 1643, 1821 Nr. 1, dann §§ 1685, 1686). Die gleiche Genehmigung ist erforderlich zur Verfügung des Vormunds für den Mündel (§ 1821 Nr. 2). Bezüglich der Anerkennung der Abtretungspflicht hinsichtlich eines Fideikommißgrundstücks siehe §§ 65ff. der 7. Verfassungsurkunde.

Zu beachten ist (vgl. die Ausführungen in Anm. 6 zu Art. XV), daß die Verfügungsmacht über **Staatseigentum** nicht den Fiskalen, sondern im Regelfall der

K. Regierungsfinanzkammer, im übrigen den Zentralstellen und den etwa besonders ermächtigten Unterbehörden zusteht. Die Prozeßbefugnis der Fiskale gibt diesen keine Vertretungsmacht für den Erwerb oder die Abtretung von Staatseigentum. Dagegen steht nichts im Wege, daß die Regierungsfinanzkammer nicht nur für einen Einzelfall, sondern allgemein einem Fiskale durch Entschließung, deren Ausfertigung zur Legitimation des Fiskals genügt, Vollmacht erteilt. Die Vertretungsmacht der Regierungsfinanzkammer erstreckt sich auch auf die der K. Regierung, Kammer der Forsten, zur technischen Bewirtschaftung überwiesenen Staatsforsten (siehe VGH. 25, 356). An dieser Vertretungsmacht der Regierungsfinanzkammern hat die KV. v. 15. 10. 1908, die Änderung der Organisation der Staatsforstverwaltung betr., GVBl. 1087 ff., nichts geändert. Nähere Vorschriften nach § 6 dieser Verordnung sind übrigens zur Zeit noch nicht erlassen.

Hinsichtlich der Vertretung des Militärfiskus (Kriegsministerium!) siehe VGH. 23 S. 125, insbes. 127 ff. Bezüglich der Vertretung des Eisenbahn- und Postfiskus siehe die KAV. v. 18. 12. 1906, die Verwaltungsanordnung für die Verkehrsanstalten betr., GVBl. 871 ff., insbesondere §§ 3, 4 Abs. 2 und 6 Abs. 4 dieser Verordnung, sowohl unter A (Staatseisenbahnen), wie unter B (Posten und Telegraphen), auch C am Ende; dann BayZfR. 3, 408 ff.

6. Es fragt sich **wer** darüber **zu entscheiden hat, ob** in der niedergelegten Erklärung der Beteiligten **eine wirksame gütliche Einigung gegeben ist.**

a) Der Verwaltungsrichter hat über die Abtretungspflicht zu erkennen. Er hat zu prüfen, ob die Voraussetzungen der bestrittenen Pflicht zur Abtretung vorliegen. Diese Prüfung entfällt für ihn nur, wenn eine gütliche Anerkennung der Abtretungspflicht vorliegt. Ob diese erfolgt ist, unterliegt sonach gleichfalls seiner Würdigung, und dieser Prüfung steht auch der Umstand nicht entgegen, daß die Distriktsverwaltungsbehörde (in irriger Annahme gütlicher Einigung über die Abtretungspflicht) bereits den Beschluß über die Feststellung der Entschädigungssumme erlassen hat und gegen diesen Beschluß der Rechtsweg beschritten wurde (VGH. 11 S. 70, insbes. 236; 21, 197; 13. 7. 1910 Nr. 114 II/09 S. 13; Seydel II 365 Anm. 21). Für die Nichtigkeit und Anfechtbarkeit der Willenserklärung gelten die allgemeinen Grundsätze der §§ 116 ff. BGB., vgl. VGH. 21, 199. Ein Irrtum ist also unter der Voraussetzung des § 119 BGB. wesentlich (VGH. 13. 7. 1910 Nr. 114 II/09 S. 19.

b) Ob eine rechtswirksame *Auflassung* vorliegt, untersteht der Würdigung des Grundbuchamts (hier Anm. 4 zu Ziff. IV B).

c) Ob bei unbestrittener Anerkennung der Abtretungspflicht eine gültige gütliche Einigung über die Gegenleistung, die Höhe und die Art der *Entschädigung* vorliegt, entzieht sich der Würdigung des Verwaltungsrichters, der nur über den bestrittenen Anspruch auf Anerkennung der Abtretungspflicht zu befinden hat, VGH. 25, 396. Diese Prüfung kommt zunächst der Distriktsverwaltungsbehörde zu, denn von der Beantwortung der Frage hängt ja die Entscheidung ab, ob das Verwaltungsschätzungsverfahren noch notwendig ist oder nicht. Die Rechtsgültigkeit ist, da ein Vertrag des bürgerlichen Rechts in Frage steht, auch vom Verwaltungsbeamten nach den Grundsätzen des bürgerlichen Rechts zu beurteilen, vgl. Seydel I 586.

Ob ein rechtsgültiger Vertrag zustande gekommen ist, unterliegt aber unabhängig von der besonderen Prüfungspflicht des Verwaltungsbeamten wie bei jedem anderen bürgerlichrechtlichen Vertrag der Würdigung der *Gerichte*. Auch das *Grundbuchamt* kann in die Möglichkeit der Prüfungspflicht kommen für den Fall, daß sich der Eigentumsübergang nicht durch Auflassung, sondern im Weg der Enteignung vollzieht und Grundbuchberichtigung begehrt wird (hier Ziff. IV A). Denn das Grundbuchamt hat selbständig zu prüfen, ob die Enteignung — [der Eigentumsübergang kraft öffentlichen Rechts] — vollzogen ist und zu diesem Zwecke muß ihm nachgewiesen werden, daß die Voraussetzungen des Eigentumsübergangs erfüllt sind (ObLG. nS. 8 S. 348, 552, 559). Wird vom Enteignungspflichtigen nachträglich bestritten, daß eine Einigung über die Entschädigung vorliege, so wird eine der Voraussetzungen bestritten, unter denen in diesem Fall der Eigentumsübergang auf den Enteigner erfolgen muß.

IV.

Die Uebereignung bei gütlicher Einigung.

A. Im Wege der Zwangsenteignung.

1. Wie in Art. 22 Anm. 1b ausgeführt, vollzieht sich, abgesehen von dem Falle des Art. 22 Satz 2 AG. bei völlig durchgeführtem ZEverfahren, in dem eine gütliche Einigung nicht zustande kam und sowohl die Abtretungspflicht vom Verwaltungsrichter wie die Entschädigung von der Verwaltungsbehörde oder den Gerichten festgesetzt wurde, der Eigentumsübergang in dem Augenblick, in dem die festgestellte Entschädigung dem Enteignungspflichtigen zugeht oder in den zulässigen Fällen hinterlegt wird (vgl. § 13 Abs. 1 der FinMBek. v. 23. 2. 1905, FinMBl. S. 43).

Die Entscheidung über die Abtretungspflicht und die Festsetzung der Entschädigung kann jedoch gemäß Art. XVII ZEG. Art. 26 AG. durch gütliche Vereinigung ersetzt werden. Auch in diesem Fall kann die Eigentumsänderung auf dem Weg der Übereignung nach ZErecht erfolgen. Tritt zur gütlichen Anerkennung der Abtretungspflicht und der Einigung über die zu gewährende Entschädigung noch die Gewährung oder, wenn zulässig, die Hinterlegung der Entschädigung, so vollzieht sich damit der Übergang des Eigentums. Der Fall steht völlig gleich der endgültigen Entwehrung des Eigentümers wie dies in Anm. 1b u. e zu Art. 22 ausgeführt ist. Der Eigentumsübergang erfolgt auch hier gemäß Art. 109 EG. BGB., § 83 GBO. unabhängig von den allgemeinen privatrechtlichen Grundsätzen, also ohne Eintragung im Grundbuch. Es ist nur Grundbuchberichtigung notwendig. Hiezu bedarf allerdings der Eigentümer gewordene Enteigner, außer der Ausfertigung des über die Einigung von der Distriktsverwaltungsbehörde aufgenommenen Protokolls, des Nachweises der erfolgten Entschädigung in öffentlicher oder öffentlich beglaubigter Urkunde (vgl. Anm. 1 b und e zu Art. 22). Denn das Grundbuchamt hat, wenn Grundbuchberichtigung beantragt ist, selbständig zu prüfen, ob die Enteignung vollzogen ist, und die Behelfe hiezu müssen ihm in der Form des § 29 GBO. erbracht werden, ObLG. nS. 8 S. 348, 552, 557.

2. Im einzelnen ist folgendes hervorzuheben:

a) Die Distriktsverwaltungsbehörde, welche die Einigung beurkundet hat, ist nicht befugt, im Sinne des § 39 GBO. um die Berichtigung des Grundbuchs (Eintragung des neuen Eigentümers, Löschung der gegenstandlos gewordenen Hypotheken) zu ersuchen, ObLG. nS. 8 S. 344, 348, 552, 555; Henle-Schmitt 106 Anm. 2 zu § 39 GBO. Wohl aber kann die Distriktsverwaltungsbehörde die zu den Eintragungen im Grundbuch erforderlichen Bewilligungen und Anträge bei der Einigung beurkunden und dann dem Grundbuchamt zum Vollzuge übersenden (Henle-Schmitt a. a. O.). Es genügt der Antrag des Enteignungsberechtigten, den Eintrag der Rechtsänderung berichtigend im Grundbuch zu vermerken. Die Mitwirkung des Enteignungsberechtigten zu der im Protokoll der Distriktsverwaltungsbehörde beurkundeten Einigung enthält die im § 22 Abs. 2 GBO. vorgeschriebene Zustimmung als wirklicher Eigentümer. Es bedarf daher nicht noch einer besonderen Erklärung des Enteignungsberechtigten, daß er ausdrücklich darein willigt, als Eigentümer eingetragen zu werden; es genügt eine Willenserklärung, die das Einverständnis mit der Eintragung unzweifelhaft entnehmen läßt. ObLG. nS. 8 S. 552, 556, 557.

b) Für die **Hypothekgläubiger und die übrigen Nebenberechtigten (Art. II und V Nr. 3)** ist die Einigung zwischen Enteigner und Eigentümer über die Abtretungspflicht und die zu leistende Entschädigung nur bindend, wenn sie ausdrücklich zugestimmt haben. Ist dies nicht der Fall, waren insbesondere die Hypothekgläubiger usw. im Termin der Vereinbarung nicht hinzugezogen, so hat die Vereinbarung keine Wirkung gegen sie. Sie hat nicht zur Folge, daß die Hypotheken erlöschen und dafür die Entschädigung an Stelle des Grundstücks tritt. ObLG. nS. 7 S. 553, 557.

Die Hypothekgläubiger und die andern Entschädigungsberechtigten nach Art. II und V Nr. 3 (die sogenannten Nebenbeteiligten), nehmen im ZEverfahren eine selbständige Stellung ein. Sie können selbständig ebenso wie der Eigentümer auf Entscheidung über die Abtretungspflicht im Verwaltungsrechtsverfahren antragen und wegen der Höhe der Entschädigung den Rechtsweg betreten (Anm. 2 zu Art. XVIII, Anm. 2 zu Art. 21, insbesondere Anm. 5 zu Art. 17). Erscheinen die vorschriftsmäßig geladenen Hypothekgläubiger usw. in der zur Verhandlung über die Abtretung angesetzten Tagsfahrt nicht, so werden sie zwar mit etwaigen Einwendungen gegen die Enteignung ausgeschlossen (Art. XV Ziff. 3 ZEG.). Aber eine im Termin zustande gekommene Einigung zwischen dem Eigentümer und dem Enteigner über die Entschädigung ist für sie nicht bindend. Für die Entschädigungsberechtigten nach Art. II und V Nr. 3, für welche die Entschädigung an den Eigentümer bedeutungslos ist, ist dies ohne weiteres klar. Es gilt der ausgeführte Rechtssatz — und das ist bei einem mit Hypotheken überlasteten Grundstück von großer Wichtigkeit — aber ebenso für die Gläubiger der Hypotheken, Grundschulden und Rentenschulden. Für sie gilt nicht die mit dem Eigentümer vereinbarte Entschädigung, sondern für sie ist die dem Eigentümer zu gewährende Entschädigung im Schätzungsverfahren erst zu ermitteln, gegebenenfalls im Rechtsweg festzusetzen. Diese im Schätzungsverfahren ermittelte Entschädigung tritt bezüglich der Pfandrechte der Hypothekgläubiger an die Stelle des Grundstücks. ObLG. nS. 7 S. 553, 557.

Mit der Feststellung der Entschädigungssumme und

dem Übergang der Hypotheken auf diese Summe, die gemäß Art. XI ZEG. im Betrag der Hypotheken und deren Zinsen bei Gericht zu hinterlegen ist, erlöschen die Hypotheken. Zur grundbuchmäßigen Löschung derselben, der Berichtigung des Grundbuchs, muß das Erlöschen dem Grundbuchamt in öffentlichen oder öffentlich beglaubigten Urkunden nachgewiesen werden. Hiezu wird erforderlich sein zunächst die Vorlage der Ausfertigung des Schätzungsbeschlusses der Distriktsverwaltungsbehörde, gegebenenfalls des gerichtlichen Urteils, und außerdem die Bestätigung der öffentlichen Hinterlegungsstelle über die nach Art. XI ZEG. erfolgte Hinterlegung der Entschädigungssumme im Betrag der Hypotheken und deren Zinsen. Keine rechtliche Erinnerung besteht, daß der Enteigner mit den Hypothekgläubigern innerhalb oder außerhalb des ZE-verfahrens Vereinbarungen zur Beseitigung dieser Weitläufigkeit trifft. In diesem Falle ist zur Löschung der Hypotheken notwendig, dem Grundbuchamte die Zustimmungserklärungen der Hypothekgläubiger zur Löschung der Hypotheken in der Form des § 29 GBO. (öffentliche Beurkundung oder öffentliche Beglaubigung) vorzulegen. ObLG. nS. 7, 557. Die Zustimmung des Eigentümers zur Löschung der Hypotheken nach § 27 GBO. ist auch dann als gegeben anzusehen, wenn die in der Einigung vor der Distriktsverwaltungsbehörde abgegebenen Erklärungen keinen Zweifel darüber lassen, daß die Beteiligten (der Enteigner und Enteignungspflichtige) die Befreiung des übereigneten Grundstücks von den Hypotheken bezweckten. ObLG. nS. S. 553, 557.

Eine Ausnahme von dem vorstehend Ausgeführten ergibt sich für den Fall der Erwirkung eines **Unschädlichkeitszeugnisses**, siehe darüber Anm. 7 zu Art. XI.

B. Durch privatrechtliches Übertragungsgeschäft.

1. Wie in Ziff. III 1a ausgeführt wurde, ist die gütliche Einigung über die Abtretungspflicht das öffentlich-rechtliche Kausalgeschäft der Übereignung. Zur Beurkundung des dinglichen Übereignungsvertrags, der Auflassung, ist durch die ausdrückliche Vorschrift in Art. 26 Satz 2 AG. gleichfalls die Distriktsverwaltungsbehörde zuständig erklärt. Die Auflassung selbst ist rein bürgerlichrechtlicher Natur, wenn auch das Kausalgeschäft öffentlichrechtlicher Art ist. Beide vollziehen sich im Zwangsenteignungsverfahren. Dies ist (siehe hier Ziff. VI Anm. 3) für die Frage der Gebührenpflicht von Bedeutung und es ist der Fall der Übereignung durch (privatrechtliches) Übertragungsgeschäft innerhalb des ZEverfahrens zu scheiden von dem Fall der außerhalb des ZEverfahrens sich vollziehenden rein privatrechtlichen Eigentumsübertragung, wie er hier in Ziff. II S. 212 ausgeführt ist.

2. Ob der Eigentumserwerb im Wege der Enteignung (hier Ziff. IV A) oder durch Privatrechtsgeschäft innerhalb des ZEverfahrens nämlich durch die Auflassung (hier Ziff. IV B) erfolgen soll, soll sich aus dem Protokoll der Distriktsverwaltungsbehörde klar ergeben (vgl. ObLG. nS. 7, 557; 8, 349 oben).

Schließt der Enteignungsberechtigte mit dem Eigentümer das privatrechtliche Übertragungsgeschäft (Auflassung), so verzichtet er damit nicht auf sein Enteignungsrecht. Er kann noch immer auf die Enteignung zurückgreifen, wenn die Auflassung nichtig ist oder mit Erfolg angefochten wird. ObLG. nS. 7 S. 556, 557.

3. Der privatrechtliche dingliche Übereignungsvertrag nach §§ 873, 925 BGB. kann nach der ausdrücklichen Vorschrift des Art. 26 Satz 2 vor der Distriktsverwaltungsbehörde abgeschlossen werden. Die Beurkundung durch diese hat die in § 873 Abs. 2 BGB. bestimmte Wirkung der Bindung der Beteiligten. Zum Eigentumsübergang ist aber nach § 873 Abs. 1 weiter nötig die Eintragung der Rechtsänderung im Grundbuch. In diesem Fall der Eigentumsübertragung durch Rechtsgeschäft im ZEverfahren, des „Übertragungsgeschäftes“, wie es ObLG. nS. 8, 349 nennt, hat es das Grundbuchamt nur mit der Auflassung zu tun. Die Gewährung der Entschädigung ist hier nicht Voraussetzung des Eigentumsübergangs, sowenig wie bei gewöhnlichen Eigentumsänderungen des bürgerlichen Rechts. Insbesondere kommt dem Grundbuchamt keinerlei Nachprüfung zu, ob die Entschädigung festgestellt und bezahlt ist. ObLG. nS. 8 S. 344, 348. Wird die Entschädigung nicht bezahlt, oder werden die als Entschädigung vertraglich festgelegten Leistungen nicht gewährt, so steht dem Enteignungspflichtigen der Weg der Klage vor den ordentlichen Gerichten offen (siehe hier Ziff. III 2). Dem Grundbuchamt muß nur die Auflassung in der Form des § 29 GBO. nachgewiesen werden, der Eigentumsübergang vollzieht sich dann durch die Eintragung im Grundbuch.

Auch in diesem Falle ist die Distriktsverwaltungsbehörde nicht von sich aus befugt, durch Stellung des Antrags auf Eintragung im Grundbuch die Eigentumsänderung herbeizuführen — [eine entsprechende Anwendung des § 15 GBO. dürfte nicht angehen] —, sie ist jedoch berechtigt und es ist für sie sachgemäß, die Anträge auf Eintragung im Grundbuch bei der Auflassung entgegenzunehmen und sie dann dem Grundbuchamt zum Vollzug zu übersenden.

4. Das Grundbuchamt hat zu prüfen, ob eine rechtswirksame Auflassung vorliegt, zunächst ob sachlich die Bestimmungen des § 925 BGB. eingehalten sind, dann weiter, ob formell der Vorschrift des § 29 GBO. entsprochen ist, wonach der Nachweis durch öffentliche oder öffentlich beglaubigte Urkunden erbracht sein muß. *Eine Unwirksamkeit der Auflassung besteht selbstverständlich nur insoweit, als im einzelnen ein Mangel vorliegt.* Es ist wohl möglich, daß ein Teil der niedergelegten Willenserklärungen eine wirksame Auflassung darstellt, ein anderer Teil nicht z. B. weil nicht gleichzeitige Anwesenheit der Parteien gegeben war.

5. Rechtswirksamkeit der Auflassung.

a) Abgesehen von den Bestimmungen des materiellen **Rechts** (Geschäftsfähigkeit, Vertretungsbefugnis) **sind die** Erfordernisse der Auflassung in § 925 BGB. ausgesprochen. Die Einigung muß bei gleichzeitiger Anwesenheit beider Teile erklärt werden. Eine wirksame Auflassung liegt nicht vor, wenn die Distriktsverwaltungsbehörde am einen Tag die Erklärung der einen Partei, an einem anderen Tage die Erklärung des anderen Beteiligten entgegennimmt und beurkundet.

b) Die Einigung muß vor der zuständigen (siehe Anm. 6 zu Art. XIV) Distriktsverwaltungsbehörde erklärt sein. Eine Auflassung vor der unzuständigen Distriktswaltungsbehörde wäre nichtig. Nicht erforderlich ist, daß die Einigung in den Amtsräumen des Bezirksamts vorgenommen wird (vgl. Meikel GBO. 177 Anm. 4a), sie kann und wird meistens in auswärtigem Termine am Orte der Tagsfahrt erfolgen.

c) Die Einigung muß vor der Distriktsverwaltungsbehörde erklärt werden. Eine Erklärung gegenüber der Distriktsverwaltungsbehörde z. B. in der Weise, daß die Beteiligten erscheinen und die ihre Erklärungen enthaltenden Urkunden überreichen, genügt nicht, Meikel GBO. 178 Anm. 4b.

d) Die Erklärung muß ausdrücklich erfolgen. Wenn auch keine bestimmte Form vorgeschrieben ist, muß sich die bedingungslose Einigung beider Parteien über den Eintritt der Rechtsänderung ergeben (Meikel GBO. 179 Anm. 4c, vgl. ObLG. nS. 8, 349). Bei der Auslegung der Willenserklärungen ist der wirkliche Wille zu erforschen und nicht an dem buchstäblichen Sinne des Ausdrucks zu haften, § 133 BGB. (Muster siehe die Formblätter II und III, Anlagen der DA., JMBl. S. 401 ff.).

Eine Zusammenfassung mit der Einigung über die Abtretungspflicht und die Entschädigung ist möglich, Wiederholungen sind dann zu vermeiden. Es wird z. B. folgender Wortlaut, der sowohl die gütliche Einigung wie die Auflassung enthält, genügen:

Die Eheleute A erkennen unter ausdrücklichem Verzicht auf die Forderung der völligen Abtretung an, verpflichtet zu sein, das Eigentum an den im Messungsverzeichnis des K. Messungsamtes B vom ... Nr. 1/1910 ausgewiesenen Teilen des Grundstücks Pl.-Nr. . . . der Steuergemeinde C, eingetragen im Grundbuche des K. Amtsgerichts D für C Band . . . Blatt . . . (Seite . . .), auf das Staatsärar zu übertragen. Der K. Regierungs- und Fiskalrat E — [dessen Vertretungsbefugnis, siehe vorstehende Ziff. III, 4, wird am Eingange der Niederschrift anzugeben sein] — nimmt von dieser Erklärung Kenntnis. Zwischen dem Vertreter des K. Staatsärars und den abtretungspflichtigen Eheleuten A wird vereinbart, daß als Entschädigung vom Staate der Betrag von X Mark zu zahlen ist usw.

Die Eheleute A und der K. Regierungs- und Fiskalrat E erklären weiter:

Wir sind darüber einig, daß das Eigentum an den vorstehend angegebenen Grundstücksteilen nach Maßgabe des erwähnten Messungsverzeichnisses auf das K. Staatsärar übergehen soll und bewilligen und beantragen die Eintragung dieser Rechtsänderung im Grundbuche.

e) Die Abgabe der Auflassungserklärung durch Vertreter (Bevollmächtigte) ist unverwehrt (Art. 8 AG. GBO.; § 13 FG.; § 18 DA. v. 27. 2. 1905, JMBl. S. 401 ff., Meikel GBO. 180 Anm. 4 d γ). Jedoch muß bei Vollmachtserteilung auch die Vollmacht durch öffentliche oder öffentlich beglaubigte Urkunden nachgewiesen werden, § 29 GBO. (wenn gleichwohl für das Verfahren vor der Distriktsverwaltungsbehörde, abgesehen vom Grundbuchrecht, eine einfache schriftliche Bevollmächtigung genügt) ObLG. nS. 8 S. 344, 348. Es genügt die Vollmacht zu Protokoll der Distriktsverwaltungsbehörde. Bei einer durch eine öffentliche Behörde ausgestellten Vollmacht genügt und ist allein erforderlich die Ausfertigung der Vollmachtserteilung z. B. der betreffenden Regierungsentschließung. Denn wie Henle-Schneider Anm. 3 zu Art. 83, 1. Aufl. S. 139, 2. Aufl. S. 148, mit Recht betont, geben die Behörden, die öffentliches Vermögen zu verwalten haben, die zu dieser Verwaltung — [und dazu gehört auch die Bevollmächtigung] — erforderlichen rechtsgeschäftlichen Erklärungen innerhalb der Grenzen ihrer Amtsbefugnisse ab. Deshalb sind ihre Erklärungen, die schriftlich in der für die betreffenden Behörde vorgeschriebenen Form abgegeben werden, öffentliche Urkunden (§ 415 ZPO., § 148 Abs. III DA., vgl. vorstehende Ziff. II, 2).

Entweder muß die Urschrift der Vollmacht oder bei öffentlicher Urkunde die Ausfertigung der Vollmachtsurkunde vorgelegt werden. Die Vorlegung einer Abschrift genügt selbst dann nicht, wenn die Abschrift notariell beglaubigt ist (§ 19 Abs. III DA.). Die Beibringung einer gesonderten Vollmacht für jeden einzelnen Fall (Spezialvollmacht) ist nicht geboten. Es ist Sache der Auslegung, in welchem Umfang eine von dem Bevollmächtigten nachgewiesene Vollmacht diesen zur Abgabe von Erklärungen und Anträgen ermächtigt. Bei der Auslegung sind die Umstände des einzelnen Falles insbesondere der Zweck der Vollmacht und das ihr zugrunde liegende Rechtsverhältnis zu berücksichtigen. (Näheres siehe § 19 DA. JMBl. 1905, 401 ff., bei Henle-Schmitt S. 390, 391; über den Begriff der öffentlichen Beurkundung und öffentlichen Beglaubigung siehe §§ 148, 149 DA., bei Henle-Schmitt S. 444, 445).

f) Bezüglich der Auflassung durch einen Nichteigentümer siehe Meikel GBO. 179 Anm. 4d β, durch einen Vertreter ohne Vertretungsmacht (die Wirksamkeit der Auflassung hängt davon ab, daß sie der Vertretene genehmigt. Eine Wiederholung der Auflassung ist nicht notwendig) siehe Meikel GBO. 181.

g) Die Auflassung darf nicht unter einer Bedingung oder Zeitbestimmung erfolgen (§ 925 Abs. 2 BGB.). Unwirksam ist deshalb z. B. eine Einigung, daß das Eigentum übergehen soll unter der Bedingung, daß der Enteigner bestimmte Leistungen vornimmt, eine Mauer errichtet, eine Zufahrt herstellt usw. Der Beisatz einer solchen Bedingung bei der Auflassung würde diese nichtig machen.

6. Bezüglich der **Hypotheken** ist auch hier zu beachten, daß die Hypothekgläubiger Beteiligte des ZEverfahrens sind, daß sie selbständig die Abtretungspflicht bestreiten und selbständig wegen der Höhe der Entschädigung den Rechtsweg betreten können (ObLG. nS. 7, 557, hier

Anm. 2 zu Art. XVIII ZEG., Anm. 2 zu Art. 21 und Anm. 5 zu Art. 17 AG., vorstehende Ziff. IV A 2b). Die zwischen Enteigner und Eigentümer vereinbarte Entschädigung ist ohne Einwilligung der Hypothekgläubiger für diese nicht bindend. Wohl sind die Hypothekgläubiger, wenn sie in der Tagsfahrt über die Abtretung nicht erschienen sind, mit etwaigen Einwendungen gegen die ZE. ausgeschlossen. Aber für sie ist das ZEverfahren mit der ohne ihre Zustimmung erfolgten gütlichen Einigung zwischen Eigentümer und Enteigner selbst dann nicht beendet, wenn diese im Anschluß an die gütliche Einigung über die Abtretungspflicht und Entschädigung das privatrechtliche Übertragungsgeschäft, die Auflassung, vorgenommen haben. Bezüglich der Hypothekgläubiger ist vielmehr das Schätzungsverfahren weiterzuführen, und erst die im Verwaltungsschätzungsverfahren oder gegebenenfalls vom Gerichte als Entschädigung des Eigentümers festgestellte Summe tritt nach Art. XI ZEG. an die Stelle des Grundstückes (ObLG. nS. 7, 553, 2. Satz der Inhaltsangabe der Entscheidung). Mit der Feststellung der Entschädigungssumme und dem Übergang der Forderungen auf diese Summe, welche nach Art. XI ZEG. im Betrag der Hypotheken und ihrer Zinsen bei Gericht zu hinterlegen ist, erlöschen die Hypotheken, auch wenn sie mit der Auflassung und Eintragung im Grundbuch als Belastungen des abgetretenen Grundstücks oder Grundstückteils auf das nunmehr Eigentum des Enteigners gewordene Grundstück übergegangen sind. Im übrigen gilt für die weiteren Entschädigungsberechtigten nach Art. II und V Nr. 3, dann für die Grundbuchberichtigung das in Ziff. IV A 2b S. 226ff. Ausgeführte auch hier.

Eine Ausnahme der vorstehend entwickelten Grundsätze ergibt sich (vgl. Ziff. IV A 2b am Ende) auch hier für den Fall der Erwirkung eines Unschädlichkeitszeugnisses, siehe hierüber Anm. 7 zu Art. XI.

V.

Buchungsfreie Grundstücke.

Handelt es sich um buchungsfreie Grundstücke, so ist zu unterscheiden, ob das Grundstück auch fortan buchungsfrei bleibt oder buchungspflichtig wird, siehe hier Ziff II 2 S. 213. Es ist weiter zu unterscheiden, ob es sich um Eigentumsübergang im Wege der Zwangsenteignung (hier Ziff. IV A) oder um Erwerb des Eigentums durch privatrechtliches Übertragungsgeschäft im ZEverfahren (hier Ziff. IV B) handelt. Im Falle des Eigentumsübergangs von buchungsfreien oder buchungspflichtigen Grundstücken durch Enteignung scheidet ein Grundbucheintrag als Bedingung des Eigentumsübergangs ganz aus; denn der Eigentumsübergang vollzieht sich ja ohne Grundbucheintrag. Wird durch den Übergang des Eigentums das Grundstück aus einem buchungsfreien zu einem buchungspflichtigen, so ist die vorherige Anlage eines Grundbuchblattes nicht notwendig, diese wird vielmehr erst nach dem Eigentumsübergang erforderlich.

Erfolgt dagegen die Übereignung durch privatrechtliches Übertragungsgeschäft innerhalb des ZEverfahrens, so gilt das vorstehende in Ziff. II S. 213, 214 Ausgeführte.

VI.

Gebühren.

1. Gebühren. Nach Art 25 GebG i. F. d. Bek. v 13. 7. 1910, GVBl. S. 318, 319 kommt aus dem Wert des Streitgegenstands ohne Abzug der Schulden die Gebühr des Art. 146 zur Anwendung. Rechtsmittel gegen den Ansatz oder die Nachforderung von Gebühren siehe Abs. II dieses Art. 25.

2. Bezüglich der Besitzveränderungsgebühr siehe Art. 252 ff. des angef. GebG., GVBl. 382, dann Art. 1, 2, 5 und 6 des Besitzveränderungsabgabengesetzes vom 14. 8. 1910, GVBl. 433 ff. und die MBek. zum Vollzug des Besitzveränderungsabgabengesetzes v. 15. 8. 1910, GVBl. 436 ff., insbes. die Ziff. 1, 3, 15, 20 mit 24. Nach Art. 5 Abs. I Satz 2 dieses Gesetzes sind Eigentums- oder Rechtsübergänge auf das Reich oder den Staat von der Besitzveränderungsabgabe befreit, wenn die übergehenden Grundstücke oder Rechte unmittelbar zur Erfüllung öffentlicher Aufgaben bestimmt sind. Beispiele siehe Abs. 2 der Ziff. 21 der angef. VollzBek. Die Abgabenfreiheit erstreckt sich auch auf Übererwerbungen, die auf Grund des Art. III ZEG. erfolgen, angef. Ziff. 21 Abs. 3.

3. Reichsstempel.

Stempelfrei ist und fällt nicht unter die Tarifnummer 11 des Reichsstempelgesetzes vom 15. 7. 1909, RGBl. 875, nur der Eigentumsübergang im Wege der ZE., nicht dagegen ein Veräußerungsgeschäft, das in der Form des bürgerlichen Vertrags zur Vermeidung der förmlichen Enteignung abgeschlossen wird, auch wenn es lediglich dazu dient, der Verwirklichung eines bevorstehenden oder erhobenen ZEanspruchs zuvorzukommen. Stempelfrei ist also nicht die hier in Ziff. II S. 212 ff. ausgeführte Übereignung außerhalb des ZEverfahrens.

Dagegen sind als freiwillige Übereignungen nicht zu betrachten und fallen nicht unter die Tarifnummer 11 die Eigentumsübergänge, welche nach Art. XVII ZEG. mit der freiwilligen, nach Einleitung des ZEverfahrens erfolgenden Anerkennung der Abtretungspflicht zu Protokoll der Distriktsverwaltungsbehörde verbunden sind. (Entschl. des StMdFinanzen v. 5. 5. 1910 Nr. 11644, Blätter für das Bayerische Finanzwesen 18. Bd. 1910 S. 157, 158.) Stempelfrei ist sonach der Eigentumserwerb durch Rechtsgeschäft innerhalb des ZEverfahrens, wie er vorstehend in Ziff. IV B S. 227 ff. ausgeführt ist.

IV. Titel.

Schlußbestimmungen.

Art. XXII.

Gegenwärtiges Gesetz, welches als ein Grundgesetz des Reiches betrachtet werden, und eben dieselbe Wirkung haben soll, als wären die Bestimmungen desselben in der Verfassungs-Urkunde enthalten, tritt mit dem Tage der Bekanntmachung für die sieben Kreise diesseits des Rheins[1] in Wirksamkeit; desgleichen auch für den Rheinkreis unter Aufhebung des Gesetzes vom 8. März 1910[2, 3].

1. Über die landesgesetzlichen Eigentumsbeschränkungen für die Landesteile rechts des Rheins aus der Zeit vor 1837 siehe Anhang unter A S. 240.

2. Das fortgeltende Zwangsenteignungsrecht der Pfalz siehe Anhang unter B S. 257.

3. Die früheren Ziff. 1 mit 6 sind aufgehoben, siehe Anm. 6 der Vorbemerkungen S. 23.

Art. XXIII.

Übrigens bleiben alle bei Erscheinen des gegenwärtigen Gesetzes in den Gebietsteilen sowohl diesseits als jenseits des Rheins geltenden Gesetze, Verordnungen, Lokalstatuten und Lokal-Observanzen über Eigentumsbeschränkungen in dem Rayon bestehender oder im Bau begriffener Festungen und festen Plätzen ihrem vollen Umfange nach aufrecht erhalten.

Unsere Staatsministerien der Justiz und

des Innern sind mit der Bekanntmachung und dem Vollzuge des gegenwärtigen Gesetzes beauftragt.

Der Vorbehalt bezieht sich nicht auf Eigentumsabtretungen, sondern auf Eigentumsbeschränkungen, siehe auch das RG. v. 11. 12. 1871, RGBl. 459 ff., hier Anm. 1 zu Art. I A Ziff. 1 S. 36.

Durch Art. XXIII wurden aufrecht erhalten die für die damals errichteten oder im Bau begriffenen Festungen gegebenen Vorschriften und „Lokalobservanzen", also insbesondere Bau- und Bepflanzungsbeschränkungen (Henle 155 Anm. 3).

Für die Pfalz ist deshalb noch heute maßgebend das Dekret vom 8./10. Juli 1791, concernant la conversation et le classement des places de guerre (abgedruckt bei Wand, Wege 273 ff.). Dieses Gesetz enthält in Tit. I Art. 17 Eigentumsbeschränkungen beim Wiederaufbau von Häusern, Gebäuden oder Einfassungen. Das Gesetz bezieht sich nur auf Grundstücke innerhalb der Festungswälle, ist also durch § 47 des Reichsrayongesetzes nicht beseitigt. Art. 18 des Gesetzes gibt ein Entschädigungsrecht (vgl. Henle-Schneider Anm. 12e zu Art. 1, 1. Aufl. S. 9, 2. Aufl. S. 7). Die bei Wand, Wege 267 ff. abgedruckten Vorschriften über den Bau von Straßen, Brücken, Plätzen innerhalb der Festungen dürften, soweit sie straßengesetzliche Regelung geben, noch gelten. Soweit sie mit der Bauordnung v. 17. 2. 1901 und 3. 8. 1910 nicht vereinbar sind, haben sie durch diese ihre Rechtswirksamkeit verloren (§ 80 der Bauordnung vom 17. 2. 1901).

Anhang.

Landesgesetzliche Eigentumsbeschränkungen aus der Zeit vor 1837.

Abschied für die Ständeversammlung des Königreichs Bayern vom 17. November 1837.

(Gesetzbl. 1837 S. 8; Weber 3 S. 196, 197.)

Der einschlägige Teil (Ziff. I, Beschlüsse der Kammern über die Gesetzentwürfe) lautet:

„C. **Zwangsabtretung von Grundeigentum für öffentliche Zwecke.**

Den Entwurf in betreff der Zwangsabtretung von Grundeigentum für öffentliche Zwecke sanktionieren Wir mit den von den Ständen vorgeschlagenen Modifikationen und lassen hierüber das unter Ziffer III anliegende Gesetz ausfertigen.

Hierbei setzen Wir ausdrücklich voraus, daß zufolge dieses Gesetzes in den eigentümlichen Verhältnissen der . . . . . und des Straßenbaues hinsichtlich der Kiesgruben, sowie überhaupt in allen anderen dergleichen Sachen, über welche neben der Verordnung vom 14. August 1815, dann im Rheinkreise neben dem Gesetze vom 8. März

1810, besondere Gesetze und Verordnungen bestanden und vollzogen worden sind, weder in formeller noch materieller Hinsicht eine Änderung eintrete . . ."

Dieser Vorbehalt ist allerdings nur eine einseitige Erklärung eines der gesetzgebenden Faktoren, des Königs, und kann keine formale Gesetzeskraft haben. Er gibt jedoch die bei Beratung des ZEG. kundgegebenen Auffassungen wieder, und aus dieser Kundgabe ergibt sich im Zusammenhang mit dem Inhalt der Kammerverhandlungen (siehe darüber VGH. 13, 348), daß durch das ZEG. alle Gesetze und Verordnungen der im Ständeabschied erwähnten Art, welche bis zur Erlassung des ZEG. neben der Verordnung vom 14. 8. 1815 und dem Gesetze vom 8. 3. 1810 (die durch das ZEG. ersetzt wurden) Beschränkungen des Privateigentums oder öffentlichrechtliche Leistungs- und Duldungspflichten schufen, in keiner Weise berührt werden und fortgelten sollen (VGH. 13, 348, dann 8, 316, KompKonfl. 1, 205, Sammlung der E. des Obersten Gerichtshofs für Bayern in Gegenständen des Strafrechts und Strafprozesses 6, 41 insbes. 6, 398, Seydel III 306 Anm. 76, Henle 38 ff.).

Ist dagegen die Regelung eines Gegenstandes in der Verordnung vom 14. 8. 1815 oder für die Pfalz im Gesetze vom 8. 3. 1810 erfolgt, so ist diese Regelung durch Art. XXII ZEG. ausdrücklich aufgehoben und es kann nicht auf frühere Gesetze zurückgegriffen werden, selbst wenn diese in anderen Bestimmungen noch in Geltung sein sollten. So ist in der Pfalz zwar nicht das Alignementrecht, aber das Enteignungsrecht für die Neuanlegung von Straßen durch das Gesetz vom 8. 3. 1810 geregelt worden. Im Schlußartikel (Art. 21) dieses Gesetzes sind die entgegenstehenden Bestimmungen, also auch die des Gesetzes vom 16. 9. 1807 betr. die Austrocknung der Sümpfe aufgehoben worden. Das Gesetz vom 16. 9. 1807 gilt sonach zwar noch, soweit es sich um Alignementbestimmungen handelt, siehe hier unter B, 2 a S. 258, dagegen nicht mehr, soweit es die Grundabtretung zur Neuanlage von Straßen regelt. ObLG. n. F. 1 S. 664, 669, 679.

Danach sind in Geltung:[1])

A. Landesteile rechts des Rheins.

1. Abtretung von Grundstücken zu Kiesgruben und Steinbrüchen.

a) Allerhöchste Verordnung vom 3. Juli 1812, die Entschädigung der Untertanen für die zu Kiesgruben oder Steinbrüchen abgetretenen Gründe betreffend.[2])[3])

(Weber 1, 395.)

In Erwägung, daß die durch unsere Verordnung vom 25. Oktober 1802 festgesetzte Entschädigung für die zu Kiesgruben und Steinbrüchen abgetretenen, zur Herstellung und Erhaltung der Chausseen erforderlichen Gründe mit dem für die Grundeigentümer daraus entstehenden Verluste in keinem Verhältnisse steht, und in der landesväterlichen Absicht, künftig unsere Untertanen für diese Aufopferungen zum allgemeinen Besten eine möglichst vollkommene Schadloshaltung zu verschaffen, haben wir beschlossen, wie folgt:

[1]) Angeführt sind nur die Bestimmungen, die noch heute von Bedeutung sind.

[2]) Über die Fortgeltung dieser Verordnung in den Landesteilen, welche bei ihrer Erlassung zu Bayern gehörten, siehe VGH. 8 S. 316, 319, hier Anm. c zu Art. I A Ziff. 5 S. 54, 55.

„In jenen Gebietsteilen des Königreichs, für welche die Verordnung v. 3. Juli 1812 keine bindende Kraft hat, behält es bei den anderwärtig verordneten Vorschriften sein Bewenden“. (ME. v. 2. 1. 1840 bei Weber 1, 395 Fußnote***).

Bezüglich der Pfalz siehe hier unter B S. 260.

[3]) Die Verordnung gilt nicht für Distriktsstraßen (Seydel III 305 Anm. 75, Krais III 153), vgl. hier Anm. d S. 55.

§ 1. So lange Ärarialgründe vorhanden sind, welche zu Kiesgruben oder Steinbrüchen zum Behufe der Herstellung und Unterhaltung der Chausseen benützt werden können, müssen dieselben vor allen anderen Gründen zu dem gedachten Zwecke unentgeltlich abgetreten werden.

§ 2. Sind keine solchen Grundstücke vorhanden, welche zum Straßenbau benützt werden können, so dürfen die Gemeindegründe, wenn solche vorhanden sind, oder in deren Ermangelung Privatgründe hierzu verwendet werden, in den beiden letzten Fällen werden jedoch die Gemeinden und Privateigentümer dafür auf nachfolgende Art entschädiget.

Es wird nämlich der abzutretende Grund vom einschlägigen Landgerichte[4]) durch drei unparteiische von seite der Straßenbaubehörde, des Grundeigentümers und vom einschlägigen Rentamte zu ernennende Sachverständige abgeschätzt, und hiernach der der Gemeinde oder dem Privateigentümer zu ersetzende Kapitalwert durch Annahme des mittleren Preises bestimmt.

Das Abschätzungsprotokoll wird durch das Landgericht an die Finanz-Direktion[5]) und Uns von dieser zur Genehmigung vorgelegt, worauf die Anweisung der Entschädigung auf den Etat des Straßenbaues erfolgt.

§ 3. Wenn auf dem zum Straßenbau abzutretenden Grunde herrschaftliche Gefälle oder Gülten haften und Unser Ärar Grundherr ist, so sollen solche in dem Maße, in welchem diese Gründe zum Straßenbau benützt werden, nachgelassen sein.

Wenn entgegen nicht das Ärar, sondern ein Dritter Grundherr ist, so werden die auf dem abzutretenden

---

[4]) Nunmehr Distriktsverwaltungsbehörden (vgl. ObLG. aS. 12, 488). Über die Abtretungspflicht ist im Weigerungsfalle gemäß Art. 8 Ziff. 10 VGHG. im verwaltungsrechtlichen Verfahren zu entscheiden. Natürlich findet ein Vorverfahren nach Art. XIV ZEG. nicht statt, (VGH. 8, 319).

[5]) Vorlage an die Kreisregierung, Kammer der Finanzen.

Grunde liegenden Abgaben dem Grundherrn aus dem Straßenbaufonde entrichtet oder es hat sich letzterer mit dem Gutsherrn hierüber durch wechselseitige Übereinkunft abzufinden.

§ 4. Die Abschätzungsgebühren werden von dem Amte übernommen.

§ 5. Gegenwärtige Verordnung erhält erst mit dem 1. Oktober l. Js. an verbindende Kraft.

Die Entschädigung für alle früher zum Straßenbau abgetretenen Grundstücke wird daher nach der bisher bestandenen Vorschrift und Observanz reguliert.

Unsere General-Kreiskommissariate werden hierdurch beauftragt, auf die genaue Beobachtung dieser Verordnung zu wachen und die ihnen untergeordneten Landgerichte hiernach anzuweisen.

b) Ministerialentschließung vom 5. August 1819, die Entschädigung der Untertanen für die zum Straßenbau abgetretenen Grundstücke.

(Weber 2 S. 27, 28.)

Nachdem Seine Königliche Majestät durch die Allerhöchste Verordnung vom 3. Juli 1812 über die Entschädigung der Privaten und Gemeinden für die zum Straßenbau, zu Kiesgruben oder Steinbrüchen abgetretenen Grundstücke ganz bestimmte Vorschriften erteilt haben, so werden hiermit sämtliche K. Kreisregierungen, Kammern der Finanzen, angewiesen, für die Zukunft dergleichen Grundentschädigungen unter strenger Beobachtung der durch diese Verordnung festgesetzten Normen aus eigener Kompetenz festzusetzen und nebst den erlaufenen regulativmäßigen Abschätzungsgebühren zur Zahlung und Verrechnung anzuweisen, solange der Betrag einer solchen Entschädigung nicht die Summe von 500 fl. übersteigt und die zu diesem Zwecke genehmigte Etatsposition nicht überschritten wird.

Da jedoch wiederholt Fälle zu Allerhöchster Kenntnis gelangt sind, wo untergeordnete Straßen- und Wasserbaubehörden Privatgründe zum Straßenbau oder zu Kiesgruben ohne Autorisation und ohne vorgängige Ausmittlung der gesetzmäßigen Entschädigung verwendet und hierdurch gegründete Beschwerden der Beteiligten veranlaßt haben, so werden hiermit sämtliche K. Kreisregierungen, Kammer der Finanzen, beauftragt, pflichtgemäß darüber zu wachen, daß solche ordnungswidrige Vorgriffe der bauführenden Beamten für die Zukunft zuverlässig, und bei strenger Verantwortung und persönlicher Haftung unterbleiben und daß durchaus kein Privat- oder Gemeindegrund zu baulichen Zwecken verwendet werde, ehe die Notwendigkeit dieser Verwendung strenge erwiesen und die gesetzliche Entschädigung des Eigentümers auf legale Weise ausgemittelt und festgestellt ist.

Hiernach ist das Geeignete zu verfügen. . . .

c) Ministerialentschließung vom 8. November 1833, die Kiesgrubenabschätzungen pro 1833/34 betr.

(Weber 2, 27 Fußnote *.)

Die K. Kreisregierung ist ermächtigt, die Abschätzungen aller solcher Kiesgrubengründe, welche zur Gewinnung und Förderung des Materials für die Straßen unentbehrlich sind, sogleich ohne Anfrage zu genehmigen.

2. Erhaltung der Staatsstraßen.

Verordnung vom 16. August 1805, die Verbesserung der Straßen betreffend. [6])

(Weber 1, 106.)

Die gute und sorgfältige Unterhaltung der öffentlichen Straßen ist ein Gegenstand, welcher auf die Beförderung aller Zweige des Nationalkommerzes, und hierdurch zugleich auf den Nationalwohlstand selbst einen zu bedeutenden Einfluß hat, als daß seine Wichtigkeit verkannt werden könnte.

[6]) Gilt in den Landesteilen, in denen sie verkündet wurde, für alle Staatsstraßen (Seydel III 306 Anm. 81). Ausdrücklich in Kraft erklärt durch § 2 Ziff. 1 MBek. v. 28. 4. 1863, Weber 6, 167.

Wir haben daher diesem Gegenstande von neuem Unsere besondere Aufmerksamkeit gewidmet, und bereits mehrere Verfügungen getroffen, von welchen sich die Verbesserung der öffentlichen Straßen, die auf Kosten des Staates unterhalten werden müssen, mit Sicherheit erwarten läßt. Ebenso notwendig ist es aber, daß die Städte, Märkte und Ortschaften, welche die Obliegenheit haben, das Ortspflaster oder die durchziehenden Chausseen entweder ganz zu unterhalten, oder zu deren Unterhaltung beizutragen, die genaue Erfüllung dieser Obliegenheit sich angelegen sein lassen, damit nicht durch Verwahrlosung solcher einzelnen, einen beträchtlichen Teil der Chausseen ausmachenden Straßenstrecken Unser Endzweck der Straßenverbesserung zum Nachteile des Gemeinwohls vereitelt werde.

Nicht minder notwendig ist es, den Mißbräuchen zu steuern, wodurch die mit ihren Grundstücken an die Straßen angrenzenden Privaten nicht selten denselben beträchtlichen Schaden zufügen.

Nachdem Wir Uns demnach hierüber umständlichen Vortrag haben machen lassen, finden Wir Uns bewogen, mit Rücksicht auf die bereits bestehenden Generalmandate und Straßenpolizeigesetze sowie auf die Erfordernisse der Sache selbst folgendes zu verordnen:

I. [7]) In allen Städten, Märkten und Ortschaften, auf welchen die Verbindlichkeit der Unterhaltung des Ortspflasters oder der durchziehenden Chausseen ruht, soll bis zum 1. Dezember dieses Jahres das Pflaster oder der Bruchstein und Kiesweg dauerhaft hergestellt und sodann für die Zukunft stets in gutem Zustand erhalten werden. Die Straßenbaubeamte haben hierbei mit ihrem Rate an die Hand zu gehen, damit die Herstellung nicht allein dauerhaft, sondern auch mit der erforderlichen Bequemlichkeit für das Zugvieh und Fuhrwerk geschehe.

---

[7]) Ziff. I u. II sind ausdrücklich aufrecht erhalten durch Ziff. VI Buchst. b der VO. v. 6. 4. 1818, die Konkurrenz zum Straßenbau betreffend und § 23 des Finanzgesetzes v. 28. 12. 1831 (Weber 1, 555. Näheres Weber 1, 106 Fußnote **).

II. In denjenigen Ortschaften, worin die durchziehende Straße auf öffentliche Kosten mit Kies oder Bruchsteinen unterhalten werden muß, haben die Einwohner sowohl die Straßen als die Seitengräben von dem Schlamme zu reinigen, ehe die Bedeckung mit dem Materiale von Seite des Straßenbaupersonals vorgenommen wird.[8])

Der ganz polizeiwidrige, und Vernachlässigung nicht bloß der Reinlichkeit, sondern auch der eigenen landwirtschaftlichen Vorteile verratende Gebrauch, den Dung an und auf die Hauptstraßen zu werfen und die Mistjauche selbst auf die Straßen ablaufen zu lassen, soll in Zukunft abgeschafft und nach Möglichkeit die Einwohner zu einer zweckmäßigen Einrichtung hierin angehalten werden.

III. Die Straßen außer den Ortschaften sind von den Angrenzenden über die gesetzmäßige Breite, welche in Bayern auf 35 Schuhe (nämlich für den Fahrweg und die Banketts auf 26 Schuhe) und für die Gräben auf 9 Schuhe festgesetzt ist, nicht zu schmälern. Auch wird den Angrenzenden untersagt, ihre Felder näher als in einem Abstande von 3 Schuhen an den Straßengräben zu pflügen.[9])

Noch weniger dürfen sie diese Gräben zupflügen oder zu Abfahrten gebrauchen, sondern zu letzteren müssen die Grundeigentümer Brücken anlegen und unterhalten, damit der Abfluß des Wassers in den Chausseegräben nicht gehemmt werde.

Überhaupt ist das Eigentum der öffentlichen Straßen mit eben derselben, und selbst mit größerer Achtung,

---

[8]) Nach MBek. v. 16. 1. 1890 (MABl. 35, Weber 20, 77), soll mehr als zweimaliges Abschlammen der Staatsstraßentraversen während des Jahres den Angehörigen der betreffenden Gemeinden nicht aufgebürdet werden.

[9]) Ziff. III ist abgeändert durch die hier in Nr. 4 S. 252 abgedruckte MBek. v. 3. 3. 1870, das Bepflügen und Behacken der an Staatsstraßen angrenzenden Felder betr. (RegBl. 393; Weber 8, 505).

wie jedes andere zu behandeln, weil dessen Verletzungen zum allgemeinen Nachteile gereichen.

Unsere Willensmeinung ist gleichwohl nicht, daß alle alten Straßen, wenn sie mehr oder weniger Breite als die festgesetzte haben, auf diese beschränkt oder erweitert werden sollen. Es ist nur darauf zu sehen, daß die schmalen Straßen durch die Angrenzenden nicht noch mehr geschmälert, sondern sie vielmehr nach und nach durch Aufräumung der Gräben und Abnahme der Banketts breiter gemacht werden.

Für neue Straßen werden Wir zu seiner Zeit die Breite in allen Provinzen, mit gehöriger Rücksicht auf das Fuhrwesen, bestimmen.

IV. Öfter sind bei Anlegung der Straßen von dem Staate größere Grundstücke gekauft worden, als es die Straße selbst erforderte und wo die Grundeigentümer das Straßeneigentum geschont haben, liegt alsdann längst der Straßengräben eine Strecke Erdreich von sechs und mehreren Schuhen unbebaut.

Diese Schonung ist aber nicht allgemein beobachtet worden, sondern mehrere angrenzende Grundeigentümer haben sich angemaßt, dergleichen Strecken Erdreichs zu ihrem Acker zu ziehen.

Wo dieses der Fall ist, müssen dieselben in ihre Grenzen zurückgewiesen werden. Aus den Akten, welche bei Anlegung der Straßen verhandelt worden sind, wird sich ergeben, wie groß die Grundstücke waren, die aus dem Straßenfonde zur Anlegung der Straße gekauft wurden. Sind solche Nachrichten nicht vorhanden, und die Erhaltung der Straßen erfordert gleichwohl, daß von dem anliegenden Grundstücke eines Privaten zur Erweiterung der Gräben oder zu sonstigem Straßenbehufe etwas genommen werde, so sollen die Straßenbauingenieurs (oder auf Verlangen der Privaten andere Ingenieurs) dasselbe aufnehmen. Der berechnete Inhalt der abzutretenden Strecke wird alsdann mit den Lagerbüchern verglichen und untersucht, ob nicht etwa die Straße ehemals an dem betreffenden Orte breiter gewesen sei. Die Entscheidung hierüber gehört vor das Landgericht, welches pflichtmäßig darauf zu sehen hat, daß das Eigentum der Privaten ebensowenig als das der öffentlichen Anlagen gefährdet werde.

Findet von Seite des Staates auf ein solches zur Straßenerweiterung notwendiges Grundstück kein Rechtsanspruch statt, so ist dasselbe nach einer gerichtlichen billigen Schätzung seines Wertes zu bezahlen.[10])

V. Diejenigen Zäune und Mauern, welche auf den Banketts oder dem Fahrwege errichtet sind oder aus dem Allignement des nächsten Gebäudes in die Straße hineinstehen, müssen fortgenommen werden, damit die Wege austrocknen können und nicht für das Fuhrwesen verengt werden.

Auch die Zäune, welche näher als 3 Schuhe an den Gräben stehen, müssen zurückgesetzt werden, welches sich jedoch nur von den auf freiem Felde angebrachten Zäunen verstehet.

In allen Fällen sind an den Straßen nur niedrige Zäune zu gestatten, weil der Schnee sich zwischen hohe Zäune zu lagern und die Passage zu hemmen pflegt.

VI. —

VII. Diejenigen Mühlbesitzer und Grundeigentümer, deren Mühl- und Bewässerungsgräben längst den Straßen liegen, haben die Ufer derselben zu unterhalten, und dürfen sie durch neue Anlagen nicht über die Oberfläche der Straßen hinauftreiben, noch viel weniger aber das Wasser auf die Straßen leiten, welches letztere hiermit überhaupt verboten wird.

VIII. [11])

IX. Wenn die Straßengräben geräumt oder die Straßen selbst vom Schlamme gereinigt werden, so sollen die Grundeigentümer die Befugnis haben, die ausgehobene Erde auf ihre Grundstücke zu führen, ohne hierfür das Mindeste an die Wegmeister und Wegmacher zu entrichten.

Ist diese ausgehobene Erde den an den Straßen

[10]) Die Schätzung kann in entsprechender Anwendung des ZEG. erfolgen.

[11]) Ersetzt durch § 303 RStGB.

liegenden Grundstücken nicht nachteilig, so soll dieselbe zur Zeit, wenn sie ungesamt sind, auf diese und nicht auf die Straße geworfen werden, um die unnötige Abfuhr zu ersparen. Die Grundeigentümer müssen die Erde sodann (wie es gute Landwirte ihrer fruchtbaren Eigenschaft wegen ohnehin tun werden) auf ihre Äcker verbreiten; dürfen aber keineswegs damit eine Erhöhung auf dem Straßenrande oder an den Gräben machen, wie bisher so häufig in der Absicht, die Zäune zu ersparen, geschehen ist. Dergleichen Erderhöhungen, welche Hohlwege, nasse Straßen und zur Winterszeit Schneewehen erzeugen, von welchen der Regen oder das Tauwetter vieles in die Straßengräben schwemmt, was auf Kosten des Straßenbaufonds wieder ausgehoben werden muß, sollen bis zum 1. Dezember l. Js. überall von den Privatäckern an den Straßen durch die Eigentümer und von den Gemeinheitsgründen durch die Gemeinden fortgeschafft werden.

X. —

XI. —

3. Auslichten von Waldungen. [12]) [13])

[12]) Die unter a b c angeführten aus vorkonstitutioneller Zeit herrührenden Vorschriften haben auch nach der Erlassung der Verfassung ihre Gültigkeit behalten (VGH. 13, 347). Ihre Übertretung ist nach § 360 Ziff. 10 RStGB., Art. 90 PStGB. strafbar (Sammlung der E. des Obersten Gerichtshofs für Bayern in Gegenständen des Strafrechts und Strafprozesses (Bd. 6 S. 41, 398). Auch das ZEG. hat diese Vorschriften nicht außer Geltung gesetzt. Sie sollten nach dem Willen des Gesetzgebers (siehe hier S. 239) in Geltung bleiben. Über die Fortgeltung dieser Vorschriften siehe außer den angef. Entscheidungen: Abs. I der unter Nr. 7 S. 253 abgedruckten ME. v. 26. 10. 1876 Seydel III 306, Henle 43 ff., Henle-Schneider Anm. 12 zu Art. 1, 1. Aufl. S. 8, 2. Aufl. S. 7, Weber 1, 21 Fußnote **).

Diese Vorschriften über das Auslichten sind nach VGH. 13 S. 345, 351 rein polizeilicher Natur. Eine

a) Mandat vom 29. April 1778, Aushauung des Holz und Gebüsch auf denen Seiten betr.
(Weber 1, 21.)

Unsern Gruß zuvor. Edle, Liebe, Getreue! Nachdeme sowohl die Sicherheit der Reisenden, und des Fuhrwerks, als auch die den Strassen unentbehrliche Austrocknung nothwendig machen, was schon längst Generalmandatmäßig anbefohlen ist, nämlich, daß zu beyden Seiten der Kommerzial- und Salz-Chausseen alles Holz und Gebüsch ohne Ausnahm auf 15 Schritt [14]) auf jeder

---

Zuständigkeit des VGH. zur Sachentscheidung ist ausgeschlossen. Zum Vollzug der Vorschriften sind vielmehr die Behörden der aktiven Verwaltung berufen. Auf Antrag des Straßen- und Flußbauamts haben die Distriktspolizeibehörden gegebenenfalls im Wege des Art. 20 PStGB. die Auslichtung zu erzwingen.

Nach der Erklärung des Staatsministers Frhrn. v. Feilitzsch in der 187. Sitzung KAbg. v. 6. 12. 1895 (Verh. KAbg. 1895/96, Bd. 5, 835), soll bei der Anwendung der Vorschriften mit der allergrößten Schonung vorgegangen und in der Regel nur dann auf Auslichtung bestanden werden, wenn diese mit Rücksicht auf die ungünstige Tieflage einer Straße behufs besserer Instandhaltung der Straßenfahrbahn dringend notwendig erscheint.

Über die Pflicht der Entschädigung siehe Nr. 6 und 7 S. 253. Die Entschädigungen werden aus Billigkeitsgründen gewährt. Dagegen besteht kein Rechtsanspruch auf Entschädigung, insbesondere kein gerichtlich verfolgbarer Anspruch auf Schadensersatz.

[13]) Auch diese Vorschriften über Auslichtung gelten nur für Staatsstraßen, nicht für Distriktsstraßen (ME. v. 19. 5. 1876, das Auslichten an den Straßen betr. MABl. 237, Weber 11, 542; Pechmann-Brettreich II 511, vgl. hier Anm. d S. 55).

[14]) Nunmehr ist die Auslichtungsweite je 7 m auf beiden Straßenseiten, siehe Ziff. 1 der unter Nr. 7 abgedruckten ME. v. 26. 10. 1876 S. 254.

Seite von dem äussern Rande des Grabens angerechnet, ausgehauen werden solle, dieses aber offenkündig und strafmäßig nicht befolgt worden ist: Als befehlen Wir hiemit gnädigst, solches annoch a die recepti sub Termino 4 Wochen in gehorsamsten Vollzug bringen zu lassen, als euch ausser dessen unverhalten gelassen wird, daß nach Verfluß solcher Zeit Unser Inspektionsamt Rosenheim eventualiter befehlet seye, diese Aushauung selbst vornehmen zu lassen, von dem abfallenden Holz die Kösten mitteln dessen Verkauf zu bestreiten, und den allenfallsigen Ueberrest in poenam der Säumigen zur Verrechnung zu bringen. Sind die Pfleger anbey mit Gnaden.

b) Allerhöchste Verordnung vom 17. Februar 1804, die Pflanzung der Bäume an den Hochstraßen betr.

(Weber 1, 86.)

Nachdem Wir sowohl durch die berichtlichen Vorstellungen Unsers Hofgerichts dahier als auch durch die eingegangenen mehrfältigen Beschwerden einzelner Beteiligten von den Anständen und Hindernissen unterrichtet worden sind, welche sich in dem wirklichen Vollzuge und in der Ausführung der von Unserer bayerischen Landesdirektion wegen Pflanzung der Fruchtbäume an den Chausseen und wegen Auslichtung der Waldungen an denselben unter dem 3. Oktober v. Js. (1803) erlassenen Anordnung teils ergeben haben und teils noch zu erwarten sind, so finden wir Uns bewogen, hiemit gnädigst zu verordnen, daß zwar

1. — — —

2. Soll zwar allerdings alles Holz und Gesträuche an den beiden Seiten der erhobenen Straßen ohne Unterschied des Staats- oder Privateigentums ausgehauen und weggeräumt, diese in vieler Hinsicht notwendige Anordnung aber über die in der älteren Verordnung vom 29. April 1773 bestimmte und festgesetzte Breite nicht ausgedehnt, auch der abgeraumte schmale und unbeträchtliche Platz nicht zu Ansiedlungen verwendet, sondern gleichwohl von dem Eigentümer selbst

auf eine andere zweckmäßige Art zur Kultur und möglichen Benützung gebracht werden. — —

3. — — —

Diese Unsere Verordnung ist zur allgemeinen Wissenschaft und Nachachtung in dem gewöhnlichen Wege öffentlich kund zu machen.

c) Allerhöchste Verordnung vom 13. Februar 1809, die Auslichtung der Gehölze an den Straßen betr.[15]) (Weber 1, 277).

Wir haben aus der berichtlichen Anzeige der Generalforstadministration vom 24. v. Mts. ersehen, daß die wegen Auslichten der Gehölze an den Landstraßen unterm 16. August 1805[16]) erlassene Verordnung mit Ausnahme einer kleinen im Forstamte Gunzenhausen gelegenen Strecke in sämtlichen Staatswaldungen des Königreichs in Vollzug gesetzt worden ist.

Da aber durch die zu breite Auslichtung im Durchschnitte eine große Strecke Landes verloren geht, welche weder zur Forst- noch zur Landkultur benützt werden kann, und da diese Verordnung bei den Gemeinde- und Privatwaldungen mit in Anwendung gekommen ist, auch die Absicht der Chausseeaustrocknung hinlänglich 10[17]) Schritte freigelassen werden, so hat die Generaladministration die Verfügung zu treffen, daß jedesmal, wie den Schlag die Reihe trifft, der die Normalbreite von 10 Schritt übersteigende abgeholzte Raum in Hege gelegt und wieder zu Wald nachgezogen werde. . . .

---

[15]) Diese AV. ist durch ME. v. 28. 4. 1863, Weber 6, 167 ausdrücklich als in Geltung bestehend erklärt.

[16]) Gemeint ist jedenfalls die vorstehende AV. v. 17. 2. 1804. Die angezogene V. v. 16. 8. 1805 (hier abgedruckt unter 2 S. 243) enthält keine Vorschriften über das Auslichten.

[17]) Nunmehr (vgl. Note 14) 7 m gemäß Ziff. 1 der unter Nr. 7 abgedruckten ME. v. 26. 10. 1876 S. 254.

Über die **Fortgeltung, zur Ausführung, Auslegung und in Ergänzung** ergingen folgende **Ministerial-Entschließungen**:

1. ME. v. 4. 8. 1835, das Auslichten des Gehölzes an den Straßen betr., Weber 3, 31.

[Sie hielt die Eigentumsbeschränkung des Auslichtens auch für Distriktsstraßen gegeben, dies ist durch ME. vom 19. 5. 1876 (Weber 11, 642) ausdrücklich verneint (siehe Fußnote 13 des Anhangs).]

2. Die ME. v. 7. 12. 1850, die Breite der Waldauslichtung an den Staatsstraßen betr., Weber 4, 202.

[Sie betrifft im wesentlichen die Lichtungsbreite und ist durch Ziff. 1 der ME. vom 26. 10. 1876 (siehe Nr. 7) überholt.]

3. Die ME. v. 28. 4. 1863, die Aufhebung von Gesetzen, Verordnungen und Ministerial-Anordnungen auf Grund des Art. 45 Abs. 2 PStGB. **betr.**, Weber 6, 167.

[Sie erklärt die Verordnung vom 13. 2. 1809 (oben unter c) und vorstehende ME. vom 7. 12. 1850 als in Kraft.]

4. Die MBek. v. 3. 3. 1870, das Bepflügen und Behacken der an Staatsstraßen angrenzenden Felder betr., RegBl. 393, Weber 8, 505.

Auf Grund des Art. 45 Abs. 2 des Polizeistrafgesetzbuchs wird unter Abänderung der Bestimmung Ziff. III Abs. 1 der gemäß Bekanntmachung vom 28. April 1863 (RegBl. 691) noch in Kraft bestehenden Allerhöchsten Verordnung vom 16. August 1805, die Verbesserung der öffentlichen Straßen betreffend, verfügt:

I.

Das Bepflügen der an Staatsstraßen angrenzenden Felder ist vorbehaltlich der Bestimmungen Art. 345 des Strafgesetzbuchs und Art. 156 Ziff. 4 des Polizeistrafgesetzbuchs bis zu einem Abstande von 1½ Schuh vom Graben- oder Straßenrande gestattet, wenn vor demselben Vorbifänge gezogen sind oder die Bifänge (Borten) längs der Straße laufen.

II.

Die Benützung des von der Bepflügung ausgeschlossenen Feldgrundes ist nur mittels des Behackens zulässig.

5. Die ME. v. 19. 5. 1876, das Auslichten an den Straßen betr., MABl. 237, Weber 11, 542.

[Sie nimmt die ME. v. 4. 8. 1885 (hier Nr. 1) zurück und verneint ausdrücklich die Anwendbarkeit der Verordnungen über das Auslichten für Distrikts straßen.]

6. MBek. v. 6. 6. 1876, das Auslichten der Gehölze längs der Staatsstraßen betr., (GVBl. 358, Weber 11, 557):

Seine Majestät der König haben allergnädigst anzuordnen geruht, daß in der Folge bei der Anlage neuer Staatsstraßen, sowie bei Erweiterung oder Umlegung bestehender Staatsstraßen für die in Anspruch genommenen Auslichtungsflächen den betreffenden Grundeigentümern für öffentliche Zwecke betreffend, Entschädigung gewährt, dann daß bei dem Vollzuge der Bestimmungen über die Auslichtung der Gehölze an den bereits bestehenden Staatsstraßen unter sorgfältiger Erwägung der örtlichen und sonstigen Verhältnissen stets nur nach Maßgabe des unabweisbaren Bedürfnisses und mit tunlichster Schonung der Interessen der Grundeigentümer verfahren werde.

7. ME. v. 26. 10. 1876, die Auslichtung der Gehölze an den Staatsstraßen betr., MABl. 425, Weber 11, 659.

Die gesetzlichen Bestimmungen über die Verpflichtung der Waldeigentümer zur Auslichtung der Gehölze an Staatsstraßen bestehen noch gegenwärtig in Kraft.

Nachdem jedoch gemäß Ministerialbekanntmachung vom 6. Juni 1876, das Auslichten der Gehölze längs der Staatsstraßen betreffend (GVBl. 358),[18] Seine

---

[18]) Hier vorstehende Nr. 6.

Majestät der König allergnädigst anzuordnen geruht haben, daß in der Folge bei der Anlage neuer Staatsstraßen, sowie bei Erweiterung und Umlegung bestehender Staatsstraßen, für die in Anspruch genommenen Auslichtungsflächen den betreffenden Grundeigentümern Entschädigung gewährt werde, sieht sich das K. Staatsministerium des Innern veranlaßt, zum Vollzuge dieser Allerhöchsten Verordnung nachstehendes zu verfügen:

1. Bei Ausarbeitung der Projekte für die Anlage neuer, dann für die Erweiterung oder Umlegung bestehender Staatsstraßen haben die K. Straßen- und Flußbauämter die erforderliche Breite der Auslichtung im Hinblick auf die Verordnung vom 13. Februar 1809 (Döll. VS. XVI 717),[19]) dann die generalisierte Entschließung der K. Staatsministerien des Innern, der Finanzen, dann des Handels und der öffentlichen Arbeiten vom 7. Dezember 1850, Nr. 13446 (Strauß-Döll. VG. XXXI 181),[20]) endlich die Bekanntmachung des vormaligen K. Staatsministeriums des Handels und der öffentlichen Arbeiten vom 28. April 1863 (RegBl. 691)[21]) innerhalb der unüberschreitbaren Grenze von je sieben Meter auf beiden Straßenseiten unter sorgfältiger Erwägung der örtlichen und sonstigen Verhältnisse nach Maßgabe des unabweisbaren Bedürfnisses festzustellen.

2. Gleichzeitig ist mit den betreffenden Grund- und Waldeigentümern über die eigentümliche Erwerbung des erforderlichen Areals einschließlich der in Anspruch zu nehmenden Auslichtungsfläche in Unterhandlung zu treten. Hiebei werden die Bauämter nicht unterlassen, die besonderen Vorteile der betreffenden Straßenanlage für das angrenzende Grundeigentum in bezug auf die Erleichterung des Verkehrs gehörig zu berücksichtigen und die beteiligten Grundeigentümer hierauf unter Hinweis auf die Möglichkeit der Ver-

[19]) Hier unter 3c S. 251.

[20]) Hier Nr. 2 S. 252.

[21]) Hier Nr. 3 S. 252.

eitelung des Projekts im Falle überspannter Entschädigungsansprüche geeignet aufmerksam zu machen.

3. Kommt eine Vereinbarung auf der Grundlage einer die örtlichen Wertsverhältnisse nicht übersteigenden Entschädigungsforderung zustande, so ist der diesfallsige Vertrag vorbehaltlich der Genehmigung der Staatsregierung auf Kosten des Staatsärars notariell verlautbaren zu lassen und der Entschädigungsbetrag in den Kostenvoranschlag aufzunehmen.

4. Wird dagegen eine Vereinbarung nicht erzielt, so ist eine approximative Wertschätzung des fraglichen Objektes durch das Bauamt und zugleich eventuell die von dem Beteiligten etwa geforderte Entschädigungssumme in den Voranschlag einzustellen.

8. Endlich ist über die Auslichtung der an die Bahn grenzenden Waldungen anzuführen

die Bek. des **Staatsministeriums der Finanzen (Ministerial-Forstabteilung), v. 7. 2. 1906, Feuerschutzanlagen in den Waldungen an den mit Dampf betriebenen Eisenbahnen betr.**, (FinMBl. S. 41, 42) ergangen an sämtliche K. Regierungen, Kammern der Finanzen, Forstabteilungen und die K. Forstämter:

Durch Erlaß der Generaldirektion der K. Staatseisenbahnen vom 21. Juni 1905 (Amtsbl. der K. Bayer. Staatseisenbahnverwaltung Nr. 52) wurden die Eisenbahnbetriebsdirektionen beauftragt, durch Ersuchen dahin zu wirken, daß die staatlichen Forstämter, die Gemeinden, Gutsherrschaften und sonstigen Privaten in den an die Bahn grenzenden Waldungen einen 20—30 m breiten Streifen, anschließend an die Bahngrenze und an die längs dieser gezogenen Feuergräben, ebenfalls von Streu, Heide, Moospolster usw. freihalten und über die Feuergräben übergreifende trockene Äste bis auf 1,50 m Höhe vom Boden sowie über die Feuergräben tief herabhängende grüne Äste, diese jedoch nur soweit sie weniger als 0,60 m über dem

Boden bleiben, beseitigen oder ihr Einverständnis zu deren Beseitigung durch Bahnarbeiter erteilen. Es komme alsdann auch in Frage, ob nicht das Ziehen eines weiteren Wundstreifens von etwa 1,50 m Breite innerhalb des Waldes in einem Abstande von der Bahngrenze zu 20—30 m und von senkrecht gegen die Bahn gerichteten, 1,00 m breiten Wundstreifen in Abständen von 50—60 m in besonderen Fällen rätlich erscheint und von den Waldbesitzern womöglich ohne Entschädigung gestattet wird.

Dies wird im Einvernehmen mit dem K. Staatsministerium für Verkehrsangelegenheiten mit folgendem Bemerken bekanntgegeben:

1. Dem Ersuchen der Eisenbahnbetriebsdirektion ist nach Tunlichkeit entgegenzukommen.

2. Es ist keineswegs beabsichtigt, die vorstehenden Maßnahmen an allen Waldbestände durchziehenden Eisenbahnstrecken, sondern nur an jenen Bahnstrecken durchzuführen, die vom Feuer besonders gefährdet sind.

3. Eine Freihaltung des Bodens von jeglicher Bodendecke derart, daß eine allmähliche Waldverkrüppelung und Bodenverödung in den bahnanliegenden Waldstreifen herbeigeführt würde, ist in der Regel nicht veranlaßt; es wird meist genügen, stärkere Bodendecken aus Heide, Beerkraut, Farren, Moos usw. von Zeit zu Zeit durch Abmähen, Absicheln, Abrechen und dergleichen wegzunehmen.

4. Streuvorräte in den Waldstreifen sind zunächst soweit möglich an Streunutzungsberechtigte oder andere Selbstgewinner abzugeben, so daß nur eine allenfalls nötige Nacharbeit durch ärarialische Arbeiter zu geschehen hätte.

5. Die erwachsenen Kosten, die nicht durch den Verkauf des anfallenden Holz- und Streumaterials gedeckt sind, trägt die Eisenbahnverwaltung. Wenn sich im Verhältnis zu den Kosten nur unbedeutende Erlöse aus dem Verkaufe des Holz- und Streuanfalls

ergeben oder erwarten lassen, so sind zur Geschäftsvereinfachung die sämtlichen Kosten von der Eisenbahnverwaltung zu übernehmen.

6. Ob für den durch die besondere Behandlung der Waldstreifen und durch das Ziehen von Wundstreifen — Feuergräben — innerhalb des Staatswaldes veranlaßten Nutzungsentgang eine Entschädigung zu beanspruchen sei, ist von Fall zu Fall zu erwägen. Jedenfalls ist eine Entschädigungsforderung zu unterlassen, wenn im einzelnen nicht bedeutende Entschädigungsbeträge in Frage kommen.

B. Pfalz.*)

1. Das ZEG. hat in Art. XXII nur das Ges. vom 8. 3. 1810 aufgehoben. Es blieben deshalb die Bestimmungen des älteren Rechtes über ZE. und Eigentumsbeschränkungen im öffentlichen Interesse in Geltung, soweit sie nicht durch das französische Gesetz vom 8. 3. 1810, welches die Zwangsenteignung neu regelte, aufgehoben worden waren (ObLG. nS. 1, 669). Dies ergibt sich (wie hier S. 239 ausgeführt ist) aus den übereinstimmenden Kundgebungen sämtlicher Gesetzesfaktoren bei Erlassung des ZEG. vom 17. 11. 1837 (Erkenntnis des Staatsrats vom 23. 9. 1848, Amtsblatt 1848 Nr. 90 S. 613, auch bei Chelius III. Band S. 101 ff., KompKonfl. 1, 205, Wand, Wege 86, Geib I 537 Fußnote *).

Diese Sonderbestimmungen des pfälzischen Rechts sind, soweit sie Zwangsenteignungsrecht oder Eigentumsbeschränkungen im öffentlichen Interesse enthalten, gemäß Art. 109 EG. BGB., Art. 1 AG. BGB. auch heute noch in Kraft, trotzdem durch Art. 175 Abs. II AG.

*) Eine eingehende Darstellung ist im Rahmen der gestellten Aufgabe nicht möglich. Doch dürften die gegebenen Erörterungen und Verweisungen den Bedürfnissen der Praxis genügen.

BGB. vom 1. 1. 1900 ab das domaine puplic und die ausschließliche Zuständigkeit der Verwaltungsbehörden über die Wahrung und den Schutz des domaine public weggefallen sind (BGH. 10. 2. 1905 betr. die öffentliche Eigenschaft des Brühlwiesenpfads in der Gemarkung Medelsheim, mitgeteilt durch pfälzische RegE. vom 27. 7. 1905 Nr. 18 236, vgl. Henle-Schneider Anm. 11. 1. Aufl. S. 7, 2. Aufl. S. 6. Das Erkenntnis KompKonfl. 1, 197, vom 4. 6. 1892, Beil. III z. GVBl. 1892 hat, wenn es auch in die amtliche Sammlung 1907 aufgenommen worden ist und von Fischer Lexikon 1, 89 noch als maßgebend angeführt wird, seit 1. 1. 1900 in seinem entscheidenden Teile seine Grundlage und damit seine Bedeutung verloren).

2. Im einzelnen ist hervorzuheben:

a) Entziehung des Grundeigentums und dessen Einverleibung in öffentliche Straßen durch Ziehung der Baulinie.

Maßgebend sind Art. 50 ff. des Ges. vom 16. 9. 1807 betr. die Austrocknung der Sümpfe (loi relative au déssèchement des marais), Wand, Wege 106 ff. Dieses Gesetz gilt aber nur mehr für bestehende Straßen, nicht für Grundabtretung zu einer neu anzulegenden Straße. Denn insoweit war vor der Erlassung des ZEG. eine Regelung durch das französische Gesetz v. 8./18. 3. 1810 erfolgt und in dem Schlußartikel dieses Gesetzes (Art. 21) war angeordnet, daß alle dem Gesetze von 1810 widersprechenden Bestimmungen des Gesetzes vom 16. 9. 1807 außer Kraft treten sollen, vgl. Wand a. a. O. 85. Das Gesetz vom 8./18. 3. 1810 aber ist durch Art. XXII ZEG. ausdrücklich aufgehoben worden (ObLG. nS. 1, S. 664, 669, 679). In der Pfalz besteht sonach zur Neuanlage von Ortsstraßen ein ZErecht nur, wie im rechtsrheinischen Bayern, in dem hier S. 54 Anm. b ausgeführten Umfang.

Über die Entschädigungsklage siehe Wand, Wege 135 ff. auch ObLG. nS. 1, 664.

b) ZG. zur Verbreiterung der Vizinalwege auf 6 m.

Maßgebend ist Art. 6 des Ges. vom 9./19. ventôse XIII, Wand, Wege 20, 47. Ueber den Begriff und die Art der Vizinalwege siehe Wand a. a. O. 370 ff. Darunter fallen die Wege, welche zur Verkehrsverbindung innerhalb der Gemeinde dienen, die Gemeindeverbindungswege (Wege zur Verbindung der Gemeinden untereinander), Schul- und Kirchenwege, auch die öffentlichen Feldwege. Die Erweiterung setzt nur voraus einen Beschluß der Distriktsverwaltungsbehörde, gegen den nach dem Dekrete vom 16. 10. 1813 (bei Wand a. a. O. 21) Beschwerde im Verwaltungsinstanzenzug offen steht. Der Beschluß hat die unmittelbare Einverleibung des zugezogenen Landes in den Weg zur Folge und bildet den Eigentumstitel für die Gemeinde. Dem bisherigen Eigentümer des Grundstücks bleibt nur ein Anspruch auf Geldentschädigung, die von den Gerichten festzusetzen, jedoch nicht im voraus zu zahlen oder zu erlegen ist (ObLG. vom 28. 2. 1907, RevReg. 26/07 in BayZfR. 3 Anm. 218, auch GemZ. 17, 313, vgl. Henle-Schneider Anm. 11 1. Aufl. S. 7, 2. Aufl. S. 6).

c) Auslichtung, Ausrodung (essartement) **der Waldungen und Gehölze längs der Straßen.**

Das Recht gilt für alle öffentlichen Straßen. Die Auslichtungsgrenze beträgt 20 m auf jeder Seite, siehe V. (ordonnance) vom 13. 8. 1669, Titel 28, dann die V. des Kgl. Rats (arrêt du conseil) vom 3. 5. 1720, Wand, Wege S. 151, 152, Geib II 410. Das Ges. vom 2. brumaire VIII (Wand a. a. O. 153) gilt nur in denjenigen Teilen der Pfalz, welche schon vor der endgültigen Vereinigung der vier rheinischen Departements (18. ventôse IX, 1. 3. 1801) zu Frankreich gehört haben (Geib I 3, vgl. Henle-Schneider Anm. 12a 1. Aufl. S. 8, 2. Aufl. S. 7, nämlich Landau und vier weitere Dörfer, siehe Geib I 1 Fußnote *).

Für die Staatsstraßen gilt auch in der Pfalz nunmehr die MBek. vom 26. 10. 1876 (abgedruckt hier S. 253 ff., vgl. Geib II 410 Fußnote *). Es ist danach für die Auslichtung Entschädigung zu gewähren, wenn auch keine Rechtsverpflichtung besteht (Wand a. a. O. S. 158, 159). Über die Auslichtung entlängs der Eisenbahnen siehe die hier S. 255 abgedruckte FinMBek. vom 7. 2. 1906.

d) **Entnahme von Straßenbaumaterial.**

Maßgebend sind die V. des Kgl. Rats (arrêts du conseil) vom 7. 9. 1775, 20. 3. 1780, das Dekret vom 28. 9./6. 10. 1791 concernant les biens et usages ruraux et la police rurale dann Art. 55 ff. des Ges. vom 16. 9. 1807 (loi relative au déssèchement des marais) siehe Wand, Wege 70 ff.

Danach dürfen zur Herstellung und Unterhaltung aller Straßen, die zum großen Straßenwesen gehören, nämlich der Staatsstraßen, Distriktsstraßen, dann der Eisenbahnen (siehe Wand, Wege 87, 88 und Staatsratsentscheidung vom 23. 9. 1848 abgedruckt in Chelius III 102 ff.), endlich auch zugunsten der kunstmäßig hergestellten Gemeindewege (Wand a. a. O. 89, Geib II 410), aus den angrenzenden Grundstücken Steine aller Art, Sand, Dammerde und sonstiges Straßenbaumaterial entnommen werden. Das pfälzische Recht geht also weiter als das rechtsrheinische Recht, siehe Anm. c und d zu Art. I A Ziff. 5 S. 54, 55.

Die Inanspruchnahme der Grundstücke setzt einen Einweisungsbeschluß der Distriktsverwaltungsbehörde voraus (näheres Wand, Wege 91 ff.). Die Entschädigung ist, wie in Art. 3 b der V. v. 6. 11. 1817 (bei Wand a. a. O. 82) ausgesprochen wurde, im Streitfall durch die Gerichte festzusetzen (angeführte Staatsratsentscheidung v. 23. 9. 1848 Ziff. 6 bei Chelius III 104, Wand a. a. O. 95 ff., Henle-Schneider Anm. 11 1. Aufl. S. 8, 2. Aufl. S. 6 und 7, Geib II 410).

e) **Verpflichtung der Straßenangrenzer zur Herstellung und Unterhaltung der Straßengräben.**

Maßgebend sind Art. 4 der V. des Kgl. Rats (arrêt du conseil) vom 3. 5. 1720, Art. 109 ff. des Dekrets vom 16. 12. 1811 (bei Wand a. a. O. 159, 160). Diese Verpflichtung wird nicht mehr in Anspruch genommen (siehe hierüber Wand a. a. O. S. 163, Geib II 410, Henle-Schneider Anm. 12 b 1. Aufl. S. 8, 2. Aufl. S. 7).

Nach Art. 4 der angef. V. des Kgl. Rats sind die Eigentümer verpflichtet, das bei der Grabenreinigung sich ergebende Material auf ihre Grundstücke werfen zu lassen.

f) Grabenziehung entlang der Staatswaldungen.

Maßgebend ist Tit. 27 Art. 4 der Ordonnance des eaux et forêts vom 13. 8. 1699, abgedruckt Geib I 717 (vgl. Geib I 712). Die Angrenzer an Staatswaldungen müssen danach zur Abgrenzung vier Fuß breite und fünf Fuß tiefe Gräben errichten und unterhalten (vgl. Henle-Schneider Anm. 12 c 1. Aufl. S. 8, 2. Aufl. S. 7).

Alphabetisches Sachregister.

(Die Zahlen bedeuten die Seiten.)

A.

B.

G.

H.

J.

K.

M.

N.

Qu.

R.

S.

U.

V.

FSC
www.fsc.org
MIX
Papier | Fördert
gute Waldnutzung
FSC® C083411

Kolibri 360 GmbH
Ferdinand-Jühlke-Straße 7
99095 Erfurt, Deutschland
produktsicherheit@kolibri360.de